海南小記

柳田国男

角川文庫
18023

目次

自序

ジュネーブの冬は寂しかった。岡の並木の散りつくすころから、霧とも雲の屑ともわからぬものが、明けても暮れても空をおおい、時としては園の梢を隠した。月夜などは忘れてしまうようであった。木枯らしも時雨もこの国にはなかったが、四、五日に一度ずつ、ビ（ギ）ーズというしめった風が湖水を越えて西北から吹いてきて、その度ごとに冬を深くした。寒さの頂上というころには、ある朝は木花が咲く。その時ばかりは霧がすこし薄れて山の真白な雪が見え、日影がさして鳥の姿などが目に映じた。

遠い東南の虹あざやかなる海の島と、島で行き逢うたいろいろの人と、その折のわずかな旅の日記とを、それからそれへと思い出すのは、こういう日の午後の散歩の時であった。自分以外にただ一人だけ、沖縄という島を知っている人が、同じこの都のしかも同じ丘に、わずか五、六町（約五五〇〜六七〇メートル）を隔てて住んでいるのだが、それを知りながらも訪ねて話をすることのできぬのが、ことに堪えがたい旅人の無聊《ぶりょう》であった。

日本では誰知らぬ者もないチェンバレン教授である。どうした心持ちからかジュネーブに来て、人に忘れられつつ静かに老いんとしている。家はルッソオ旧居の近くにあって番地までも自分は知っていた。先生はラフカディオ・ハーンよりもたしか三つ四つ若かったから、まだ七十にはだいぶ間があるはずだ。ひどく眼が悪くて、その眼は脳から来ているということであった。しいて面会を求める手紙を出した者もあったが、病気に障《さわ》るからという代筆のことわりが来たそうだ。秋の初めのまだ暖かいころまでは、それでもジャルダン・アングレェの樹蔭や水のほとりを、看護人に伴われて逍遥《しょうよう》しておられるのを、見かけたという人もいく人かあった。そんなら自分もよそながら一度はと思って、おりおり静かな午後などに行ってみたこともあったが、ついに目的を達せずして冬になってしまった。

ジャン・ロミウという日本ずきの青年工学士は、サン・ピエル大寺の横手の古本屋で、先生旧蔵の若干の和書を買い入れた。これを聞いて自分たちも行ってみたが、もう大部分は売れてしまって、一冊の日本口語文典だけが残っていた。有名な先生の自著であって、しかも、たくさんの書き入れがあるのは、疑いもなく覆刻の準備であった。同行の藤井悌君が心を動かして、値段にかまわず買って帰ったから、この本ばかりは久しぶりに、再び日本の日の光を見たのである。

日本とこの学者との因縁は、なみなみでなかった。日本に生まれて一生を勉強したものにも、チェンバレン氏だけの蒐集と述作とを、遺し得た者は多くなかった。われわれが今ごろ少しずつ、必要を唱《とな》えている民俗誌の研究に、彼は遠国から来て三十年前に手をつけた。アイヌ民族の言語についても、大いなる感謝は彼に属する。ことに琉球《りゅうきゅう》にいたっては、母方の祖父船長ベシル・ホールの、かつて訪《おとな》い寄って、なつかしい見聞録を世に留めた島である。その孫にとっては家の学であり、由緒《ゆいしょ》ある研究でもあった。定めて人知れぬ愛着をもって、この学問の成長を願うていたことと思うのに、あの後先生の跡を踏んで、これを敷衍《ふえん》しようとした者がないばかりか、不本意なる若干の小誤謬《ごびゅう》までが、今に、そのままにして棄ててあって、本だけが、いわゆる珍本となって、読みもせぬ人の本箱の底に、おいおいと隠れてゆくのである。先生の今の境遇を知る者には、これは言いようもない寂しさであった。

運命はかくのごとく、時としては人間の書斎までを支配する。古代の海洋民族が大移動を記念すべき、有形無形の不思議な遺物、彼らに拮抗《きっこう》して今なお、いささかも衰えざる自然力、両者の妥協を意味する文明の変化、なかんずく血と言語との止むあたわざる混淆《こんこう》が、いちじるしい影響をあたえた部曲組織宗教観念、ないしは芸術様式の島々の特色が、従来かつて見ない強烈なる興味を、諸国の学界によび起こして、しだいに大規模の討査《とうさ》と比較研究とを開始するようになったのは、あたかもこの疲れたる老学者が、すでにその生涯の学業を切りあげた際であった。これから大いに興ろうとする新機運に向かっては、彼はただ一箇有益なる資料たるにとどまり、その計画と希望とには、もう参加することができないのである。いわんやこの北太平洋の一角において、ようやく今始まったばかりの若々しい運動、すなわち島に生まれた者みずからが、島と島との生活の連鎖を、昔にさかのぼって考えてみようとする学問のごときは、たといそれが先生の深く愛した日本であり、かつ先生の感化が暗々裡《あんあんり》に、働いていることは確かであっても、その悦びをわれわれと分かつことが、もはやできないまでに弱ってしまわれた。以前先生が名を聞きながら、手をつける機会を得なかった『おもろ御草紙』は、伊波普猷《いはふゆう》君などの辛苦によって今、現代に蘇《よみがえ》ろうとしている。これがただ沖縄一島の宝として羨《うらや》むべきものでなく、かくのごとき信仰帰《き》依《え》、かくのごとき情緒を、島に家する者の祖先の心裡に、みなぎりあふれしむるにいたった最初の力は、ひとり血を共にする大八洲《おおやしま》の国々のみならず、同じ大海の潮に育《はぐく》まれて、北と南とに吹き分けられた、遠い沖の小島の荒えびすの胸にも、なお一様《いちよう》に感じられていたのではないか。これを推究してもらいたいのが引き続いてのわれわれの願いであるが、久しい孤立にならされて小さな陸地を国と名づけ、渚から外をよそと考えた人々の、離ればなれの生涯の労作が、はたしていつの世になったら融《と》け合うて一箇の完成となるであろうか。私はこういう外国の学者の老境を眺めるにつけても、散漫《さんまん》なる今までのディレッタンティズムの、罪深さを感ぜざるを得なかったのである。

『海南小記』のごときは、いたって小さな詠嘆《えいたん》の記録にすぎない。もしその中に少しの学問があるとすれば、それは幸いにして世を同じうする島々の篤学者《とくがく》の、暗示と感化とに出でたものばかりである。南島研究の新しい機運が、一箇旅人の筆を役して表現したものというまでである。ただ自分は旅人であったゆえに、常に一箇の島の立場からは、この群島の生活を見なかった。わずかの世紀の間に作りあげた歴史的差別を標準とはすることなく、南日本の大小遠近の島々に、普遍している生活の理法を尋《たず》ねてみようとした。そうしてまた将来のすぐれた学者たちが、必ずこの心持ちをもって、やがて人間の無用なる闘争を悔《く》いなげき、必ずこの道を歩んで、しだいに人種平等の光明世界に、入らんとするだろうと信じている。しからばまた事業は微小なりといえども、やがて咲き匂うべきものの蕾《つぼみ》である。歌い舞うべきものの卵である。すなわち新しい民俗学の南無《なむ》菩提《ぼだい》のために、つつしんでこの書をもって日本の久しい友、ベシル・ホール・チェンバレン先生の、生御魂《みたま》に供養したてまつる。

（大正十四年四月八日）

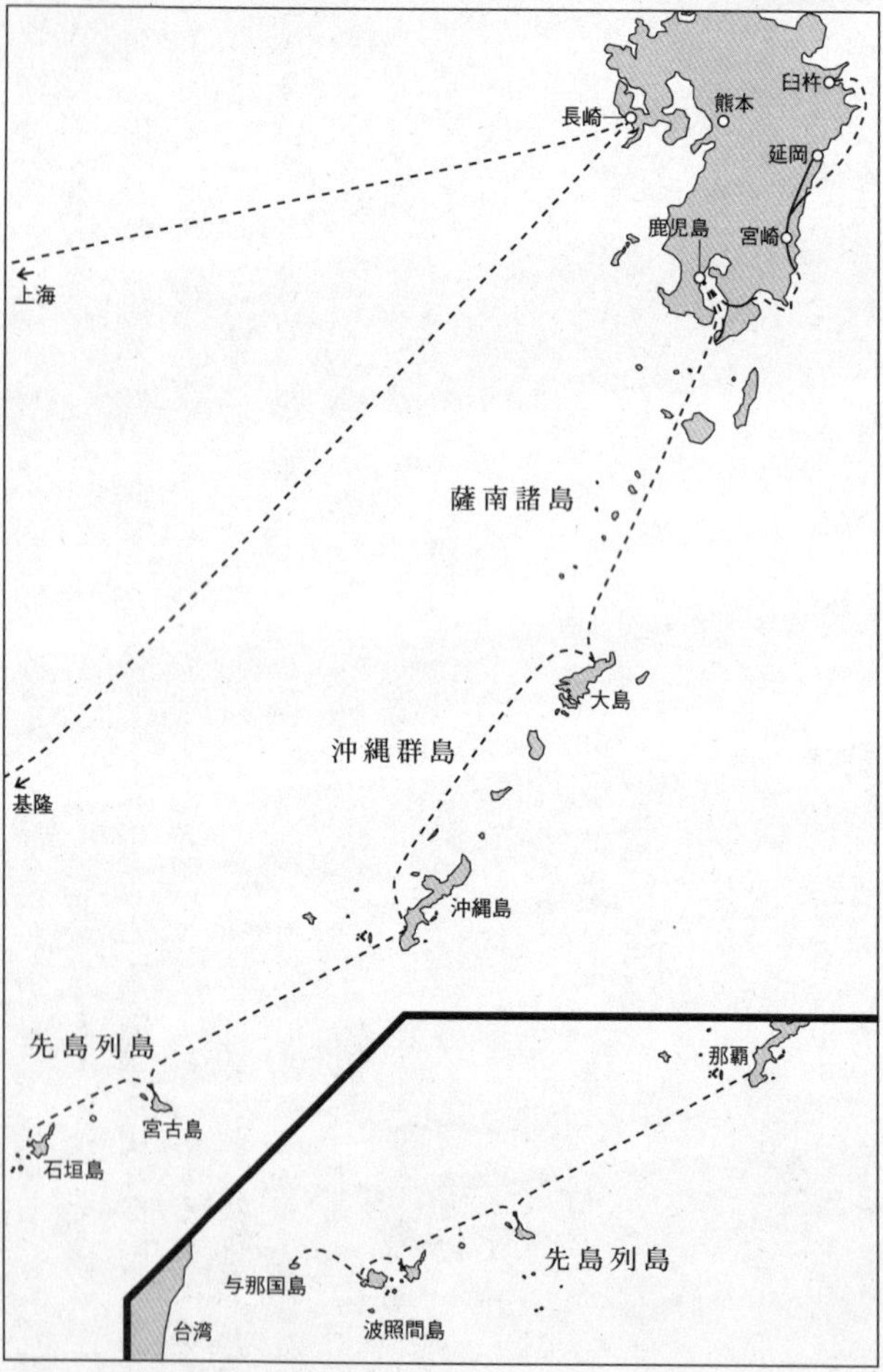
臼杵
熊本
長崎
延岡
鹿児島
宮崎
上海
薩南諸島
大島
沖縄群島
基隆
沖縄島
先島列島
那覇
宮古島
石垣島
先島列島
与那国島
台湾
波照間島

海南小記

一　からいも地帯

尋常五学年の小学読本の中に、

甘藷《カンショ》ノ名ハ地方ニヨリテ異ナリ。関東ニテハ薩摩（サツマ）芋トイヒ、薩摩ニテハ琉球芋トイヒ、琉球ニテハ唐芋トイフ。名称ノカク異ルヲ以テモ、此芋ノ次第ニ西方ヨリ伝来セシコトヲ知ルベシ。

とあるのは、ほんの少しばかりだが間違っている。琉球では甘藷を唐芋《からいも》という者はなく、一般にこれをンムと呼んでいる。ンムは、すなわちわれわれのイモと同じ語である。カライモまたはトウイモという名は、広く南九州一帯に行なわれている。したがって薩摩《さつま》でもこれを琉球芋と呼ぶことはない。琉球芋といったのは九州の北の一角から中国上方にわたる大区域であったが、後ようやく標準語のサツマイモに改まっていこうとしているのである。

この類の誤りは、子供たちにもよくわかることだから、単にその地方だけのためにならば、これを訂正する必要はないかも知れぬ。ただ気になるのは、これでもって、甘藷は南方よりといわずに、西方より伝来したとする推理法である。何となれば薩摩も琉球も、日本の南部である上に、甘藷はさらにその南方の、南シナから輸入してきたことが確かだからである。

以前奥州などの田舎の料理には、いわゆる薩摩芋は椎茸《しいたけ》や蓮根《れんこん》と、同等以上の待遇を受けたものだ。それが運送が手軽になったばかりか、気仙《けせん》あたりの島や半島にまで、とうとうこれを栽培するようになった結果、だいぶ近ごろは平凡化しようとしている。これに反して関東の大都会には、八里《はちり》半《はん》の名声遠くとどろき、[1]青木昆陽《こんよう》の墓の前に、焼芋屋の組合が感謝の祭をいとなむような時代が来た。遠州御《お》前崎《まえざき》附近はまた事情が別で、藷種《いもだね》を輸入した大沢権右衛門の記念碑は、藷きりぼし生産業者などが、主としてその建設のために奔《ほん》走《そう》したようである。同じ薩摩芋地帯のわずか数十年の歴史にも、よく見るとこれだけの変化がある。いわんや当初この物を沖縄にもたらした野国総管《のぐにそうかん》、それをヤマトに招き入れた薩州児水《ちごがみず》の継川利右衛門、これを中国へ伝えた石見《いわみ》の藷代官井戸平左衛門などの、二百年前の心持ちでは、はたして今現に生じている社会上の効果の、どれだけの部分までを予期していたものであったか。とうていわれわれ「おさつ」階級に属する者の、完全に理解しうるところではないように思われる。

自分は考える。少なくともこれだけは意外の効果ではなかったかと。『甘藷《かんしょ》考』その他の宣伝書を見ると、主として不作の年の百姓飯米《はんまい》を補い、あるいは島の流人《るにん》などが飢えを救うのをもって、藷《いも》の恩沢《おんたく》の至極と認めていたようである。それが今日では、ずいぶん宏大な地域にわたって、凶年でもない年に流人でもない人々が、必ず作り必ず食う農作物とはなっているのである。かくのごとき生活上の変化は、まさしく大事業である。しかも二百何十年の歳月より他に、誰が企ててこれをなしとげたと、いう人も別になかったのである。

カライモ地帯を旅行してみると、また新たに国の運命というようなものを考えさせられる。海近く日の暖かい唐藷畠の一部分は、かつては疑いもなく浦人《うらびと》の粟生《あわふ》豆生《まめふ》であった。こんな雑穀類の調製がめんどうで、一人を養うための面積が多く入用なものより、甘いだけでも唐藷の方が好ましい。その上に世話も入費も概して少なく、凶作の患いもずっと減じうる。沖へ出て行く舟の弁当には、片手で食えるから便利だといった婦人もある。こういう考えがもとになって、日本人なれども長年の箸と茶碗に分かれ、藷の食事を常とするようになったのである。しかも、いわゆる港田の遠く拓《ひら》かれ、清水豊かにこれをそそぐような浜方において、必ずしも急にこの藷作りの生活に移らなかったのは、何といっても米にまさる食物はないからである。水にとぼしい岬や島の蔭で、以前はたぶんに人を住ましむる望みもなかった畠場が、この唐芋の輸入によって、初めてある意味における安楽郷となり、またたくうちに今日のごとき人口密集をみるにいたったのである。甘藷先生とその先進とがもし出なかったら、これらの海岸の岡は今なお萱《かや》だち雑木だちのままで、しかもわれわれは、つとに国内にあふれていたであろう。もちろん大いに苦悶しつつも、すでによほどの人数を他国に出しており、このいわゆる民族主義の時世に出くわして、今さら移民問題に行きづまるようなこともなかったであろう。実際この小さな島国の山国に、五千九百万人を盛りえたのは、一半《いっぱん》はすなわちカライモの奇蹟である。あるいは激語してカライモの災いと言った人さえもあるのである。

藷から米への代用食奨励は、成績をあげにくい事情が少しばかりある。なあに魚類さえたくさん捕って食えば、栄養には心配がないと誰かは言った。あるいはまたこのごろの景気なら、米を買って食えぬこともないが、それよりも藷でがまんしておって、酒をたくさん飲んだ方が幸福だと、言っている人もあるそうだ。そうかも知れぬが、そのがまんだけは女房や子供にさせ、その酒は亭主ばかりが飲むのである。かくのごとき分配上の慣例は、黙って見てはおられぬような気がする。

豊後《ぶんご》では甘藷をトイモまたはト（タ）ウイモと言う。しかもこの辺はすでに自分の言う唐芋地帯に属している。日隅薩の海ぞいには、水にとぼしい磯山の蔭にも、藷によって多くの小楽天地ができている。海南奄美《あまみ》の列島に渡れば、藷をトンと呼ぶ人々と、ハヌスまたはハンスという人たちとが、相接して住んでおり、その南はすなわち沖縄のンム地帯である。さらに南すると、これをアッコンまたはウンティンなどと称する先島《さきしま》の諸島があるが、生活の条件は諸島たがいにすこぶる相似ている。南北三百何十里、中をへだてて広漠の海がある。藷をこの間に伝播しとげたのは、はたしてみな偉人の力であろうか。あるいはまた人間の安く活《い》きる必要が、一部分はこれを手伝ってこんな作物を流行させているのではないか。自分は今でもまだこれを疑っている。

二　穂門の二夜

近いうちに土佐の沖へ鮪釣《しび》りに出る支度に、臼杵《うすき》の町へ買物に出てきた機動船に便乗して、風の寒い午後に保土《ほと》の島へは渡った。島の郵便局長の家で、このごろ買い求めた船であって、前からの機関手の若い朝鮮人がまだ乗っている。他の乗組みはいずれも島の者で、自分などにはわからぬくらいの内地語で、何かこの古参の青年に対して小言《こごと》を言っている。しかし私に向かっては極度に懇切なる人々であった。またも来られまい、ゆっくり遊んでおいでるがよい。明日は保土の村の夜乞《よご》いです。小さな神様が御降《くだ》りになるので、などと言ってくれる。夜乞いとは祭の夜宮《よみや》のことである。祭礼のことを神の御降りと、まだこの島では言っているのである。

こんなうれしい島にならば、海が荒れて閉じこめられても本望だと、ただちょっと考えてみたばかりで、もうはやそのとおりになっていた。船がついてみるとわずかな防波堤の蔭には、はやいろいろの小舟が避難している。正面の口からは、波がだぶりだぶりと入ってくる。地方《じかた》の山は一円の潮ぐもりであった。あくる朝も裾《すそ》をひるがえすほどの風が西から吹いていた。対岸の四浦《ようら》の鼻は手のとどくほど近いが、この間はいつも潮が悪いのでよく船がくつがえる。とても今日は渡されぬと言うから、しかたなしに今一夜とまることにして、それから何べんも村の中をあるいた。全体に平地はちっともない島である。見あげるような傾斜地に、同じような家が境も不分明に建て続けてある。二階と下と別々に、入口を路へつけて、二戸、三戸が一棟の中に住んでいる。肥前《ひぜん》の鳥栖《とす》から来た薬屋がこんなことを言った。よほど気をつけぬと、同じ家へ二度入って笑われると。家の方でも今一段と不必要な訪問者に対しては、おまえは、さきほども来たではないか、と言うと、本当にそうかと思って、あわてて帰って行く、と村の者も言った。

家は近年になって大分増加したものらしい。今でも行きあたるほど子供や女の数が多いのに、もう半月もすると壱岐《いき》五島の方から、三百何十人の男たちが、漁を終わってもどってくる。その時だけは真に寝るところもないそうである。だから半分は人の家に行って寝る。それもまた楽しみにして待ち待たれる若い者が多い。役場の当直室などもやはり借りられる。借りるというよりは単に蒲団を持ってきて休むので、つまり島一つが大家内の一家のようなものだ。だからその間に挟まった旅の者には、居心地は決してよくない。

水は四百たらずの竈《かまど》から、ほとんどただ一つの寺の後ろの泉をくんでいる。まことに感謝に価《あたい》する清水であって、ここでもやはり御大師様水《おだいしさまみず》と名づけ、しかもその由来はもう説明しえぬようになっている。この霊泉の一つの欠点は、水量が人口に比例して増してこぬことである。今日の風が雨にならぬようだと、二、三日の中には番をつけて、順番でくませねばならぬと言っていた。もっとも風呂の水だけは別にあるが、いくつかの銭湯では祭の日のせいか、いつも裸の人の方が湯の量よりも多い。所々の井戸では洗濯をしながら、女たちが水のわくのを待っている。かと思うほど水が少ない。

時々は船に桶を乗せて、四浦へくみに行くそうである。燃料にいたってはほとんど全部を外から持ってこねばならぬ。周一里（約三・九キロ）あまりの島は、見たところ九分どおり畠で、トウイモばかり作るかと思うほどだが、それでもまだ足らぬと言う。野菜は自分たちと相乗りして、昨日もたくさんに輸入せられた。島には何としても作る余地がないのである。段々畑の頂上には、それでも泉を養う少しの林がある。その左手の小さな森は以前の物見所で、登ってみると中には島人の墓がある。樹の間から伊予の山が見え、また水之子の灯台が見える。島の東側もやはりみな畑で、裾の方には四反（約一二〇〇坪）ほど水田もあり、小舟で島をまわってこれを耕しに行く。これに灌漑《かんがい》する池もあり、おりおりはそれでも鴨が来て遊ぶ。また海岸の岩の蔭には河童もいる。友達の声をして寺の和尚を夜中に呼び起こし、朝の勤めの木魚《もくぎょ》をたたかせたという話もある。狸もどこから渡ったか夫婦二匹だけはいた。その一匹が殺されて、他の一つが大いに荒れたこともあった。

こんな話を聞きあるいて、夕方に宿の郵便局に帰ってみると、あの朝鮮人は青い仕事着のままで、にこにこと藁《わら》仕事をしている。宵祭の馳走がまだととのわぬうちから、三、四

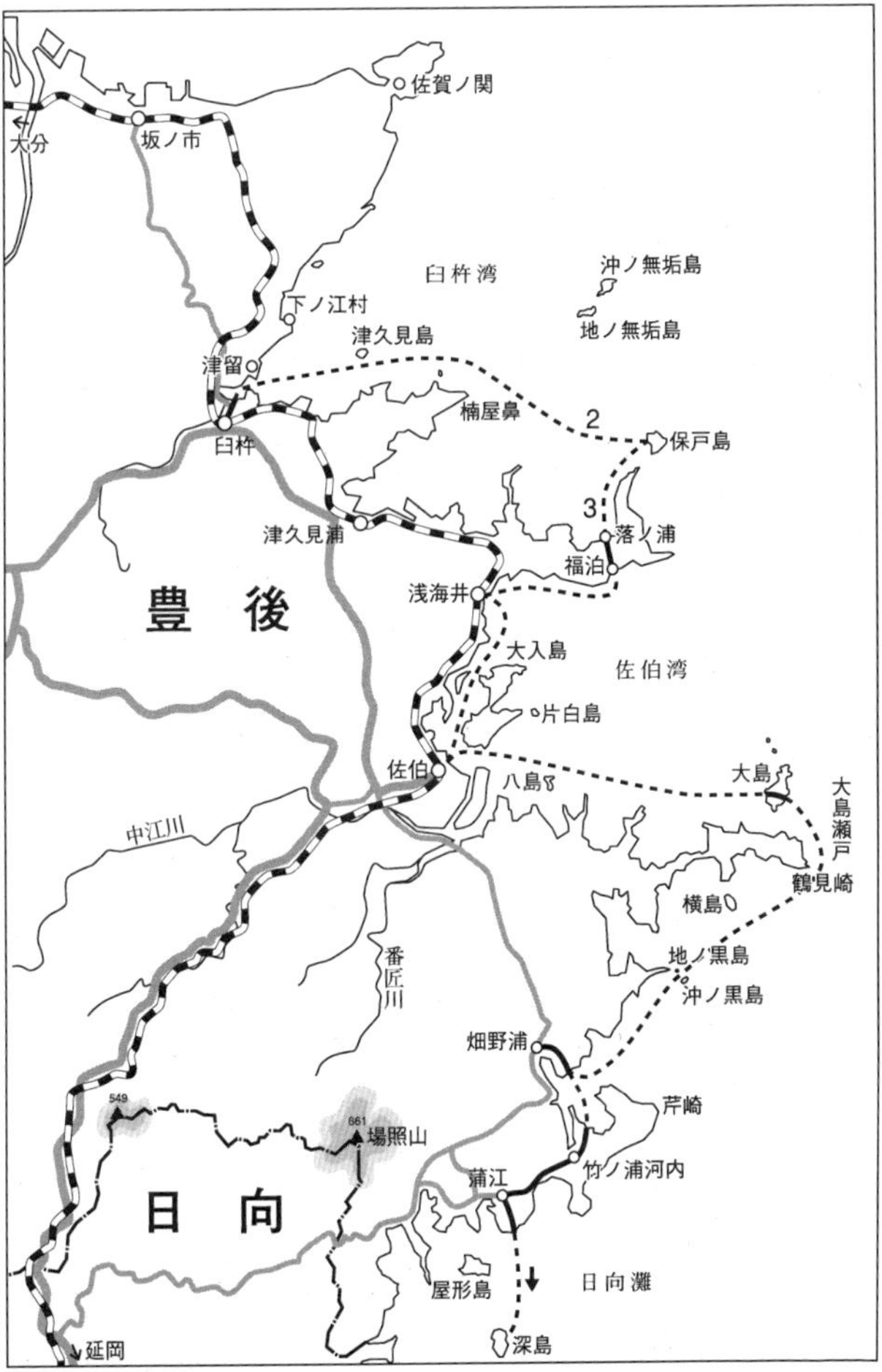
佐賀ノ関
大分
坂ノ市
臼杵湾
沖ノ無垢島
地ノ無垢島
下ノ江村
津久見島
津留
楠屋鼻
2
保戸島
臼杵
3
落ノ浦
福泊
津久見浦
浅海井
豊後
大入島
佐伯湾
片白島
佐伯
八島
大島
大島瀬戸
中江川
鶴見崎
横島
番匠川
地ノ黒島
沖ノ黒島
畑野浦
芹崎
549
661
場照山
竹ノ浦河内
蒲江
日向
屋形島
日向灘
深島
延岡

人の老女たちがもう遊びに来ている。賀茂様の森には灯明がともって、太鼓と石段の下駄の音とが聞こえる。ごろりと横になると、空には雲があるいている。終日白く騒いだ海面が、誰にもかえりみられずに暮れてしまう。そのうちに下からは、婆さんたちの歌の声が聞こえてくる。伊勢踊というそうだが、間の延びた伊呂波歌《いろはうた》で、弘法大師のことを作ったものらしい。たいそう調子が揃うなと思ってのぞいてみると、団扇《うちわ》をたたきながら婆が二人踊っていた。それからまた大いに笑い、今度は別の歌である。若い後家なら何とかだと歌っている。あれは私がかわいそうだから、元気をつけてやると言って歌うのですと言いながら、室をかたづけにきた未亡人は、改めてまた眼を拭っている。こういう生活も保土の島にはあったのだ。

次の朝は天気であったから、思いきって小舟をおろさせた。するとこの婦人を始め二、三の島の人が、今日の祭の案内に、四浦の村々へ餅を持っていっしょに乗って行く。出てみると浪はまだ高いが、親類の客や土産の大根、葱《ねぎ》などを乗せて、もうもどってくる島の船もある。自分の船にもおびただしい重箱の包みがある。いつの間にこんなに搗《つ》いたかと思うほどの餅である。今日の船は餅船だ。あんた方は餅に便船したようなもんだと笑いながら、島の人たちは別れて浦々に上陸し、船には自分らばかりが淋しく残った。

三　海ゆかば

海で死んだ人の話をいくつも聞いた。越知《おち》浦では霧の深い冬のある日の朝、村の某の手《た》繰《ぐ》り網の小舟が、からっぽで波に漂うているのを見つけ、それからその附近で倅《せがれ》の二十三になる青年の、厚い綿子《わたこ》を着こんだ亡骸《なきがら》を引きあげた。このあけがたに親子で出たはずと、熱心にさがしまわると三日目にようやく、父親の方も浅ましい姿になって出てきた。常からどうも頑丈とは言われぬ息子であった。たぶんは櫓《ろ》の綱でも切れて水に落ちたのを、あと先も考えずに助けに飛びこんだものだろうと、今に同情の噂の種になっている。

船のあつかいは小さいうちから、親が教えるならわしであるために、おりおりこのような情けない不幸がある。保土の島でも二、三年前に、他の者より少し先に五島を出た、親子三人の船がもどってこなかった。別にひどい大荒れではなかったけれども、船がいかにも弱々しい古船であった。仲間の人たちは虫が知らせたか、これを気づかわしがっていろいろと忠告をした。もうわずか待って皆といっしょに引きあげようじゃないか。何も一日を争うて帰るにもおよぶまいと言ったが、どうしたものか仕事の都合があると、何でも構わずに出帆してしまった。そうして永遠にどこへか行ってしまったのである。この附近の村役場にはたいてい一件か二件、毎年の徴兵事務に際して所在不明者のわずらわしい手続きを繰りかえさねばならぬ者がある。それが皆この類の、死んだに相違ない若者ばかりである。身寄りや親しかった人々には、死んだ者よりもなお一層の苦痛をあたえる。明らかに死んだ者には年忌がある。たといその時は胸が裂けるほどに悲しみ慕うても、月日がたつうちには間が遠くなり、年々の祭や供養が自然の垣根を作ってくれる。これに反して、どうしているかわからぬ人々の幻の始末は、司法や行政の法規よりもさらにめんどうである。それを考えての思いやりでもあるまいが、漁師たちの方でも行方不明になることを、死ぬより以上の不幸と感じているらしい。船の綱は大切な物だ。これさえあれば死んでもわからなくなるようなことはないと、自分を乗せた船かたなども言っていた。そうしてまたこんな話もしておった。

今からちょうど二年前に、臼杵の近くにあるセメント会社の工場へ、粘土《ねんど》を運んでくる伊予《いよ》の八幡《やはた》浜の船が、豊後《ぶんご》水道で難風にあって、六人の乗組みはことごとく死に、船とともに大浜村の浦に漂着した。その人たちはみな船の綱で、しっかりと身体を縛りつけて死んでいたという。郡役所の吉野君はこれを臨検に行ったから、よく見て知っている。今思っても涙が出ると言っていた。よくよく働いたものと見えて、六人ながら手のひらの皮がむけていた。十五、六になる少年がまず斃《たお》れたかと思われ、綱の一番細いところで船にくくりつけてあった。四人の若者も同じ綱に順々に結ばれて死んでおり、四十二、三歳の船長は最後に最も簡単で、太い縄でただ一重だけ、腰のまわりをゆわえていたという。こんな立派な覚悟はこの仲間でもまだ見たことがない。いっさいの帳面と書き付け類、それから濡れてはいたが三百何十円の紙幣まで、ことごとく素肌に巻きつけてあったので、一行の書き置きもなかったが、顚末《てんまつ》は即座にわかった。えらいものである。

豊後は『舞の本』[2]の、百合若《ゆりわか》大臣の故郷ということになっている。浦の男女は今すでにその歌を忘れてしまったが、曲に現《あらわ》れた昔の愁《うれ》いと悩みとは相続している。玄界《げんかい》の離れ小島では、百合若はひたすらに故郷の家を恋いこがれた。ロビンソン・クルーソーの物語とくらべると、まず基調において全く異なっているのである。緑丸はロビンソンの犬猫とは違って、空中自在の霊鳥であったけれども、主人の旨をうけて豊後の府中へ往来し、その妻子に安否を知らせるのをほとんど唯一の目的としておった。百合若単衣《ひとえ》の白い袖を断ち切り、紙筆と血で書いてこの鳥に持たせてやると、世間知らずの奥方は、大きな硯《すずり》までも入用かと思って、これを翼に結いつけて帰した。緑丸は硯の重さにたえず、ついに玄界の渚《なぎさ》に来て死んだとある。坪内先生[3]の説では百合若はすなわちユリシスの作り換えということであるが、鷹の忠義の因縁を嗟歎《さたん》したのは、おそらく日本の方ばかりであって、しかも征戦事繁き時代の、いわゆる春閨夢裡《しゅんけいむり》の人々に、新しい哀れを泣かしめたのは、まさしく艶に優しいこの島住居の一節であったろうと思う。そうすればこれがまた、わが国伝来の海の文学であり、かつは海の民の深いなげきの声でもあったのだ。

雲海遠く隔たった宮古の水納島《みんなじま》にも、ほぼ同じような大和人の漂流談があって、これは百合若とは言っておらぬ。硯を負うて流れついた鷹の墓は、後世一つの霊場となっていた。秋ごとにこの墓の上には、多くの鷹が海を渡って来て休むので、長く新たなる感動を人にあたえたということである。緑丸の翼を休めたという松は諸国にある。出羽《でわ》にも奥州にもこの鳥のために築いた塚がある。百合若が後に廻国《かいこく》して供養をしたなどというは作り事で、多分は遠き昔勇ましい鷹の姿を見ていずれの旅人の家でもこれを生霊《いきりょう》の音信を伝えるものと、考えていた名残《なごり》であろう。絶海の孤島にひとり住む者、あるいはそうでもして生きているかと思う者の身内が、やや肌寒い秋なかばに、はるばると渡ってくる鷹の声を聞いて、忘れがたいありし日の面影を深めるのは自然である。それと言うのが無始の昔から、故郷は土であり、子孫は唯一の神主であることを、絶えず信じていたわれわれの遺伝が、無意識に海の自由を制限してしまった、その悲しい鎖国の名残であるかも知れぬ。

四　ひじりの家

日向路《ひゅうが》の五日はいつもよい月夜であった。最初の晩は土々呂《ととろ》の海浜の松の蔭を、白い細かな砂をきしりつつ、延岡《のべおか》へと車を走らせた。次の朝早天に出てみたら、薄雪ほどな霜が降っていた。車の犬が叢《くさむら》を踏むと、それが煙のように散るのである。山の紅葉は若い櫨《はぜ》の木ばかりだが、新年も近いのにまだ鮮やかに残っている。所々の橋のたもと、または藪《やぶ》の片端などに、榎《えのき》であろうか今散りますとでもいうように、忽然《こつぜん》として青い葉をこぼしはじめ、見ているうちに散ってしまう木がある。土持《つちもち》殿の御支配のころから、否々《いな》皇祖御東征よりもさらに以前から、海に近い県《あがた》の里の野原では、寒い霜夜の月の明けがたごとに、こうして物の緑が土に帰していたのであろうが、ある時ある旅人が通り過ぎて、これを美しいと見るのは瞬間であるなどと、自分はありふれたこんなことを考え出した。それというのも自分が今たずねて行く人の境涯が、あまりわれわれの生活と変わっていることを、想像しながら来たからであった。

南方の竜仙寺さんと言ってたずねてまわったが、不思議と誰も知った人には逢わぬ。そんなはずはないのだ。内藤家の御祈願所の、ずいぶん名のある法印《ほういん》さんだと聞いてみる。それならば野田の稲荷《いなり》山の行者殿に違いない。もうこの辺には他にないからというので、旭《あさひ》がさしてきた松山の霜どけを、こつこつと登ってみた。縞の着物に角帯の、髪は一寸(約三センチ)ものばした老人が、はたして訪ねる谷山さんであった。日向に移住して来てすでに十七代になる。本国は大和で谷山覚右衛門という人、土持家の盛りのころに兵法の師範として、子息の重右衛門を連れて下って来た。所領は山の麓の大貫《おおぬき》村で、野田山に砦《とりで》をかまえ、稲荷はすなわちその城内の鎮守であった。世の中が改まって内藤氏の藩ができた時、ただの臣下でいるかわりに山伏になってしまったが、それでも火事にあってこの山上に移った父の代までは、大貫の元の屋敷に引き続いていたそうである。稲荷大明神の右手には広い平地があって、その中央に井戸がある。これを前に取って今の住居が、背戸を谷間に臨ませて、かすかながらも城地のおもかげを遺している。明治五年に修験《しゅげん》の職は廃せられたが、関東諸郡の山伏のように、神主やただの農家になろうとはせずに、作州津《さくしゅうつ》山《やま》の在から潰れ寺の名跡を買い、表むきこれを引き移したのが竜仙寺で、土地の人もまだその名を知らぬくらいである。以前の名は明実院、それを法印は御自分の名にしてござる。

鎮守の稲荷様はお寺だけに、吒枳尼天《だきにてん》として祀《まつ》ってある。詣《まい》る人が今ふうだから、華鬘《けまん》や提灯の真赤なのも仕方がない、自分は帰り道にその数多い鳥居の下を通りながら、これとは縁もない津軽の海岸の荒浜を思い浮かべた。今年初秋の風のはや大いに冷ややかな朝であった。一つことばかり考えながら、ひとりあの浜手の淋しい路を歩いた。かつて『深浦沿革史』を世に公《おおやけ》にした海浦さんという人は、名が義観《ぎかん》だからあるいは僧侶だろうとは思ったが、あんな阿倍比羅夫《あべのひらふ》の直系みたような、昔のままの山伏だろうとは考えていなかった。自分までで五十一代、肉身の相続でこの十一面観世音にお仕え申すと言っておられた。一宗の事相は淵底をきわめた篤信の聖である。日本の国風にこれほどよく適合した長い歴史の一宗派を、何でまた取りつぶしてただの真言寺に編入してしまったかと六尺(約一八〇センチ)もある大きな体を前にのしかかって、まるで私がそうしたかのごとく、真正面から見つめられる。わしの寺は聖徳太子様の時から、俗生活のままで成仏する教えにもとづいて、肉食もすれば妻子も育んできたものだ。世の中が変わったからもうよろしいと、それを大目に見ておかれる寺とは話が違う。世間がやかましくないだけで、ただの寺に女房をおくのはあれは非如法じゃ、破戒《はかい》じゃ。わしの方は教理じゃ。手を組んでならんで行かれるわけがないのじゃとも言われた。貴僧を見ると昔を見るような気がします。定めて戦国のころなどは、この地方の勇士の家々と縁組なされ、薙刀《なぎなた》などで大いに働いた人たちが、このお寺からも何人か出られたことであろうと言ってみても、にこりともせずに、この宗派の独立せねばならぬことを説く人であった。一度逢ったら忘れあたわざる上《しよう》人《にん》である。

日向の延岡の近くに谷山さんのおらるることは、この深浦のひじりから聞いたのである。修験派独立の初期の運動に、東京は神田の電車の交叉点の近くで、全国の行人《ぎようにん》たちが大集会を催した事があった。そこに兜《と》巾《きん》鈴懸《すずかけ》の昔のままの姿で、期成同盟に馳せ加わったのは、竜仙寺の法印一人であったそうだ。自分の寺は旧藩公の時代から、この行装で寺禄《じろく》を食《は》み祈《き》禱《とう》を仰せつかってきた。世間をはばかるべき道理はないと、立派に言いきっておられたというが、自分が話をしてみた感じでは、海浦さんと同様小児よりも無邪気で、少しも山伏流の高慢なようすなどはなかった。

それとは反対にむしろ寂寞たる陰影があった。津軽のお寺でも二、三年前に、自分らよりだいぶ若い篤学なる嫡子を亡《うしな》った。次男は絵などを描く人である。そうして同志となる弟子達が少ない。自分は日向へ来てこの気の毒な話をすると、しきりに谷山さんの顔の色が曇った。実は私の方でも相続させるつもりの倅《せがれ》が死にました。その次は実業の方におるために呼びもどしもならず、十五になる孫をこれから仕立てることになったとある。その少年は今戸口に立って、いつまでも帰る自分の後影を見ているのがそうらしい。自分は旅人だから、もちろんずんずん行ってしまう。しかもこの閑《しず》かな山の寺の人々とても、やはりまた世の中の道をあるいていて、一つところに長くたたずんではおられぬのである。

五　水煙る川のほとり

飫肥《おび》の町へは十二年ぶりに入って来た。町にはまだ貂《てん》、狐、猿、羚羊《かもしか》などの皮をぶらさげて売っている。やがて海に入る静かな川の音、板橋を渡る在所の馬のとどろきまで、以前も聞いたような気がしてなつかしい。城迹の木立ちの松杉は、伐ってまた栽《う》えた附近の山よりは大いに古く、かつて穴生《あなふ》役《やく》の技芸をつくしたかと思う石垣の石の色には、歴史の書よりもさらに透徹した、懐古の味わいを漂わせているが、今の小学校の巨大な建物に、引っかかっているものは振徳堂の額だけで、百数十年の学徒の労作や蒐集などは、もう偶然の訪問者などには、ちょっと見られぬようなところに蔵してあるらしい。そういつまでも昔に滞《とどま》ってはおられぬと感ずる時代は、どこの城下の町にも一度ずつは必ずやってくる。あるいはこの辺へは今あたかも来ているのかも知れぬ。九州は全体に人の智恵のよく利用せらるる地方なるにもかかわらず、政治の中心の地からやや遠過ぎるという不安が、無用に生活の常の道を攪乱するかたむきがある。いわんや海と高山とで遮断せられた南の果ての町が、今はかえって昔の要害を悔み、しもせぬ世間の声に聞き耳をたてて、見なれた眼前の物の意味を、かりにしばらく忘れていたとしても不思議はない。

のみならずある時代には、あんまり山からこちらばかりを、わが天地としていたために、本意でもないたびたびの戦いをせねばならなかった。外部を知ることの多少に従って、同じほどの智者が成功もすれば蹉跌もした。しかもとにかく名の遺ったのは、これら少数の広い世の中と交渉のあった人ばかりで、あたえられたる平和をできる限り楽しみ、安閑の生涯を送っていた多数の高士は、永遠に歴史の表面から消え去った。要するにこういう先例の集積したものが、すなわち町それ自身であったのである。都会は一般に現代を小売りする場所だ。したがって飫肥ばかりが古い感情の姨捨山でなかったらそれはむしろ不自然な現象と言わねばならぬ。

自分は旅の無聊をいかんともするあたわずして、町の端までおいて何か見るものを捜した。伊東家は他の諸国の中大名の多数にくらべて、さらに一段と厳粛なる墓域を、その旧領の地にかまえる権利がある。昔工藤犬房丸の子孫の人はかえりみないがそこいらの松よりも岩よりも、なお古い記念があふれるほどもあるので、しかもその記念はこの川の昨日のったら、すなわち酒谷盆地の歴史はないのである。

水のごとく、すでに流れて大海の潮にまじっている。それにくらべるとわずかに松風の一つの岡を隔てて、今も現代の人々が来て嘆く一団の墓の方は、ささやかな清水のようなものであった。日本を大きくしたという近世二度の戦役に、これほども死んだかと驚くほど、この土地からも多くの若者が、出て戦って死んでいる。それからその隣の一区劃《くかく》には、この人たちの叔父の列の数十人が、やはり同じくらいの若さで、当時賊と呼ばれた側で戦って、そうしてまた討死をしているのである。三十二で腹を切った惜しい新人物、小倉処平《おぐらしょへい》の墓を中にして左右に、いずれも健気な名前ばかりだが、世をはばかって齢と斃れた場所のほかは刻んでない。その中にたった一つ、二十八歳の平部《ひらべ》俊彦だけは、祖父の嶠南《きょうなん》先生がその碑文を書いている。十四で孤児となってから、先生がかたわらにおいてみずからこれを教育した。はやく経学の要義を解し、文章も少年の作のようではなかったので、東京にいたころは安井先生も見こみがあると申された。郷里に帰って小学教員をしている中に、今度の事件が起こると何の躊躇《ちゅうちょ》もなく、ただちに出て行って小隊長になった。そうして立派な死にかたをしたと書いてある。当時の遺族の立場は定めし辛かったであろうのに、半句も疏明《そめい》の辞がないのは分かった人である。先生はこの時六十三、四つになる曾孫が母とともに残された。久しからずしてその子もまた没したと書いてある。

若い人々の花やかな討死よりも、今になってみると老学者の生存の方が痛わしい。嶠南翁は明治五年に東京を引きあげる前、郷里の家の『六隣荘の記』を書いておられる。頤をささえ窓に凭《よ》って山川を四顧《しこ》し、遠く荒営古塁の迹を眺めては戦国将士の労苦を思い、城市万戸の煙を望むときは昭代太平の恵みを感ずる。夜は高根の月、川の瀬の音、これに対しては酒なくして憂いを忘れ、薬せずして長生を求めつべし。後世子孫幸いにこれを荒すなかれと言っているが、子孫はまず絶え、もうその屋敷の地には何人が来て住むやら、たずねてみてもちょっとは知れそうになかった。翁の遺著には長く世に伝うべきものがもちろんある。しかしこれによって、かつて一たびこの学者の切実であった生活を、はたしてつなぎ留めることができようか。われわれが求める平和の基礎には、やはりたくさんの忘却が必要なのではあるまいかとも思ってみた。

山が近いからか、またはこのころの季節のためか。今朝も大いに立っていた水煙が、晩かたにも酒谷川の流れをおおうている。宿の欄干に出て立つと、河原には薄々と月がさして、もう物を洗う人の影はない。前に来て泊まった家も板橋の近くであったが、二階はなくて門の脇にたしか柳が一本あった。名を忘れたばかりに誰に聞いてももう分からなくなった。あの時夜ふけまで来て話した郡長の田内氏をはじめ、わずか十二年の間に死ぬ人は死に、去る人は遠く去ってしまった。そうして自分もまた偶然に、今一度過ぎて行くのみである。未来にも仕事がある。強いてはっきりとこのような昔を、思い出そうとするにはおよばぬのかも知れぬ。

六　地の島

九州の東海岸には、忘れられた地《じ》の島がいくつもある。沖の小島の遠く万人に眺められ、夕日夕月に照らされ、歌に詠まれ、ある時は漕ぎ寄せて蔭を求める船あり、清水があれば来てくみ神を祀り、後には人も住み、風待ちの湊《みなと》ともなって盛衰するのにくらべると、こちらは目にたたぬ淋しい境涯であった、いつでも海辺の山の裁ち屑のごとく取りあつかわれている。関東で言うなら相州の江の島、安房の仁右衛門島、または常州磯原の天妃山のごとき例外は、日向方面においては青島がただ一つ、これは幸いにして満山の蒲葵《びろう》林が、ちょっと熱帯らしい感じをあたえるために、見物も来れば絵葉書もできており、いつの間にか彦火々出見尊《ひこほほでみのみこと》の御召舟《おめしぶね》の、無目籠《めなしかたま》が化してなったという、伝説さえも行なわれている。

それよりも長くなつかしいのは、豊後では臼杵湾頭の津久見島である。山が険しいためかこの島ばかり、保安林に編入せられる以前もいっこうに斧斤《ふきん》を知らず、隙間もなく茂った緑の樹の中から、いろいろの鳥の声が遠く波の上の舟まで聞こえる。今は目白《めじろ》の名所だというが、ツグミと呼ぶのもやはり鳥の名から始まったように思う。農家がただ一戸対岸から渡って小屋を構え、わずかの藷《いも》畠を作っている。シャアの村からも、まれに枯れ枝を拾いに来るくらいで、人の歴史には縁の薄い島らしい。

そこから出て来ると、左手の海上に沖の無垢島《むくじま》と地の無垢島が見え、次第に前に話をした保土の島に近づくのである。保土の山に登ると佐伯湾を隔てて、南に鶴見崎《つるみさき》に接して大島というのが指点せられる。保土から移住したという旧家などもあるそうだ。この入海では大入島《おおにゅうじま》が最も大きく、いくつかの網代《あじろ》と美しい清水とがある。娘たちが帆をあやつって毎日町に往来している村である。また人は住まずして耕地ばかりの島もある。中浦の沿岸を東へ進んで、大島の瀬戸を通り抜けると、鶴見の鼻から芹崎《せんざき》までの間に、多くの小さな無人島が連なっている。地の黒島と沖の黒島との中を船は行くが、沖の黒島の方には蒲葵が生えている。蒲江の港の口には島がまた二つあって、その遠い方の深島には、人も住み学校もあり、蒲葵の林もあるという話であったが、もう夕方になってその風情を見ることはできなかった。

日向路では東臼杵の富高の辺に、二つ三つの地の島が車の上からも見える。今やすでに単純な草山である。その東の沖にも一の枇榔《びろう》島があるのだが、かけ離れていてようすが分からぬ。これから南はずっと青島の辺まで、川ごとに砂を押し出して長浜を作り、以前は地の島であったらしいものが、多く地続きの岡になっている。内海港の南の巾着《きんちゃく》島なども、島は名ばかりで今は一個の岬である。九州一の良い港を、あたらわずかの新田のために浅くしてしまったという外浦《とのうら》の堤も、やはり大きな地の島を引き寄せてつないだもので、これをなしとげたのは人よりも二つの川の泥であった。『出雲風土記』[4]などでは国神の偉功に数えたほどの地変でも、時代が後であったばかりに飫肥《おび》の海辺では、咲き栄えた静かな文明を一朝に滅したのである。油津《あぶらつ》の繁華はおそらくはこれから移ったものだろうが、依然たる昔の小場島《こば》、大島は、これがためによく外洋の波濤《はとう》を防ぎ、また参差《しんし》たる入江の風光を守っている。嘉永のころまではこの大島には人家はなかった。藩の牧場として久しく良馬を産していたというのは、たぶん駿馬《しゅんめ》を竜の種とする思想の継続であろう。目井の津まで二十余町（約二〜三キロ）、一つの船着もなかった荒浜から、若駒をひき出していった勇ましい光景が想像せられる。小場島はすなわちまた蒲葵の島のことで、かつてはこの島にも繁茂したものと思う。さらに南に進んで市木村の築島にも、所々に同じ木の林がある。船から見える三、四戸の農家が、塗壁瓦葺きの中国辺と同じような構えで、蒲葵の白い葉の葉がくれに、立っているのはおもしろい。上って遊んでいきたいような気持ちがした。

築島の蔭を離れると、次に鳥島と幸島《こうしま》とが現れる。幸島は少し大きくて周りが二十何町、一段と陸地に近い。松の密生した背面を、船は通って行くのである。猿が多くいるので知られている。猿の中にただ一軒、番人みたように住んでいる人が、手船を漕いで時おり陸の方へ往来するほかに、あまり来てみる者はないそうである。猿も淋しいというわけか、遊びに出かけることがある。一匹ぐらいは見えそうなものと、船窓によっていつまでも眺めたが、こんな風の寒い日には出ますまい、夏ならば毎日のようにあの辺の岩におりて、

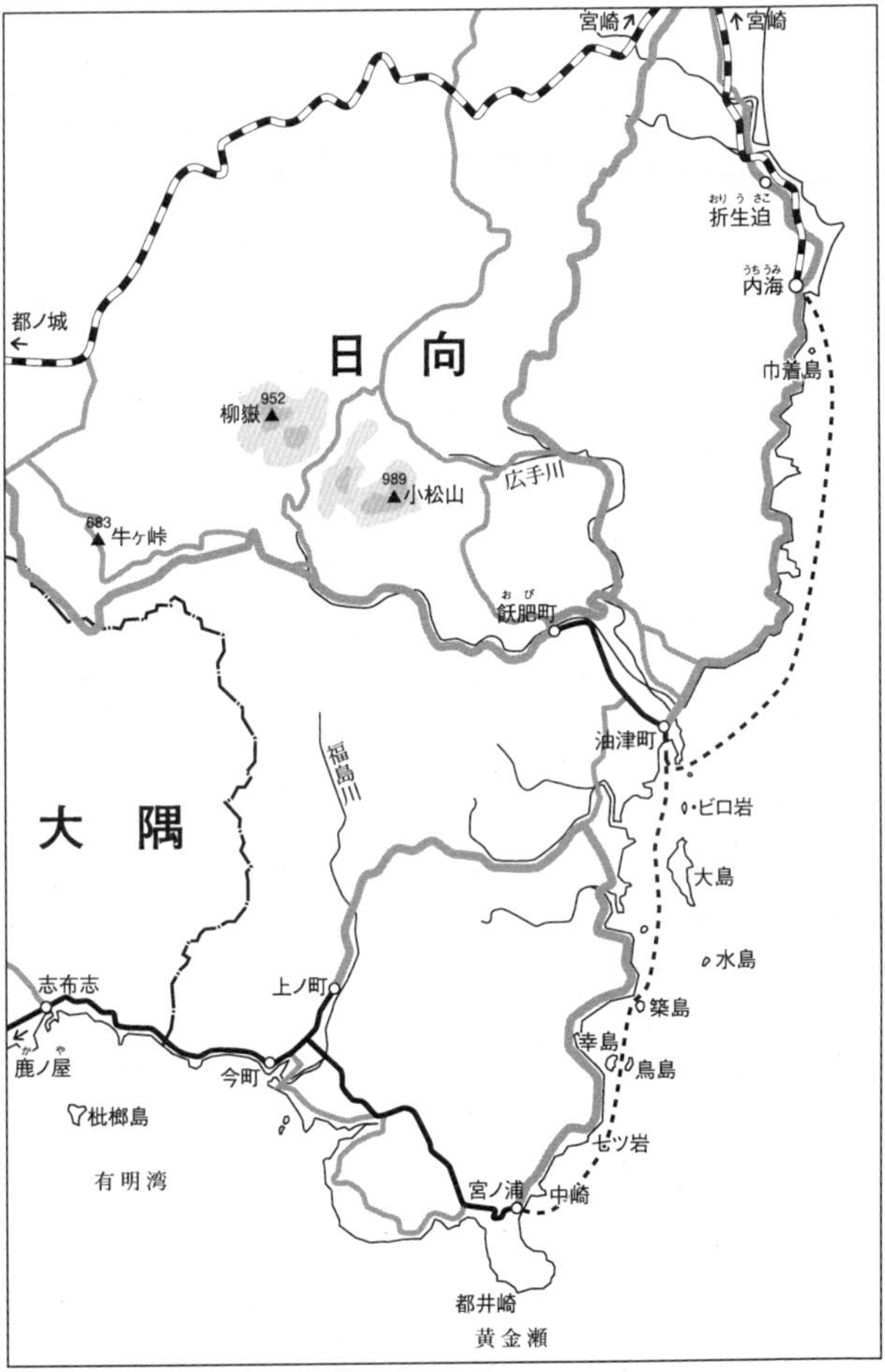
宮崎
宮崎
都ノ城
日向
折生迫《おりうさこ》
内海《うちうみ》
巾着島
952
柳嶽
989
小松山
広手川
683
牛ヶ峠
飫肥町《おび》
油津町
福島川
ビロ岩
大隅
大島
水島
志布志
上ノ町
築島
幸島
鹿ノ屋《かや》
今町
鳥島
枇榔島
セツ岩
有明湾
宮ノ浦
中崎
都井崎
黄金瀬

蜷《にな》を採って食べていますが、とある。いつまでこんな小さな島に、平安でありうるかと思うと、猿ばかりの問題ではないような気がしてきた。

それから自分は都井《とい》の宮浦に上陸して、牧の野馬を見に岬の鼻まで行った。高鍋《たかなべ》藩の経営した、これもいたって古い海の牧場で、いわゆる福島馬の故郷である。今や馬種の改良が盛んに行なわれている。御崎《おさき》社内の野生蘇鉄《そてつ》とともに、「この山の猪捕るべからず」の制札をもって、天然記念物の野猪は保存せられているが、人作の福島馬のみはえらい虐待で、牡はことごとく二歳になる前に、牧から追われて試情馬などの浅ましい生活を送っており、これに代わって異国の種馬が、来たって極端の幸福を味わっている。

これから峠をまた一つ越えると、福島の町が見える。すなわち中世の櫛間《くしま》院《いん》の地であって、クシはすなわちまた岬の古語である。入海を隔てて志布志《しぶし》の蒲葵島が美しく、その向こうには大隅《おおすみ》の山が見える。大隅のスミはやはりまた、シマのことだろうと考えられた。

七　佐多へ行く路

島泊《しまどまり》の漁村はわずかな磯山川の川尻にかたまっている。ここにも小さな地の島が一つ、ほとんど砂浜に続かんとする地位で、南海の風をさえぎって立っている。昨夜夜半の大雨には、沿岸のボケ網舟はことごとくぬれてもどってきたが、この浦でも家の数より多いかと思う刺し子の仕事着が、磯の大岩小岩にずらりと掛けて乾してある。そうして男たちはまだ寝ているらしい。今日は大晦日だが、新で正月をする人はこの村にはいない。

伊座敷《いざしき》の町からこの島泊まで、元は一番高い山の八分まで登って越えるのが、近いゆえに唯一の通路であった。しかるに隣の西方区を通って、最近に一間（約一・八メートル）幅の路を一建立《こんりゅう》で開いた人がある。それが豊後から来た炭焼きだと聞いたときは、何だか古い物語のようで嬉しかった。炭焼きは十何年の勤倹でこしらえた家屋敷を売り払い、まだ入費が足らぬのでわざわざ国へ金を取りに行ってきた。そうしてできあがった新道の片端に、かの小五郎の小屋のごときものを建てて住んでいる。どうしてこんな志を立てたか、また末にはいかなる果報が来るものやら、自分などには分からずに終わりそうである。

九州もここまで来ると、真に国の端という感じが強い。浅い山を拓《ひら》けるだけは薯畠にしたために降るほどの雨がことごとく谷川に出てしまい、あふれて通路の草を漂わし、やがてみな海に呑まれて行く。徒《かち》わたりがすむとじきに坂を登り、越えてしまうとまた小川だ。坂も多いが曲がり角も多い。三町と同じ方を向いて進むことがない。樹の間からはたいてい海が見え、清々とした声で頰白《ほおじろ》などは、沖を見ながらさえずっている。風がいつでも少しずつ吹いている。

尾波瀬《おばせ》でいったんまた海の渚にくだり、村の後ろの放牧地を通って、草山を十町ばかりも行くと、今度は外海の浜に出で、中央の山路と一つになる。大泊《おおとまり》と言って、むかし種子《たね》が島《しま》へ渡った船つきである。もう汽船の世の中になって、ただの漁村にかえってしまったが、それでも松飾りをして春を迎えんとする帆船が二隻、入って来てもやっている。帰りに見ると紅い国旗を立てていた。小学校でもしきりに式場を用意している。岬の端まではまだ一里半もある。灯台の人たちに子供があったらここまで通ってこねばならぬのだ。中間に田尻の部落はあるが、分教場すらも置いてない。

田尻は広々とした石の多い浜である。その名のごとく峠道の右左に、若干の水田を持って村人は登って耕している。村の周囲には蘇鉄が多い。これが自然に繁殖しているのを見ると、御崎神社を信仰した樺山《かばやま》権左衛門が、琉球からの凱旋《がいせん》に携え帰って奉納したのが始めとは、まず信じにくい伝説である。村から社まではまだ二十町もある。これが一団の緑の御崎山で、社に詣る一筋の道を除くのほか、今なお完全に小鳥の世界である。田尻の土持氏に今夜の宿を頼んでおいて、自分はひとり午後の日影のもれる樹下の路を歩んだ。暇あって樹の実のまさに熟する季節に、折りよくもこの山に来てみたことを喜んだ。花よりも麗しい黄紫いろいろの大小の珠玉が、枝ごとに豊かに綴られている。これをついばみつつ歌う者の声である。諧々《かいかい》として自然の饗宴の楽しみを、はてしもなく語っている。

同じ灯台でも陸奥《むつ》の尻屋《しりや》の荒磯崎などでは、闇夜に迷うて来て突きあたって落ちる鳥が多いというが、佐多にこのことがまれなのは、これまた御崎の神の林の導くゆえであろう。秋から先は四方の渡り鳥がことごとくここに来て休むかと思うほど、さまざまの鳥が遊んでいる。静かな日には二十五海里の海峡の迅潮《じんちょう》を越えて、種子、屋久《やく》の磯の鳥までが、岬の岩の上に来て漁《あさ》っている。空から行く者にはこの山ほど、よい目標はないのだろうと、長年鳥を友とする人たちは語っていた。人にとっては船が大きくなるにつれて、港から港の間がいよいよ遠くなるが、実際この岬まで来ると、南の島の一列の飛び石であったことがよく分かる。黒島でも竹島でも硫黄島でも、佐多の岬の端に立ってみると、かえりみて薩州の山を望むよりはなお親しい。島々に行けば次の島がまたそうであろう。沖へ出てみたらなお一層、移る心が自然に起ることであろう。

御崎の山には蘇鉄《そてつ》と蒲葵《びろう》とが多く、いずれも実が熟している。親木の蔭からずっと離れた場所にまで繁殖して行くのは、やはりやや大きな鳥が運ぶのだろうと、土地の人たちも言っている。蒲葵もこの辺まで来ると次第に民家の樹となり、ことに社や堂の近くに大木があるのは、これは古くこの実を播《ま》いたものかと思う。しかし笠や箒《ほうき》にする葉は、灯台に近い小島から採っている。コバ笠、コバ箒などというコバは、沖縄および先島の、クバと同じ語である。

田尻の除夜は浪の音ばかりであった。戸を立てぬ縁側から月がさして、障子の紙がふるえるほどの微風が吹く。時計を見ると今まさに歳が替わろうとしていた。初日の出には真面に向かった浜である。おゆみという村の女に荷物を持ってもらって出て来ると、袴をはいた学校の子が、はや砂の上に小さい足跡をつけて新年の式を歌いに先へ行く。大泊を過ぎて山の路にかかると、再び佐多の御崎が深緑に遠く見える。いくらでも曲がっていくらでも登るかと思うような路であった。所々に牛馬のためにやや緩傾斜のつづら折りが新たに開いてはあるが、使わぬと見えて草が生え、人は昔からの急な坂を通るのである。頂上を大泊のヨクと呼んでいる。ヨクは「いこい」という意味で、誰でもここへ来れば休む。三方の海が見える。島々も見える。さあ行こうと立ちあがると、おゆみが荷の上に結わえつけて、町へ持って出るコバの葉の束が、がさがさと南国らしい音をたてた。

八　いれずみの南北

七島南端の宝島と、大島の笠利岬との間の、潮の流れの最も早い四十何海里（約七〇～九〇キロ）は、民俗の上からみてもやはり一つの境である。たとえば中国四国の海の海岸で、カネリあるいはイタダキなどと名づけて、女が物を頭にのせてあるく風習は、九州南部にも広く行なわれ、ことに小さな島では水までもそうして運ぶが、ここに来るとそれがまるでなくなってしまう。奄美《あまみ》列島では一番離れた与論《よろん》島まで、それから沖縄の本島でも北部の三、四か村は、いずれも幅二寸ばかりの苧《お》の組み紐を額に引っかけて、それを力に物を背負うて歩く。ちょうど内地の村の人たちが、胸の上部に引っかけて負うように、石や薪の重い荷物でも、皆こうして額に吊って持って出る。山坂があんまり険しいために、

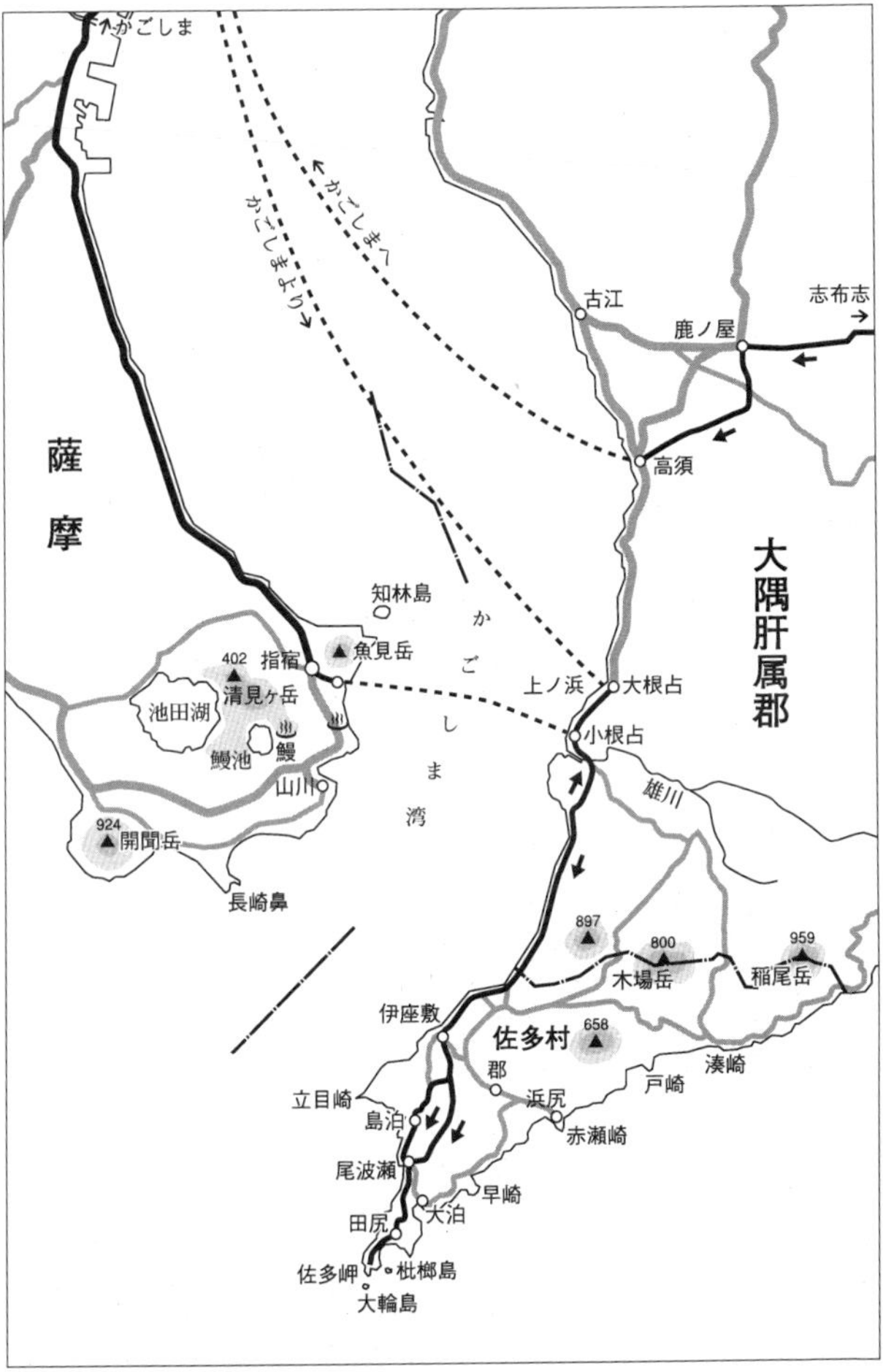
かごしま
かごしまへ
かごしまより
古江
志布志
鹿ノ屋
高須
薩
摩
大隅肝属郡
知林島
かごしま湾
402
指宿
魚見岳
清見ヶ岳
上ノ浜
大根占
池田湖
鰻
鰻池
小根占
山川
雄川
924
開聞岳
長崎鼻
897
800
959
木場岳
稲尾岳
伊座敷
佐多村
658
湊崎
郡
戸崎
立目崎
浜尻
島泊
赤瀬崎
尾波瀬
早崎
大泊
田尻
佐多岬
枇榔島
大輪島

頭にのせては歩かれぬからと、首里《しゅり》や那覇《なは》などの、イタダキを常の習いとする地方では説明しているが、一方にはまた陸前牡鹿の江の島のごとき、ここに限って肩には負わず、頭にのせている島においても、やはり坂が急だから頭にのせるのだと言っているから当てにならぬ。山は少ないが沖縄から南にも、急な苦しい坂は随分ある。ところがこの方面では一般に、必ず頭の上にいただくことになっているのである。額に掛ける風はアイヌの中にも行なわれているが、それは偶合《ぐうごう》とも見ることができる。両手を自由にしておいて物を運ぼうとすれば、頭か額か両肩か、まずこれ以外には工夫がないのである。隣の人を見て、まねたのも、また不思議でないが、それよりも不思議なのは、まねに境のあることである。

他所の風習はそう容易に模倣せられるものでない。白野夏雲翁が今から四十年ほど前に、宝、悪石《あくせき》の島々を巡視した時には、手に入れ墨をした女を何人か見た。いずれも大島から落ちついてきた婦人だと、『七島問答』の中には書いてある。この海峡を越えて、嫁に来るだけの親しみはあっても入れ墨の習いは七島には入らなかったのである。七島では手の甲の入れ墨のかわりに、女がみな歯を染める。ただし内地の方の昔ふうとはまたちがって、十三の歳の五月にただ一度だけ、鉄漿《かね》をつけるのである。若い女が女になった印にこうすると、後には鉄漿そのものが美しく感ぜられ、装飾になりまた道理が附け添えられる。この点は南の方の島々の入れ墨もよく似ている。

二十何年以前に沖縄を旅した人の話に、十二、三の小学の生徒が、豆粒ほどの入れ墨を刺したのが、愛らしく見えたと言っている。このころから始めて、だんだん大きくしていく習いであったかと思われる。ところがちょうどその時分に、入れ墨を禁止する布令が出た。隠してはやれぬ仕事なので、この禁制はよく行なわれた。かつて美しかった白い手が、もうおいおい皺《しわ》になる年輩の女だけに、入れ墨が残っている。もう頼んでも、まねをせぬ時代が来た。しかも昔はまだ老女の間に、はっきりと遺《のこ》っている。

沖縄県では一般にハチジと言うようである。慶長の初めにできた『琉球神道《しんとう》記』[5]にも、入れ墨の風俗を述べて針突きと書いているから、ハッツキの転音であることがよく分かる。大島では針突きと言うと『南島雑話』[6]にあるのは、これも針突きの誤写ではなかろうか。何にしても二島分立の以前から、広く行なわれていた風習であって、それが時を経るうちに、わずかずつの変化を見た。大島の方ではもう珍しいというほどに、針突きをした人が少なくなっている。村に入ってこれを捜《さが》して行くうちに、おりおりは糸満《いとまん》からの移住者を見出した。糸満の女たちはどこに来ても、頭に物をのせて往来する上に、依然として南沖縄のハチジをしている。四弁に区切った菱形の花を、手首か甲の真中に大きく彫り、指の根ごとに幅いっぱいの星形をつけている。これにくらべると大島の入れ墨は、人によって大小があり、模様なども思い思いに、趣向をしているかと思われた。くわしくたずねたら村としてまたは家として、何か変化をつけるわけがあるのかも知れぬ。ただたずねて答えてくれそうな人が、今はすでにないのである。

沖縄でも元は入れ墨によって、女の故郷がおおよそ知れたくらい、少しずつの相違があった。島々には必ずそれが著《いちじる》しかったことと思う。しかも八重山《やえやま》の女たちの今のハチジには、沖縄とよく似た菱形や星が多いように見えた。その中でも与那国《よなくに》人の二、三の例は、かえって遠くへだたった宮古の方に近く、宮古の入れ墨の沖縄と変わっていることは誰が見ても分かる。宮古の婦人は手首から、三、四寸奥まで刺している。織った上布の絣《かすり》のがらを、一つ一つ彫り入れて記念にするというのは、たぶん簡単な小さな模様を多く並べているからの誤伝であろう。

このように複雑な変化の中に、ただ一つ指の背を通した箭《や》の形だけは、いずれの島でも大方同じである。南の方ではその箭《や》に羽があり、沖縄より北に行けば、矢筈《やはず》ばかりが著しくなっている。おそらくは女性の物を指す力が、宗教的に強かった大昔の世の名残《なごり》であろう。それがいずれの方を指していたかは、今はすでに絶対に不明となり、人はただある限りの島々に、散漫として移ったように考えている。これがはたして島人の真の歴史であろうか。千古の英傑に碑あり伝記あるごとく、かつて鈴のような形の笠を深くかぶり、ないしは高い窓の外に立って、援助の手のみを差しだしたという神女の事蹟は、ひとりこのままさに消えんとする針突きの文字なき記録のみが、われわれを呼びとめてこれを語ろうとしているのである。

九　三太郎坂

名瀬《なせ》の港は大島の西北の海に向かって開いている。砂浜を意味する名瀬の兼久《かねく》から、東海岸に越えて南へ行く路は、たいてい自動車の通るほどに改修せられ、そうして、はや少しく損じている。しかし常には曲がり角ごとに人に逢うくらいの人通りが、今日は旧正月の元日であるために、かくのごとく静かに日が照って淋しいのである。たまに向こうから人が来ると、必ず頬かぶりをして六尾、七尾の鯛を担っている。小湊《こみなと》附近は鯛の魚のよく捕れるところだ。除夜に大漁があったから、今朝持って出ると言うばかりで、別に進物ではないそうだが、それでも何となく正月らしい。里近くの谷に紅い山桜が咲いている。糸《いと》芭蕉《ばしょう》の畑がつきると、まばらな蘇鉄の林がある。蘇鉄とヘゴとはかえって国頭《くにがみ》の山よりも多い。白い花の苺《いちご》が咲いている。苺をこの辺ではイチュビと呼んでいる。

和瀬《わせ》の新峠には、もう茶店が二軒建っている。手前の方の店先では黒の木綿の紋つき羽織の男が、ほめられて嬉しそうな顔をして、ママアンマ節というのを弾いている。例の蟒《うわ》蛇《ばみ》の皮を張った小さな三味線である。海のよく見える今一軒では酒を飲んでいた。地酒またはモロハクと名づけて、味醂《みりん》を薄めたような甘いので、薩摩《さつま》でできるということだ。盆の上にゆづる葉を二枚敷いて、白い盃をのせて自分にもすすめた。肴《さかな》は例のティノイヨ

（鯛の魚）であった。下りてまた登るべき岡が海に近く見える。亭主夫婦の話は新道のことばかりだ。なるほどこの辺の景色は別荘を建ててみるにはよい。車が多く通るようになれば、ここへ来て休まぬ旅人はあるまい。それだから今に今にと言っているのである。ここを出て来ると伐り残された松の樹に鳥が清くさえずり、外もまことに長閑《のどか》な正月であった。

しかしこんな好い日にも捜《さが》してみると、淋しい人はどこにかいる。東仲間村《ひがしなかまそん》の橋のたもとから、右手へ上っていく一すじ路は、これも明治になってからの新路だ。取っつきの五、六町が急な坂であるばかりで、奥には一本も伐らぬかと思う椎の樹の山が、深い緑のかたまりをなして並んでいるところを、谷川の向かいに眺めながら、ゆるゆると行く長根である。いかにもよく考えてつけた路線だ。三十年あまり前に内地人の夫婦が、この峠に茶屋を建てて附近の林を開墾《かいこん》し始めた。肥後から薩摩に越える三太郎峠とは違って、これはその爺の名にもとづいて、三太郎坂と呼ぶようになったのである。それほど世に聞こえた三太郎ではあったが、彼にも相談せずに世の中は変わった。事業の方は気が長く、老いばかりはすぐ完成した。西仲間から登る坂があまり真直《まっすぐ》で左右に余地がないために、もう第二の新道はこの峠を通らず、おめいてもとどかぬような遠方の山をうねっている。畠を作るためばかりなら何もこんな高いところへは登らなかったであろうに、三太郎はついに茶店をやめてしまったそうである。それから後はどうしているだろうかと、峠に上って来てその一つ家の前に立ちどまって見ると、二方から踏みこむ店はすっかりしめ切り、出入りの戸をただ一尺（約三〇センチ）ほど開けて、土間へ日が差している。正月だというのに婆さんはかぜでもひいたか、蒲団をかぶった白髪の頭が見える。囲炉裏《いろり》のこちらには肱《ひじ》を枕にして、三太郎坂の三太郎はごろりと寝ている。

大島が今の大島になるまでには、それはそれはえらい苦闘があった。わずか四、五十年の昔を振りかえってみても、今の三分の一の幸福もこの島にはなかったのが、すでにどどし名士を島外に出すほどの活躍をしている。島人全体としては、切り抜けて出て来たのだから明らかに捷利《しょうり》だが、よく聞くとその勝鬨《かちどき》のどよみの中にも、かすかな呻吟《しんぎん》の声がまじっていた。たとえば今通って来た朝戸の村なども、紅い桜が咲いて平和らしい家なみであったが、文化年間の記録を見ると、「佐念と朝戸の両村は今人家これなし」とある。「男女借財のためにことごとく身売りして他村に行き、跡は作地のみなり」ともあるから、すなわちそれ以後の植民であった。これと同様のつぶれ村が、他にもなお十何か村あって、そのまま故迹となってしまったのもある。これは享和のころの凶作の結果であったが、その前後にも不幸はしばしば繰りかえされた。

名瀬の近くの作大能《さくおおの》とかいうところでも、ある時の飢饉《ききん》に男女山に入り、苺や阿檀《あだん》の実を採って食いつくし、野山にはもう何も食うものがなくなって、数十人の者が阿檀の木に首をくくって死んだ。それから以後は毎年その月ごろになると、亡霊が出て来て何とも言われぬいやな声で、唄を歌ったと言って、その唄がいくつも伝わっているのである。

いちゆび山のぼて、

いちゆび持ちくれちょ。

あだん山登て、

あだん持ちくれちょ。

これはおそらく例の魂祭の踊りに、深い同情から発した悲壮な歌を唱えたのを、亡者の声なりと誤って伝えたものと解するが、飢えて人が死んだまでは事実であろう。最初から生まれてこぬ方がよかったと思う者の魂魄のために、長く後々の弔《とぶら》いをするのはおかしいが、この世で救うだけの力のない人々は、どこの国でもこんな話を語り伝えて、ただいつまでも嘆息をしているのである。

十　今何時ですか

実に奇妙な子供の遊びが流行している。見なれぬ洋服の人などが通ると、時計を出させてみて後でみんなで笑う遊びである。金か銀か大きいか小さいかを、前に言いあてたものが勝ちになるらしい。自分はもう何べんか諸所でこれに出あっている。この大島でも、宅の末の子ぐらいのよちよちと歩く子が、「今何時でちか」などと言って附いて来た。たしか木村荘八君の紀行にも、大連《だいれん》でシナ人の子供が、土塀の上から顔を出して、そう叫んだと書いてあった。彼ら小児は、村から外へは、めったに出ぬ。さりとて誰が来てこんなくだらぬことを教えようか。自分は何よりもまず世のいわゆる流行には、まだ不明の原因が潜んでいるということを感じた。

土地の人にもそう言ってきたことだが、大島の子供には全体におっとりとしたところが少ない。一つには普通教育という特殊の事情のためかも知れぬが、通例人に聞こえるように仲間同士でしゃべるかわりに、臆面なく旅人に話しかける者が多かった。ある山の蔭では四、五人の子が目白を捕って帰るのをじっと見ると、すぐに買いませんかと言った。町へ持って行くと一円になりますよと次の子が言った。またある板橋の上で遊んでいる夕方の群れに、たわむれにこの犬の子は誰のだと聞くと、それはワームン（わが物）だ、もらってくれるなら縛ってあげましょうと言ったのが、ほんの十一、二の生徒であった。

それよりも驚いたのは、住用《すみよう》村のある部落の宿屋で、いろいろの青年少年が旅人を見がてら、前の川端の路を行ったり来たりするのに、一人として胴魔声《どうまごえ》をたてて、わめいて通らぬ者はなかった。正月だから仕方もないが、大きい者はみな酔っている。そうして彼らばかりの風流とする事柄を隠語でどなって笑って行く。子供にはそんな才覚もなく、またもとより酒を飲むはずもないが、できるだけ酔った先輩の荒い声をまねて、他には何もわめく種もないのだから、たがいに相手の子の苗字などを呼び捨てに呼びかわしている。こんな気の毒な正月が、はたしていつまで辛抱しえらるるであろうか。

この子供たちに、昔あれほどたくさんにあった正月の遊びはどうした。ネンというのはわれわれの根木《ねっき》または根ん棒というものと同じで、端をとがらせた二叉《ふたまた》の枝を土に打ちこみ、相手の木を倒そうとする勝負であった。またイハと称する遊びもあった。薩摩で金輪投げと言い、東国では破魔《はま》ころなどと言って、円い輪の類を飛ばして、たがいに受けとめる遊びは、蝦夷《えぞ》から南のいずれの村にもあったが、この島にもまた盛んに行なわれていた。マウジヤと言ったのがそれである。『南島雑話』にはこれ以外にも、多くの遊びの図がのせてある。それは皆どうなってしまったか。子供の趣味も変わるから、ぜひ残すということはむつかしかろうが、他の地方では何かかわりができて後に、昔の遊びが廃《すた》っている。ところがここだけはそうでない。

以前は童名には何カナと呼ぶものが多かったそうだ。広く八重山までも行きわたった風習で、すなわちわれわれの古語のかなし子、あるいは狂言に出てくるかな法師などと一つで、大切なものを意味するのだが、南の方では一般にオテダカナシ・オツキカナシまたは世の主カナシなどと、最も尊くかつ最も大切なものを、同じ語をもって敬うていたのである。村の平和のために必要な年に一度の祭に、毎《つね》に子供をして重い役をつとめさせた例の多いことは、起源においてこれと何か関係があったかも知れぬ。ヤマトの盂蘭盆《うらぼん》に該当する八月甲子のドンガの祭の前に、シッチャガマと名づけて十二、三から十五、六歳までの男の子が、小屋を作って田の神を祀る儀式があった。左義長《さぎちょう》の鳥小屋などよりも今一段と厳重で、そのために特に白酒を造り、名瀬の間切《まぎり》では豊作を禱《いの》る祭文《さいもん》もあった。それから九月十月の境に入ると、ハツブロと称して種下しの祭があった。竹の皮で作った鬼の面をかぶって、家々を巡って餅をもらい集め、持って帰って一つところで烹《に》て食べた。こんな幸福な儀式も、もうなくなったようである。しかも沖縄の方では十二月八日のウニムチー（鬼餅）は今もまだ子供が楽しんでいる。

大人が信ぜぬようになれば、祭の式はおいおいに遊戯になっていく。その痕跡は他国にも多く遺《のこ》っている。大島ではアッラネもしくはアスナネと名づけて、蝮《まむし》の害を払うといった四月壬《みずのえ》の日の祭などは、昔から旅人の迷惑する儀式であった。よそから来る者に釜土《かまど》の泥を投げつけ、あるいは石を打って疵《きず》をつけたことさえもあった。御用の役人とても、理由を話して入らぬと打たれた。その他の人々にはあるいは火の燃えきれを踏み越えさせ、あるいは委細かまわずに追いはらった。東京その他の児童が今もとなえる、「御用のないもの通しません」という歌なども、やはりこれと似た風習の名残《なごり》であるが今の大島の時計遊びのごときも、ことによるとぜひとも何かをして楽しまねばならぬ童児たちの、ほかにすることがないために、自然に引きよせられた新種の悪戯であろうと思う。ただし誰がこんな島までこれを運んできたかにいたっては、やはり大いなる一つの不思議である。

十一　阿室の女夫松

屋喜内《やきうち》湾内でも、阿室《あむろ》などはことに古い村である。阿室には男松女松と名づけて珍しい二本の大木があった。遠方から聞き伝えて見にくるほどの松であったが、惜しいかな五年前の正月の大火事に、焼けてしまって根株ばかり残っている。御嶽の岡の登り口に近く、トネヤ（殿屋）の西隣の神アシアゲの広場の端に、小高い塚形の地がその遺跡で、火事後に生まれたくらいの子供たちが、朝から晩まで来て遊んでいる。

神の御嶽の樹を伐った祟《たた》りと、今でも村の人には考えられている。百二十戸の民家はいずれも茅葺《かやぶ》きであったために、日暮れがたから焼け出して夜中にはことごとく灰になったが、この二本の松の樹だけは三日三晩の間燃えていた。中がもう洞空になっていて風がよく通るので、おりおりは焰《ほのお》を天にあげて、非常な勢いで燃えた。老人たちはこれを見て、みな慟哭《どうこく》したそうである。村はすでに建て直って繁昌しているが、今でも松の話をすると涙を流す者がある。

火もとは浜近くに豚を飼う小屋であった。山手へ吹きつける風は強かったが、岡一族の屋敷の奥に祀った、弁天様の脇の樹に、火の粉が盛んにかかるころから急に風むきが一転した。他の一方では学校の大きな建物も焼け落ちたが、御真影《ごしんえい》をお移し申した碇《いかり》氏の新築

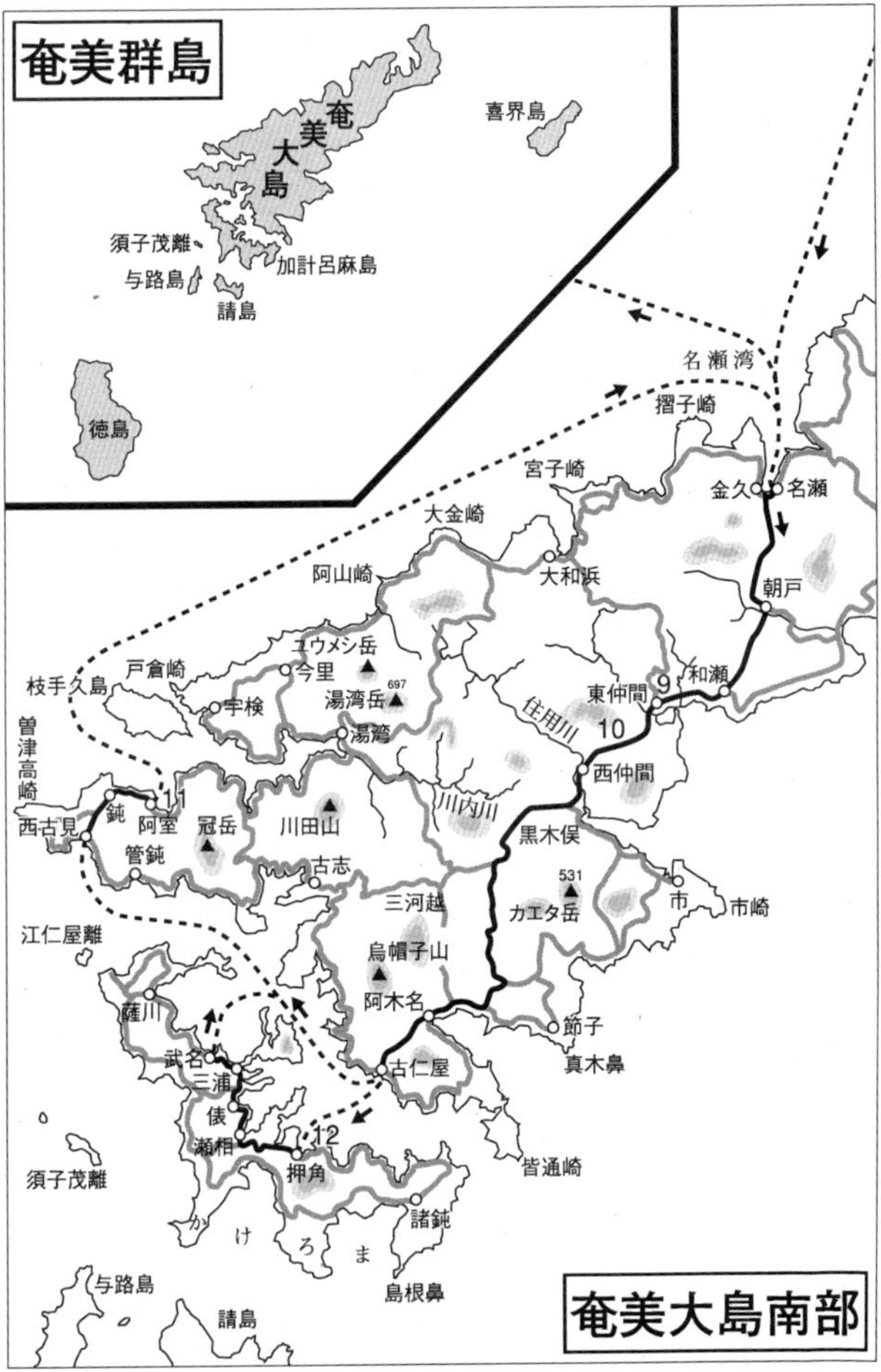
奄美群島
奄美大島
喜界島
須子茂離
加計呂麻島
与路島
請島
徳島
名瀬湾
摺子崎
宮子崎
金久
名瀬
大金崎
大和浜
朝戸
阿山崎
ユウメシ岳
戸倉崎
今里
枝手久島
湯湾岳 697
宇検
和瀬
東仲間
9
住用川
10
湯湾
曽津高崎
西仲間
11
鈍
阿室
冠岳
川田山
川内川
西古見
管鈍
黒木俣
古志
531
三河越
カエタ岳
市
市崎
江仁屋離
烏帽子山
薩川
阿木名
節子
武名
古仁屋
真木鼻
三浦
俵
瀬相
12
押角
皆通崎
須子茂離
諸鈍
かけろま
与路島
島根鼻
請島
奄美大島南部

が、たった一軒だけ助かったのも奇瑞《きずい》であった。こういう数々の不思議に感動した村の人は、まず急いで御嶽の拝殿を立派に営んだ。今まではシマタテカミサマ（島立神様）と拝んでいたこの拝所を、今後は秋葉神社と称《とな》えて崇敬することにきめた。遠い遠州の奥の山の火防の霊神が、はたして何人の説にもとづいて、阿室の昔の御嶽の神の名になったかは、あえて聞いてみようとしなかったが、少なくともこれはわれわれの言う勧請《かんじょう》ではなかった。土地の人たちは決して新たにお迎え申した神とは思っておらぬから、すなわち単純なる改名にすぎぬのである。社殿には御簾《みす》の中に黒く尊げな木像を安置し、また内地にしか見られぬ紙の御幣《ごへい》も立ててあったが、構造はかえって宮古の漲水《はりみず》御嶽などの新しい拝殿に近く、ことにその建物を廻って奥の方の霊地は、干瀬《ひせ》すなわち珊瑚礁《さんごしょう》の石を取りめぐらし浄《きよ》い白砂を敷きつめ、ぜんぜん先島方面の御嶽のオブと同じであった。何でも大島の神道には、昔からこの程度の歩み合いがあったらしい。不意の感激という特別の原因はあったけれども、阿室の信仰にはこれ以上に変化させる必要もなければ、またその人もなかった。

それゆえに御嶽は依然として能呂《のろ》（祝女）がこれを祀っている。そうして再建以来一段とその信心は引きしまった。能呂の数はこの村は五人である。ワキガミと言う者を加えて七人、白い祭衣を着て神の山に登り、祭をおえて下りて来るまで、何人もこれをうかがうことを許されぬゆえに、式のようすはただ彼らのみが知っている。最近の神秘は火災以後の五年間、年に何回かの祭の日の夕べごとに、能呂たちが下りて来るとただちにその後に、御嶽の山で鉦の音がする。あるいはまた鉄棒をひく音とも言う。つまりいくつかの金属の器を鳴らして、岡の頂上を行く声がするのである。村民は一人としてこれを人がするのだと思う者はない。またたがいに相あざむくほどに疏遠の中でもない。まれに一度ということなら、耳の誤りとも思えるが、年に何回となく小学校の先生も聞いた。佐賀から来ている商人の江口君親子も聞いている。そうして御嶽の東に住む平田の人たちには聞こえぬのである。以前信仰の今よりも盛んであったころは、白い馬に騎《の》って神様のお出でなさるのが、御嶽の昇り口のところまでは見えたという。トネヤ（殿屋）を葺きかえる時の祭などには、ことに明らかに拝まれたそうだ。そのお姿を拝したという老人も、まだ何人か達者でいる。

能呂は必ず血筋の者が相続するが、嫁に行くから家としては次々に移るのである。他の部落に縁づいた者でも、祭の日だけは帰って来る。数ある一族の婦人の中でも、相続すべき者は神様には最初からきまっている。まずセイオヲクといって、生まれた年月日によって合性がある。火性と金性とはまるで能呂になる資格がない。木水土の中でもまた条件があって、山の上の土などは高すぎてよくない。自分と対坐《たいざ》していた親能呂の老女は、水性であってイジュン（泉）の水であったという。

泉の水ならば林の奥の泉ではなかったろうか。いたって物静かな生まれで、湧いて流れるような話はできなかった。幸いに沖縄とはちがって大島には、グジと名づくる男の輔佐役があって、オモロ[7]を語り伝え、また少しは哲学が説ける。そのグジの数も五人である。やはり性によって神から指名せられる。神のオモラヌ（在さぬ）日には、なんぼ信心しても無用である。天に七日、この娑婆《しゃば》に七日、竜宮に七日と昇りに七日とをおすごしなされる。一月の中に七日しかない祭の日を、私らだけは数えることができるのだと、その親グジの宝本翁は自分に語った。

十二　国頭の土

加計呂麻《かけろま》は東西に細長い島だ。北に瀬戸をへだてた大島の多くの岬が、日を帯びて湾内の静かな水にうつる景色は、南の海では見られない極であったが、今こうして冬の緑の山に分け入り、切り開かれた赭土《あかつち》の坂路を、昨日の雨のしめりを踏みながら登ると、再び国頭の遠い山村を巡っているような感じがする。その上におりおり出逢う島の人の物腰や心持ちにも、まだいろいろの似通いがあるように思われた。海上は二百海里、時代で言えば三百年、もうこれ以上の隔絶は想像もできぬほどであるが、やはり眼に見えぬ力があって、かつて繋《つな》がっていたものが今もみな続いている。

ひとり昔の生活の痕《あと》が、残り伝わるというのみではない。沖縄では近年階級の制限がほとんどなくなって、婦人の簪《かんざし》などは上下一様に銀色のものを用いている。首里の王城の片脇にも、すでにこればかりを作っている小店がある。ところが久しい間沖縄の簪の制と、何の交渉もなかったはずの道の島々の女たちまでが、ことごとく在来の簪をやめて、今は銀色のを挿し始めた。しかもその形がやや長く細く、また端が剣のようには尖っておらぬから、南の沖縄本島の流行を追うのでもない。言わば彼らの黒い髪の毛に、白くして光あるものを取りあわせたいという趣味が、双方一度に表れたまでであろうが、それにしても何人にも知られずに、双方が久しくこの傾きを保持してきたのは、少なくとも歴史の説明を超越した、むしろ天然の原因があったからである。

ふつうの歴史には、大島群島が琉球の属島となったのを、文明三年以後のように書いたものもあるが、これはまことに誤解のおそれある説である。中山《ちゅうざん》の世の主に少しの貢物を納めるか納めぬかは、単にある時代の浦々の按司《あんじ》の家の都合であって、島人たちはつとに同じ衣を着て同じ語を話し、同じ季節と方法とをもって村々の神を祀っていたとすれば、すなわち国は始めから一つであったのである。それゆえにいわゆる君々の機関が王家の制御を受け、俗界の君主が宗教の力を利用して、これによって三十六島の統一策を行なったときには、北の方の島々も甘んじてその節度を受けて長く変わらなかった。すなわち征服せられたのではなくして、草木の風になびくがごとく帰服したのである。

大島では能呂久米《のろくめ》の首領を御印加奈之《ごいんかなし》と呼んでいた。御印とは首里から出した辞令書のことで、これを持ち伝えた能呂なるゆえに、御印加奈之とはいったものである。島津家の支配になった慶長十四年以後も、なおしばらくは祝女だけは沖縄から任命していたのを、寛永の初めにいたって禁止してしまった。そうして以前もらっておいた御印が、いよいよ尊いものになった。それから後も百年ばかりの間は、一生涯に一度だけは大島の能呂久米、首里に出て行って聞得大君《きこえおおきみ》に見《まみ》えることを許されていたのが、享保十何年かには、それもまた禁ぜられた。しかし小舟で荒海をしのいで、ひそかに国頭の土をふむ者は絶えなかったように思われる。近世の記録によれば、大島の能呂はいつのころよりか二頭に分かれていた。甲を真須知組と名づけ大和浜から南はこれに属し、乙は須多組と言って北部名瀬の周囲の数間切《まぎり》を支配した。シュタは分家または次男の筋を意味するようだ。マスジはもとより嫡流ということである。須多が多く伝来の法式を省略し、また大和人の刀自《とじ》となることを禁じなかったに反して、他の一方は今に古法を執し、内地人に嫁することを許さなかったとある。これが本島の南から佳計呂麻の村々にかけての、今日までの宗教である。

屋喜内方には有名な湯湾五郎《ゆわんごろう》の話がある。虻《あぶ》一匹から金持ちになった『今昔物語』[8]の話にも似ているが、史実でないまでも昔の趣だけは伝えている。五郎は湯湾の村の生まれで、家貧《ひん》なるがゆえに人これを糠《ぬか》五郎とも呼んでいた。後に本琉球に渡って、出世して按司の号を賜わり、佐渡山《さどやま》、与名原《よなばる》の親方らは、彼が子孫であると伝えられる。そのころ琉球の風習として、国王世子《せいし》の初めての宮参りには、誰にてもあれ途中で最初に行き逢うた人を頼んで父となし、それだけ結構に取りたて、按司などにも召し出すことであった。五郎はその身の微賤を恥じて、はるかに御神詣での行列を望んで道を変えて逃げ隠れようとしたが、王子のお供の面々においても、あまり風体の良くない男が来るので、避けて間道を通ったがために、思わずも双方行き逢うこととなった。その名を問えば秋山の野夫湯湾の五郎なりと名乗った。いにしえの法なれば貴賤を論ずべきでないと、ついに王子の義父として、一躍して按司になされたと伝えている。

瀬戸の静かな海へは木や糸芭蕉を積みに、多くの山原船《やんばるせん》が入って来た。那覇の港のうかれ女なども来て稼《かせ》いでいる。久高《くだか》の島人も古くから、ここに来て永良部鰻《えらぶうなぎ》などを捕っていた。暇あるときは故郷を思い出して、いろいろの歌を歌ったでもあろうが、彼らばかりの平凡な空想からは湯湾の糠五郎は生まれそうにも思われぬ。

十三　遠く来る神

沖の永良部《えらぶ》の後蘭《ごらん》村では、沖縄世《よ》の主《ぬし》の墓というのが御嶽になっていて、今も年ごとに遺骨を洗う祭があるそうだ。近世の琉球語では、世の主はすなわち国王であるが、骨を留めるほどの新しい世代に、海の北に流寓《りゅうぐう》して果てられた王はなかった上に、これとほぼ似た昔語はまた所々の小島にもある。もし単純な能呂久米の夢でなかったとするならば、すなわち分水嶺をもって限られた多くの小さい社会に、かつては個々の世の主が支配したこともあったことを想像せしめる。しかもいわゆる百浦の按司たちの事蹟は、島の端々に行くにしたがって、痛ましいまでに埋もれている。中山の歴史家が初めて古伝を集成したのは、第五王朝もすでに百数十年を過ぎて後であった。祖先を慕うてやまぬ山北の遺民にとって、今帰仁《なきじん》王都三代の栄華は、ひとえに一抹の山の霞のごときものであった。

北山古城の本丸の迹には、勇猛なる最後の王攀安知《はんあんち》、剣を抜いて斬ったと伝うる、嘉那比武の神石が今なおある。逆臣本部《もとぶ》大原《たいはら》の謀計によって、闘いに勝って帰ってみると、城は空虚となり妃嬪《ひひん》はことごとく縊《くび》れて死んでいた。護国の神今は何かあらんと、大いに憤ってその神石を劈《さ》き、分かって四塊となしたという、石の長さ五尺ばかり、青色堅実なり、十文字に割れていると、『遺老説伝』などにはあるが、今見るところは二尺以内の灰色の石で、たてにただ二つに割れている。『遺老説伝』は二百年前の書物、その前がまだ三百年ほどもある。これだけ長い歳月の間には、いくら石でももちっとは変化しそうなものだ。それにもかかわらず毎年夏秋の境には、遠近の村々から依然として万をこゆる士民が、この古跡に登って来て、家々の拝所に香を焼いて巡るのである。

思うにこれもまた、いたって自然なる人の心であった。昔はもとより過ぎて形を留めざるものの名であるが、なおこれを思い慕うとすれば、眼に見え手にふれる何物かによって、さかのぼって行かねばならぬ。しかも都城はくつがえり史書は絶えてなく、祖先の日はますます遠ざかったのである。身内に別れて寂しい不幸の日を送った者は言うにおよばず、富み栄えて眷属《けんぞく》の多い人々でも、田舎では、つれづれなる夜の物語などに、この世の始めとわが家の始めを、もっと精彩に知らねばならぬと、考える折りが多かったことと思う、しこうしてこの要求に対しては、村々には物知りと称する女性がいた。

物知りは沖縄の方では、ユタと呼ぶのがふつうである。大島佳計呂麻などでは正神、またホゾンカナシとも言っていた、本尊と頼む神仏の力によって、ただの人の目には見えぬ者を見る。ゆえにその言うことが信ぜられた。今まで不明であった高祖の名でも事業でも、これに聞けばたちまち闇の園の灯火であった。すなわち導かれて所々の故迹をめぐり、絶えて久しい祖先の面影に対面した。ただ不自由なのは北に寄った山辺海辺には、花やかに延び栄えた思い出がいかにも少ない。すぐれた武士は戦って多くは斃《たお》れている。または南の平野から、逃げて来て世を狭《せば》めている。ユタとても信ずべからざることを語ることはできぬ。それゆえに国頭の古い歴史は、ついに晴れたる海の色のごとくなるをえなかったのである。

尚円王《しょうえんおう》の興隆はこの点から見ても世の救いであった。この王は沖の小島の伊平屋《いへや》から身を起こして以前の鮫川大主などのごとく、すぐに小舟を遠い佐敷《さしき》の浜に寄せず、海を横ぎって宜名真《ぎなま》に移り、奥間《おくま》に逃げて鍛冶屋《かじや》に助けられ、ようやく南して久志《くし》の間切《まぎり》に入ったが、美しい汀間《ていま》のミヤラビ（少女）を娶《めと》って、ここにまた二男一女をもうけるほど長く留まった。この伝記のいずれかの部分は伝説かも知れぬ。しかも人は信じたいと思うものを信じやすい。[9]八郎為朝《ためとも》は菊池幽芳君をまたずして、すでに立派な沖縄の英雄であった。いわんや国頭の物知りたちは、寂寞として久しくかくのごときニライ神の遠くの島より寄りきたらんことを待っていたのである。

自分は雨のふるある日の午後、福木《ふくぎ》の高く茂った汀間の里を訪れた。山には躑躅《つつじ》が咲き鳥が鳴いている。若い英雄の恋語りを伝えた金丸川の泉は今も流れ、もしこの日が夢ならばなおさらに美しいがとさえ思われた。金丸御殿に仕えるのは由緒《ゆいしょ》ある昔のノロであった。久志村の青年らは、ユタをば、もはや正しい職務とは認めていない。もし彼女が新しい予言と啓示をすれば、すなわちこれを信ずまいとするゆえに、古くからの夢語りのみが、いよいよ歴史として固定していくらしいのである。こうして人間の空想を制限していくことが、幸福なものかどうかにはやや疑いがある。これから後の百世に対するわれわれの好意と期待、また自分ですらも忘れていく数々の愁いと悩みは、実は民族の感情に最も鋭敏な、やさしい女たちの力によらざれば、とても文字などでは伝えておかれないのである。

汀間の入江の岸には、歌で名高い汀間の神アシアゲがある。壁も簀子《すのこ》もない森閑たる建物で二列にめぐったたくさんの柱の間から、遠い大洋の水が眺められる。初夏の暁の静かな海を渡って、ここに迎えらるる神をニライ神加奈志と島人は名づけていた。大島でナルコ神テルコ神といったのも同じである。しかも北東に面した久志の沖は、あまりにも茫洋としている。伊平屋久高が神の島として遥拝せられ、人界の英俊もまたこれによって出たのは、やはりわれわれの空想にも、何か具体的な飛び石のようなものを必要としたのではあるまいか。

十四　山原船

恩納《おんな》の仲泊《なかどまり》から美里の石川まで、島の幅がこの辺ではわずかに三十町しかない。大昔、神がいまだ草木をもってこの国を恵まざりしころ、東海の波が西海へ打ち越し、西の波はまた東へ越えたと伝えるのは、あるいはこの近所のことかも知れぬ。今でもサバニと称する小さな刳舟《くりぶね》だけは、人がかついで陸の上から往来し、遠く辺土名喜屋武《へんとなきやん》の岬を廻る労を避けている。内地の府県で船越という多くの地名はいずれもかつてこの方法によって、小舟を別の海へ運んだ故跡である。島尻郡の方にも玉城《たまぐすく》村富名腰《ふなこし》がある。また同じ郡の佐敷村、八重山石垣島の伊原間《いばるま》などに、フナクヤという地名があるのは、皆この船越のことだろうと思う。

近いころまでのサバニは、みな国頭の山の松の樹を刳《く》って造っていた。糸満《いとまん》の漁師たちは遠く屋久島の杉を買い求めて、おいおいにその船を改造し、なお鱶《ふか》の脂を船と船具とに塗って水を防ぎ、飽くまでも軽快に海上を馳駆しようとしている。しかも山のよい樹は次第にとぼしく、真の丸木舟はもうほとんど見られなくなった。刳舟の縁にも他の材を綴じつけて形を作り、その隙間を白い漆喰《しっくい》で留めている。よってまた綴じ舟の名もあるのである。

道の島では小舟をスブネと呼んでいる。クルブニの名は今もあるが、もうその姿を見ることがまれで、これに代わって板附というのが多く用いられる。板附も形は糸満人の刳舟に近いが、大小の板を釘で打ちつけ、艫《とも》の方にも三角の板が角を下にして張ってある。この板には墨と一、二の絵の具で古風な模様を描くのが習いである。その中でも瀬戸の入江でいくつか見た三本杉のような絵様などは、本来南の島々にはない樹であるだけに、何か熊野の信仰とでも因があるかと思われてなつかしかった。

遠い国地の珍しい文明を、まず見てくるものは船であった。[10]それゆえに最初は蒲葵の帆を掛けてシナの物見の役人を驚かした島人も、久しからずして福州あたりの造船所に依頼して、新しい立派な進貢船を造らせ、次では那覇の船大工がその型によって、大きい船を工夫するにいたった。淋しい山原の磯山蔭で作り出す船が、西南数百里の外を走っているシナのジャンクと、このようによく似てきたのも偶然ではなかった。しかもその改造のさらに以前をさかのぼってみると、島人は出でて新しい物を求めんがために、とにかくにみずから渡海の船を持っていたのである。

島では人よりも船の方が早かったわけである。しかるに八重の汐路の先島においては、アマミコが碧空より降ったという神話はもうなくて、かえって船の始めの物語が伝わっている。竹富島では島仲栗礼志の幼き兄妹、ある日浜に遊んで形半輪の月のごとくなる物が、海上に漂い来るを見て、木を伐ってその制にならい、初めて船というものを作り、これを五包み七包みと名づけて浜に浮かべて楽しみとした。その玩具の小船、後にまた流れて隣の黒島に行き、黒島の人はこれを大きくこしらえて、漕ぎ乗って竹富にやって来て、初めて子供たちの神から学んだ術であったことを知ったとある。

同じ話の変化かと思う話を、また宮古島の仲間御嶽にも伝えている。狩俣村で小舟を造ることの好きな子供、父が中山に行った留守に父の船をまねて小舟を作り、父を思いつつ毎日海に浮かべて遊んでいると、ある時風波荒れて小児は溺れ死し、小舟ばかり百里の海を漂い、那覇の港に流れ着いて、父これを拾いあげた。形がわが船と同じいのみか、仲間御嶽の霊石がこれに載《の》せてあったので、わが子の運命を知って大いに嘆き、その小舟と霊石とを携え帰って、今にこれを尊信するというので、稚《おさな》い子と神とがかくのごとく、ともに最初の造船には干与《かんよ》していたのである。

昔の船の安全は半《なか》ばこれを神の力に托していた。八重山の船は蜈蚣《むかで》の形をまねて、イノー（竜巻）を制御する手段とした。今の山原の船にはちゃんと眼球が描いてある。瞳《ひとみ》をやや片脇へ寄せて、シナの船よりも一層眼球らしいが、いかなる理由でかこれを艫の方につけている。しかも害敵を防ぐの術としては、これだけでも十分であった。現に十八年前にバルチックの艦隊がきた時にも、ある山原船は港の灯火と見あやまって、洋上に仮泊していたおそろしい敵艦の真中に船を漕ぎ入れた。ところがそのころまで髷《まげ》をつけていた国頭の船かたたちは、その語音を聞いても、とうてい日本の愛国者とは見えなかったために、何の仔細《しさい》もなく放された。それから大いに走って八重山にきて電信を打ったが、その時にはもう対馬海峡の大戦は終わっていたそうである。時間がそのように大切な場合には、彼らも今は機関のある船に乗っている。糸満の漁民なども刳舟を定期船につんで、自分も船客となって内地に往来する。そうして船に酔うたりなどしている。昔の航海は年に一度の風をでも待った。長い年月の間に、子が親となり祖父となる期間に、人は徐々として偉大なる変化をしつつ進んだのである。

十五　猪垣の此方

昔からの村には泉に拠《よ》って、山の中腹に住むものが多かった。島が平和になってから、次第に広場へはおりてきたようである。近世はまた山林愛護などのために、法令をもって村を遷《うつ》した場合もあった。村の周囲には燃料その他の用に、若干《じゃっかん》のアタイバル（垣内山）を付与し、残りの山野は公共の地であった。原屋取りと名づけて首里那覇の困窮士族が、入り込んでは新しい部落を立てたのもこの原である。明治以後の屋取り人は、今でも質素以下の暮らしを続けている。彼らの大部分は元の侍であったが、剛健なる山原の気風を毀《こわ》すほど、町風の生活には前からも染みていなかった。そうして争うて好い子を育て、家運を興そうとする努力が、附近にいる旧住民のためにも一つの刺激になってきた。

霜雪も知らぬ山ではあるが、やはり天然の力と闘わねばならなかった。峰続きの隙間もない林から、緩傾斜の一角をかこい取って畠に開こうとするには、長い石垣を築きめぐらして、山からきたり侵す者を防止せねばならぬ。紀州の南熊野、または豊後の日向の境の村などで見たものと構造が同じで、国頭においてはこれをイヌガキと呼んでいる。狗《いぬ》は内にあって守る者、猪垣を狗垣というはずがない。これはなお昔の語の名残であって、かつては野猪を単にイ（キ）といった時代に、イの垣と呼んでいたのが、意味なしに伝わったものだろう。

今日では野猪はヤマシシというのであるが、これによってシシガキという語を作るにはまだ故障があった。何となればシシは沖縄では、宍すなわち食用の獣の肉の総称であって、今のわれわれのようにただ一種の山の獣だけを、意味してはいないからである。

内地の方でも田舎に行ってみると、シシが宍人部《ししひとべ》などの宍と、もと一つの語であったことがすぐに分かる。たとえば鹿をカノシシといい、羚羊《かもしか》をアオシシ、カモシシまたはクラシシなどと言い、九州の島などには、牛を田ジシと呼ぶところさえもある。ただ宍を食う慣習がつとに衰えたために、何ゆえに肉をもって獣の名とするかを、久しく忘れていたというだけである。沖縄の方では引き続いて宍を用いていた。ゆえに山のシシすなわち野猪に対して、牛を田のシシと言ったのが最も自然である。鹿を産するは慶良間《けらま》群島の、座間味《ざまみ》の島だけになってしまったが、カノシシの代わりにこれをコ(カ)ウノシシと呼んでいる。鹿の宍に一種の臭気があるためか、そうでなければその鳴き声によってついた名であろう。

豚は一般にワと呼んでいる。チェンバレン氏[11]の語典には、ローマ字でWwaと書き、鳴き声からきた名であることは、誰もこれを疑うものがない。先島の人たちはWwoと言っている。そうして見るとイノシシのイも、その理由は同じように簡単で、われわれも一度はそのウィーウィーの声に耳馴れるまで、親しく接していたことが知れるのである。それを忘れてしまって山に住むのをイノシシ、家に飼うのをイノコなどと、区分したのはおかしかった。もっとも沖縄でも、区別のために一方をワ、また他の一方にいるのを、イと言った時代があったかも知れぬ、前に申したイノガキのほかにも、婚礼の式の改まった料理に、必ず出さねばならぬ野猪の吸い物を、イヌムルチなどと呼ぶ例が遺《のこ》っている。

正月の食べ物には、餅よりもさらに欠くべからざるは、すなわちこのワノシシである。暮れにはたいていの家でワを屠って、われわれの彼岸《ひがん》の牡丹餅《ぼたもち》のように、やったり取ったりを盛んにする。これにも久しい由来のあったことと思うのは、豕《し》の記憶はもはや失った内地の国々の武家に、春の初めの野猪の料理を重んじたことである。シナと交通していたからシナから来た風習だろうなどと、よい加減に珍しがっておいて今までは済《す》んでいた。

沖縄諸島
与論島
伊平屋列島
辺戸岬
赤丸岬
伊江島
国
瀬底島
頭
辺古岬
粟国島
沖縄島
久米島
渡名喜島
中
頭
島
尻
久高島
慶良間諸島
喜屋武岬

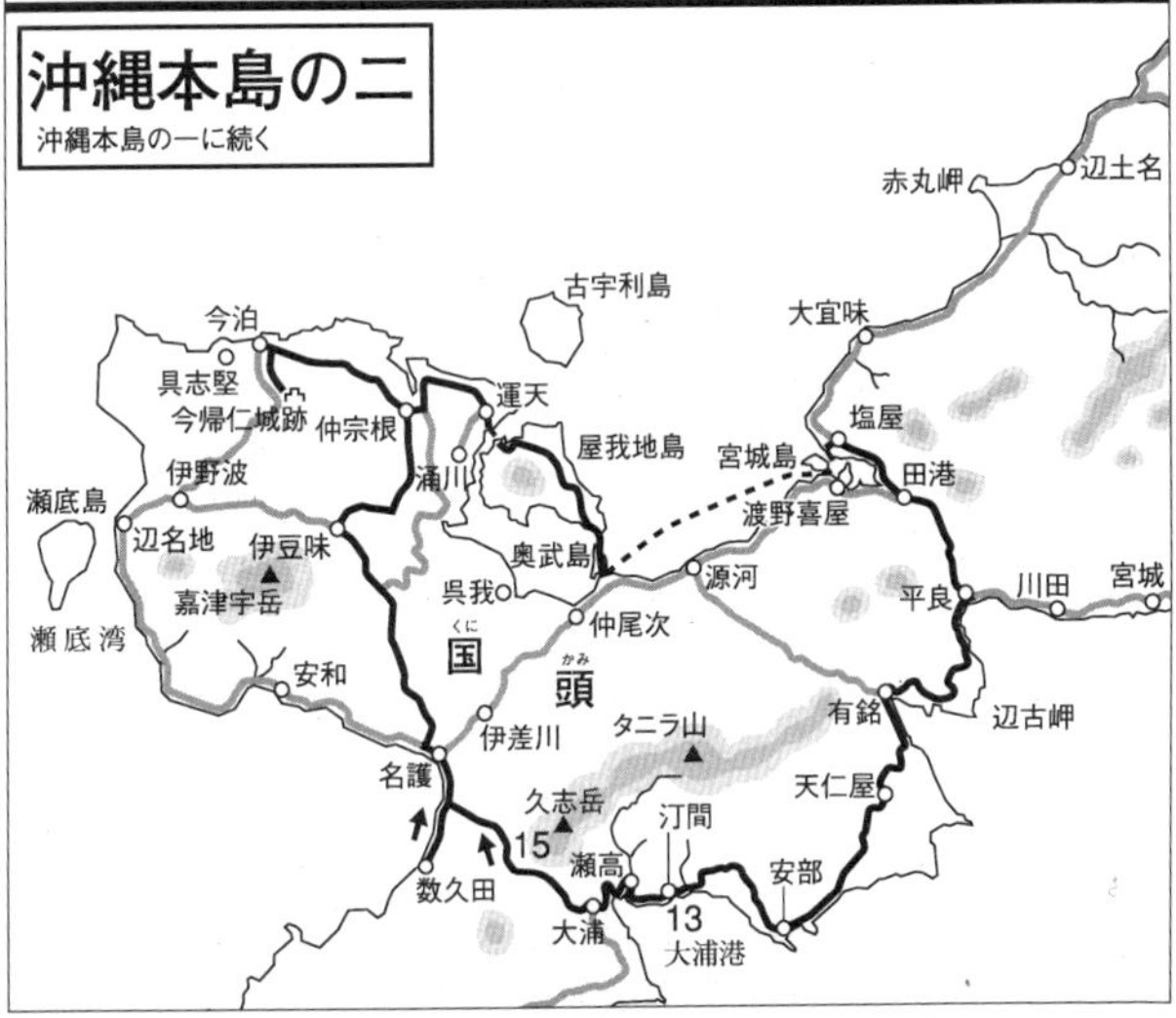
沖縄本島の二
沖縄本島の一に続く
赤丸岬
辺土名
古宇利島
大宜味
今泊
具志堅
今帰仁城跡
仲宗根
運天
屋我地島
塩屋
宮城島
田港
瀬底島
伊野波
涌川
渡野喜屋
辺名地
伊豆味
奥武島
源河
嘉津宇岳
呉我
平良
川田
宮城
瀬底湾
国《くに》
仲尾次
安和
頭《かみ》
有銘
辺古岬
伊差川
タニラ山
名護
天仁屋
久志岳
汀間
15
瀬高
安部
数久田
13
大浦
大浦港

そうして古い日本は埋もれていったのである。

北太平洋の島々には野猪はいたるところに住んでいた。島に猪がおりまた土人がおれば、必ずこれを捕えてきて家に飼うている。野猪が家猪になるのはそれほど手軽であった。馬や猿ならば芸を仕こまねばならぬが、猪は檻の中で繁殖さえしてくれれば、すなわち家畜である。ひとりマレーの島々の回教徒はこれを悪《にく》み、山にいるのをも忌んで、かえって跳梁させた。われわれの島では少しずつ食ったが、生かして貯えるほどの必要はなかったから、そこで昔の猪養《いかい》の徒は転業した。田の神の祭に供えきたった白い猪の種も切れて、近江《おうみ》の山で生けどったイノシシに、胡粉《ごふん》を塗って間に合わせたという話も残っている。そうして山にもたくさんの山シシが住むのに、同じような黒い小さいのを、はるばる船に積んで沖縄だけへ、持ちこんだ人があるということに、歴史家にきめられようとしているのである。

奄美大島にも山にはイノシシがおり、里にはヮが孳殖《ししよく》している。少なくとも三百余年の分立前から、ヮはすでに島人の生活に伴うていたのである。さらに今千年ほど以前にさかのぼれば、大和の京でもその通りであった。われわれはただ猪垣のこちらの側でむしろ不自然なる生活を忍びて、宍を食わずにいたのであった。

十六　旧城の花

歌に名高い浦添《うらそえ》城外の広場は、後に久しくこの間切《まぎり》の番所であったが、世がまた改まってここに大きな小学校が建った。そうして桜が咲いている。桃よりも彼岸桜よりももっと紅い花で、去年の葉の蔭に咲いているのはことに珍しい。真青な明るい大空が、花と故城とを蔽うて、じっとしている。昨日が立春という二月の四日だが、まるでわれわれの内地の五月のような日の光である。

城の石垣の上に立つと、干瀬の美しい東西の海が一度に見える。島の歴史の八百年が見える。嘉津宇嶽の向こうの麓が運天《うんてん》の港で、かしこには百按司《あんじ》の骨が朽ちて残っている。身長が六尺何寸（一八〇センチ以上）、弓は三十人力という青年将軍が、大和から漕ぎ寄せてそこに上陸し、渚伝いにのっしのっしとやってきて、やがてこの下の牧港を出て帰ってしまった。残波岬の波はその時分から、今にいたるまでこの島の女たちが、眺めては泣くべき波であった。恩納岳は東へなびいて山の姿がしおらしい。あの麓では女詩人の恩納なべが、恋を歌い、また大王の徳を頌した。

残波を見おろして座喜味《ざきみ》の城山がそびえている。昔、山北の鎮めにこの城を築いた時は、鬼界大島からも人夫が来て石を運んだ。読谷山《よみたんざん》にいた間は護佐丸《ごさまる》も安泰であったが、いかに堅固の要害でも、中城《なかぐすく》はあまりに勝連《かつれん》の城に迫っていた。それゆえについに奸雄《かんゆう》阿麻和《あまわ》利《り》と、両立することができなかったのである。しかも今はそれがもう物語となった。こうして見ていると、ただ[12]香久山と耳梨山の、昔の争いを思い出すばかりである。

南は佐敷大里の山々にも、かつて、いく度か矢叫び鬨《とき》の声が山彦を喚《よ》んだ。英雄の郷里は必ず多事であった。その間には、また巫女の最も霊なるものが、夢からさめて神異を語り、あるいは遠い国から小船に乗って帰ってきた。世治まって人の信仰がやや平凡に流れようとすると、たちまち神女は与那原の沖に天くだり、薄紅の狭霧《さぎり》に包まれて入江の水に浴みした。歴史はこれほどまでに単調を憎んだけれども、しかも今見る物は、ただの林と、海と砂浜との他に何があるか。

この城なども栄えた時世よりも、淋しい間の方がずっと長かった。あかい桜が山に咲いていた無為の日にやってきて、おそらくはある日の大和の船頭殿加奈之なども、茫然としてこの昔を眺めたことであろう。いかなる種類の船頭殿であったか、それもことごとく今は不明になったが、安波茶《あはちゃ》の友盛《ともり》御嶽はすなわちこの人の塚で、長く旅客の神として祀られたといえば、来ていたことだけは確かである。日秀《にっしゅう》上人の来たころにも、もう沖縄は平和であった。ただし邑人《むらびと》があまりに妖怪に悩まされるのを気の毒に思い、一字一石の経を写して経塚を築くと、それが後にはまた御嶽となって拝まれる。為朝公の北の方と若君が、船出の別れを惜しみに来たという牧港の岩屋なども、もとより立派な拝所で、南にそばだつ英祖の森城、この浦添の城の神、さては北の蔭に世を隔てたヨウドレの古陵とともに、史蹟はすべてみな香の煙をもって保存せられている。そうして史蹟でもない空っぽの昔が、その煙のように薄れていくのである。

首里の岡には松がまだ茂っている。浦添から見ると少し低くて、百浦の山を見渡す雄大な趣はこれにおよばぬのに、つとに文明の中心がかなたへ移ったのは、単に風水の教えのためばかりではなかったろう。王都の気勢を支持すべき海の津が、那覇と泊《とまり》においてはなお深く、安謝《あじゃ》と牧港は、まず、あせた。山を拓《ひら》けば土を流す、泉をくめば流れが細る。つまりは早く栄えたがためにまず衰えたのである。しかしところは衰えても、人は移ってなお栄えた。浦添の按司が立って中山に王となれば、鉄をつんで牧港に来た大和の船も、やがて泊の橋の下に、紙や絹を運んだのであろう。いわんや陸より行けば手がとどくほど近い。松を並木にした石道の珊瑚岩を、朝出ては暮れにもどるいく千万の男女の足が、こうして石の角のまるくなるまで、登り降りをしつつ、ついにまた新都を古くした。

首里は清水の永久に美しい町である。しかも聞得大君《きこえおおきみ》は辞し王は去って、百浦添の南の芝生には、盛んに大葉酸漿《おおばかたばみ》の花のみが咲いている。

十七　豆腐の話

沖縄の新聞によれば、那覇の遊女病院には、いつでも七、八十人からの若い女が入っている。これを見舞いに親切が三分、風流が四分というくらいな友人たちが、毎日何人かやってくる。見舞いの品物は、以前は主として刻み煙草であったが、このごろでは豆腐が多いということである。若い女には法律もこわいが、それよりも公然と煙草をのんでいると、未成年者でないと思われるのが、なお一層こわいのであろう。それにくらべると、豆腐はまことに罪のない流行である。

暖かい南の国でありながら、沖縄にはどうも白い色が豊かでない。野山は一ように冬も深い緑で、所々に花の紅をもって点綴《てんてい》する。島を取りめぐらす干瀬の浪だけを例外にして、大小の船の帆にも褐色のものが多い。かもめの羽の色も必ずしも白ではない。浜の真砂《まさご》の一文字も、遠く見れば、いわゆるクリーム色であって、これを運んで敷きつめた作り路も、リボンのようで美しいが、やはり黄を帯びて緑と映じている。人間にあっても白を重んじ過ぎたというものか、日常の生活には他の色のみが多く行なわれ、島人はことに年久しく山藍《やまあい》の香を愛して、その色に親しんでいたのである。ふつうの家の台所などは、どこの国でも白いのは塩ばかりで、もちろん沖縄だけの特色ともいわれぬが、実際これまでの民家の色は、この島ではすこぶるくすんでいた。今や因習のいましめが時代の手にほどかれ、ちょうど朝鮮で平民の衣服が、晒《さら》しから染めへ復《かえ》ってくるように、琉球の家庭で白の自由を求めるとするならば、趣味の変化が豆腐から始まるのも不思議ではない。第一には物が手軽である。それにあの白さといい、柔らかな光といい古色に倦《う》んだ長年の眼を休めるために、かりに豆腐が食うものでなかったならば、見るものとしてもまた必要であったのである。

豆腐の色は常に新しいが、その流行はほとんど極度に達している。西宿《いりじゅく》の名護《なご》街道などを通ってみると、買う家の数よりも多くはないかと思うほど、どこの家でも豆腐を造って売っている。表をかこうた石垣の片端、例のガジマルの樹蔭などに、ビール箱を少しこわしてそれへ板ガラスをはめ、わずかの豆腐をならべてその箱を枝につり、または杭の上にのせている。いわゆる人なしあきないである。傍に寄ってのぞくと、多い時も二ちょうか三ちょう、あるいは庖丁で切って半分だけ売るものもある。買人がなければ晩には引っこめて、たぶんわが家で食ってしまうのであろう。

以前はこうではなかったそうである。察するところ他府県とは違って、豆腐は家々で手作りにするのだが、器の都合などで一日の用いにはあまるのを、かこうておくよりは望み手があれば譲ってしまって、明日はまた新しく作ろうという、家刀自《とじ》の才覚からで、しかも考えてみると海道の軒の草鞋《わらじ》や馬の沓《くつ》、元はこういう類のあきないが他にも多かったのである。それが豆腐を食う家の多くなるに比例して、軒なみに小さな豆腐屋を見るように近ごろなった。有名な「豆腐屋へ二里」[13]の狂歌などは、まだこの心安い境涯を知らぬのであった。

肥後では球磨《くま》の下駄ふみ豆腐などといって、人吉領《ひとよし》では低い木の台にのせて売っていた。沖縄でも同じような台を用いているので、よく見るとそれは豆腐を作る箱の蓋《ふた》をさかさにしてそのまま用いているのであった。この辺の豆腐はしぼってから後ににるという。箱も蓋もともに釜の中へ入れると見えて、その押しずしの蓋のような下駄が、黒く水じんでいる。あるいはまたわれわれの雪花菜《きらず》のごとく、大きな桃の形をした豆腐もよく見かけた。それを四つにも八つにも切って売る。野武士のごとき剛健なる豆腐である。華麗繊細なる都の絹ごしどもをして、面を伏せ気なえしむべき豆腐である。それをば不幸なるアングワたちは食べている。

辻の一廓《いっかく》には按摩《あんま》の笛はない。またちりんちりんと鈴を鳴らして通るのは、ただ三世相《さんぜそう》の先生だけである。しかしトーフィの声は今や衢《ちまた》の夕べを圧せんとしている。田舎の邑里《ゆうり》にも二里一里の間に真の豆腐が今にできるだろう。そんな未来にはかまわず村々の貞淑な女たちは、黙って豆腐を作って半分を売っている。首里から岡を越えて那覇へ出る道を、晴れた日にはいく人となく桶を頭にいただき、泊の製塩場に鹵汁《にがり》をくみに往来するのは、いずれも白い豆腐の楽しみを隣人と分かたんがために、労苦するところの女性である。以前は浜に下って海の水をくんで帰ったそうだ。松風村雨《まつかぜむらさめ》の昔とても、潮くむわざはそう風流ではなかったはずである。

十八　七度の解放

平敷屋朝敏《へしきやちょうびん》、才華《さいか》は在五中将《ざいごちゅうじょう》[14]のごとく、生涯はなお遥かに数奇《すうき》であった。どこの国でも策略をもって、老いたる政治家と闘えば敗れる。彼が十四人の同志とともに安謝の浜辺で斬られたのは、その三十六の歳であった。妻は官に没せられて婢となり、孤児は与那国の島に流され、今はもう家の衰運を嘆くべき子孫も残っておらぬ。

天久《あめく》の人里をすこし過ぎて、安謝の悲しい故跡へおりて行こうとする坂の口に、道に面してナナユーフィの墓がある。近世式の見事な墓穴の前に、石を建てて詳しく故事を録している。ナナユーフィは七度身を売って奴となり、七度身をあがなって後ついに長者となった人である。父に仕えてかほどまでに苦しんだゆえに、至孝には天の御ほうびがあって、その末永く昌《さか》えていわゆる血食の幸をうけている。

路をへだてた岡の田を、また七ユーファとも呼んでいる。孝子が月の光で耕作をした遺跡だと言うそうである。すなわち連綿とした同じ家に、伝わる物語であろうのに、しかも[15]『遺老説伝』の七与平利富をこの地であったとすれば、二百年前には全く別の由来記があったのである。漢文で書いたために精確でないが、往昔の世天久に七人の男あり、ともに身を某家に売って僕となる。家主は安謝の境にある百二十歩（約四〇〇平方メートル）の田圃を彼らにあたえて、その利用の費に備えしめた。七人はよく主家のために勤め、暇ある時にはかねて私用の田を耕し、数年の中に若干の米を貯え、これを納めて七人一度に身を受けた。これを聞く人皆奇かつ異なりとし、ついにその地を名づけて七僕贖身之《しょくしんの》圃と言った。俗に七与平利富と称すとある。ユーフィと言うのは、赦免を意味する古語かと思われる。しこうして七つを一人のことと解すれば、その奇はいよいよ伝うるに足るのである。

昔の奴婢《ぬひ》の主はこれほどに寛大であったが、しかも身売りには年季という制がこの島にはなく、いつまでたっても身の代《しろ》を償《はら》わねばならぬこと、あたかもわれわれの本物返しのごときものであった。気根の弱い者には一度でも身は抜けぬのに、七度とは誠に恐ろしい忍耐である。子孫にあらざる者も景慕せずにはおられぬ。ただしわれわれがもしユタなどの告げに逢うならば、さらに一歩を進めて聞いてみたいのは、その七ユーフィの高祖のまた前の親は、はたしていかなる事業を心がけて、最愛の倅《せがれ》を七度も売らねばならぬほど、金穀の必要を感じていたかということである。あるいは寒中に鯉や筍《たけのこ》を註文するような、シナ上代の舜《しゅん》の父のような、わからぬ惨忍な人ではなかったか。

自分はかつて揚子《ようす》江《こう》をさかのぼり武昌に遊んで、[16]李白の詩に名高い黄鶴楼に登ったことがある。楼には題詞が多く、坂路には乞食が多かった。その石段を半ばくだると、前に行くのは出羽海《でわのうみ》みたような親爺さんで、その衣裳に全く隠れて、青い青年が一人附きそうている。別に痛風でもなさそうな老人だが、ステッキはこう突くものというような手をして、息子の肩を力一杯につかんでいた。多く見た中でもこの孝行が最も惨酷であった。シナの孝道は宗教であるから、これを論ずると冒瀆《ぼうとく》になるが、われわれ日本人には幸いにして、天下の人の父とともに、孝行を受けるの道を講究するの自由がある。七ユーフィの父のごときは、正しくユタの夢にもあらわれる資格のない、悪い魂であったらしいのである。

いわゆる男逸女労の問題なども、これと同じく二通りの見かたがある。刀自が夫を思い子女の行く末を考えて、働かずにはおられぬのならやさしい心がけだが、いわゆる妻子珍宝及王位の思想では、もうわれわれはじっと見てはおられぬ。たぶん、そんな動機からではあるまいが、沖縄には時としては、良い子の出世とともにひどく安心して、働けなくなってしまう親が少しずつあるらしい。これはその家にとっては不幸なでき事であるのに、これをまたうらんで中途から、金を出して親になってみたい人がいて、取り子の習いがいつまでも濫用されるとも聞いている。

妻を求めるために貯蓄せねばならぬ国の人を、気の毒なものだとわれわれは常に言っているが、村と村との間にやるのを損と考え、家と家との間にもらうのを得とするようでは、これまた一種の孝行貞節の評価ではあるまいか。中学の生徒には嫁の入用なはずはないのに、ところによっては入学の条件として、不婚誓約をさせる必要があるという話もある。

いくら誓約しても道徳を改良せぬ限りは、古風な労働組織の束縛は止まぬであろう。どうか今一度健気な多くの好青年を解放して、自由に心からその親を愛せしめたいものである。

十九　小さな誤解

上

虚誕《きよたん》は書いてなくとも江戸時代の来聘記《らいへいき》の類には、琉球を異国と見て珍しがった形がある。これにくらべると馬琴《ばきん》の『弓張月《ゆみはりづき》』の方は、利勇《りゆう》と毛国鼎《もうこくてい》とが争ったり、為朝の助けたのが尚寧王《しようねいおう》の姫君であったり、わざとかと思う椿説《ちんせつ》は多いが、気楽に時代の距離を短縮した一点を除けば、その態度はいわゆる写実であった。『国姓爺《こくせんや》』[17]などとはちょうど正反対に、われわれ二つの島の者が、大昔手を分かった同胞ではないかということを、この書によって感じ始めた者も多かったように思う。そうすればまた尊敬すべき一の先覚者であったのである。

忠臣毛国鼎のごときはこの椿説によって、太田道灌《おおたどうかん》同然に従容たる態度で、辞世の三十一文字をのこしたことにせられている。その歌が大でたらめで、今評判の笑い話であるが、なお弁護をすれば中世の沖縄武士に、かりにこの種の文雅と高尚な名誉心があったとみても、それだけは必ずしも無理な空想でなかった。シナの学問に向かっては、沖縄には五山僧以上の独占者があった。久米村三十六姓の末はすなわちこれで、彼らはこれによってこの方面の交通を立ちふさいでいたのである。その階級を除いた一般の上流にとって、文芸の標準はやはり山城《やましろ》の京であった。関東奥羽の果てよりも、さらに因縁が薄く見えるのは単に路の遠近に比例したまでである。

二百余年前の『混効験集《こんこうけんしゅう》』を見るに、『伊勢』や『源氏』の物語類から、『徒然草』『太平記』などまでが豊富に引用せられている。これが慶長の琉球入以後に、ことごとく薩摩を経て持ちこまれたものと考える人は誰もあるまい。旧文明の誇りとしては、大和にも例のない平仮名文の石碑が十いくつかも残っている。いずれも唐風景慕の最も盛んな十六世紀に属していて、しかも借りものとは思われぬ程度に、島の言語を書きあらわしている。公式令からすたれたわれわれの唐ふうに反して、この時代の下文《くだしぶみ》も仮名書きであった。書体は世尊寺様《せそんじよう》[18]だと言っている。月の十八日の和歌会の式に、『細道』の文台《ぶんだい》を説くなどは、大内、菊池などの風流大名たちと、異なるところがなかったのである。

聖禅二道の僧も多く入っている。権現《ごんげん》の信仰はもっぱら熊野の系統であった。彼らにたとえ伝道の志はあっても、たがいの湊《みなと》に訪い寄る船がなかったら、またその船人の胸の中に、似かよう何物かがなかったら、万里の波濤を越えてくる因縁《いんねん》は結ばなかったろう。後に航海が自由でなくなって、寺も増さず名僧も出ず、古来の神道のみが引き続いて全盛であったために、沖縄の文明史を研究する人々に、この影響はいたって軽く見られているが、少なくとも名目なり外形なりに、今存する大和文化の痕跡も決して幽《かす》かではない。いわんや宗教こそは平民一般の風潮に、根を持たねばならぬから衰えもしようが、彼ら帰化の大和人は、必ずしもこればかりを携えてはこなかったのである。

例えば袋中大徳《たいちゅうだいとく》の『琉球神道記』のごとき、内地へ持って帰って久しい後に上木《じょうぼく》をしたが、沖縄の見聞録に費やしたのはその一小部分だけで、主としてはあの時代の普通学とも言うべき天竺《てんじく》、震旦《しんたん》の略史、仏教の伝来や十三仏の由緒《ゆいしょ》などを、島の人たちに語ろうとした説教の種本《たねほん》のようなもので神々の縁起はもっぱら安居院《あぐい》[19]の『神道集』により、暗記のままを書き置くとあるを見れば、その目的は推測《すいそく》ができる。いわゆる知識階級に接近して善根を栽《う》えしめるためには、おそらくはまず彼らのゆかしがった大和のことを多く語らねばならなかった。この点にかけては九州の偏土も事情は大差がないのである。番にも訴訟にも京へ上らなくなると、遠国の荘園へ文化を普及する方法は、内地においても旅の法師以外には、もうなかったのである。

かかる個人的の交通でも、久しく続いておれば生活の上に影響した。鉱山にとぼしい島の社会にも、悲しいかな、武器と金銀とは夙《はや》く入っていた。絹と珠玉とはやはり重んぜられた。歌や言語の上にも鎌倉趣味が伝わって遺《のこ》っている。浦々の按司《あんじ》を都に住ましめて、中央集権の実は大いにあがったが、なお言語の統一が十分には行なわれず、首里の官話が常に特別に上品と認められたのはすなわち外来語の採用によって、ここばかり着々と物言いが変わっていたからである。チェンバレン氏の『琉球語研究』は誠に辛苦の著であるが、その内に「う入りみしぇびり」や「いめんしぇびらん」などの二、三の敬語の例を示して、日琉の言語の間に大分の隔絶があるように、考えさせただけは無理であった。これは都で近代に発達した「いらっしゃいませ」の類であって、ただ首里那覇の上流のみがこれを用い、宮古八重山はもちろん、すこし田舎へ行けばもう常人は、今なおこれを用いていないのである。

下

沖縄人が沖縄語に愛着するのは当然の話である。いわゆる普通語のいかに達者な人たちでも、たがいの間ではこれを使わぬようにする。今の程度で二通りの語が、併用せられて行くことを望んでいる。[20]伊波君などの沖縄口の講演は、非常に好い感じをもって聴かれている。やがては、これで書いた本なども出ることと思う。自分はこれが一種の国語運動であっても、なお賛成をするつもりであるが、しかも遺憾ながらついには徒労に帰するだろうと思う。その理由は極めて簡単である。沖縄語にはまだ統一の事業が完成していなかった。統一の基準となるべき首里那覇の語には活力はあるが、それがあり過ぎてかえって盛んに変化している。これでは保存の方で追いつくことができぬと思う。

今後はますますそうであろうが、以前とても久しくこの変化を続けてきたのである。島の外には新しいものが常にある。一つの事物ないしは心持ちが入ってくるたびに、必ず二つずつの語を用意することは不可能である。新語の採用にはわれわれも豊かな経験を持っているが、シナで製した耳馴れぬ名称などを、何とかして歌に詠めるような、風雅な語に引き直そうとしてみたけれども、自転車をオノコログルマと言う類は、とうとう通用しなかった。いわゆる和歌和文の特殊文学があってこれを注文してさえも、漢語の跋扈《ばっこ》を制御することがむずかしかった。ましてや沖縄の方では眼の言語はずっと昔から大和と共通であったのである。中でも官府の記録文書などは、どうしてこうまでに練熟しえたかと思うほど、完全なる罷在や奉存を綴っていた。たまたま一、二の変わった用語があるかと思えば、それも西国一帯の特色を伝えたまでであった。この文章はもちろん勉強して学んだものだがなお鹿児島の腕力だけで、これを押しつけたとは思われぬ。最初から語脈の一致があって、表現の順序が同じかった上に、社会関係の複雑緻密《ちみつ》になるにつれて、これを意味する語の不足分を、おいおいに内地から取り寄せて、補充して行く久しいしきたりがあったから、別にこれ以外に沖縄一流の文章を、発達させる機会がなかったのである。

ある種の公文には声をあげて、文字のない者にも読み聞かせることがしばしばあった。これを繰り返しているうちに、われわれのいわゆる切り口上のごとく、文章の語を会話にも採用する。チェンバレン氏のわずかな語彙《ごい》を見ても、この経路を通って入ってきた、時代時代の癖のある語がなかなか多い。それを双方で別々にシナから輸入でもしたように、またはたがいに独立して案出したかのごとく、同氏は説き人々は信じている。

音韻の変化などは、離れて住めばどこにも起こる。一所に住めばまた次第に一致して行くだろう。それも今日のように新規に使わねばならぬ語が多いと、歩みの遅い学者たちがもう十分に研究したと言うまで、元の形を遺していることは困難であろう。われわれから見れば沖縄は言葉の庫である。書物もなかった上古以来、大略できた時代の符徴《ふちよう》を附けて、入れておいた品がたいてい残っている。内地の方で損じたものが島では形をまっとうしている。それを棚おろしをして引き合わせてみるためには、まず小さな誤解からかたづけてゆかねばならぬ。

今の正しい首里語なるものに耳をかたむけると、律義な九州辺の武士に対するような感じがする。彼らの応酬に多く用いられた、「もっとも」「ずいぶん」「まったく」などの副詞が、意外に最初の意味に近く使われているためでもあろう。また何々の「ような」をグトールと言い、何々する「ならば」をドンセーという類は、今も存する九州の方言であるが、あるいは本来の沖縄語かと思うほど、盛んに用いられている。聞きたいをチチブシャン、ないだろうをネランハジと言うブシャンやハジも、「欲しい」と「はず」との中世の用い方のままであるが、われわれの俗語がかえって変わってしまって、今では向こうの方の一つの特色と見られている。

「はず」はたしかに弓矢から出た武家の語で、きっとまちがわぬという場合に用いたかと思うのに現在こちらでは、「だろうと思うが」くらいのところに使っている。それを忘れてしまって沖縄人の辞令は婉曲すぎる、明白な時にもハジと言って、断定の責任を避けようとするなどと、とんだ批評をする者のあるのは、これもまた一個の小さい誤解である。

われわれの悲しまねばならぬ大きな誤解は、元を忘れるのが幸福に生きる手段、通説を批判せぬのが永遠の賢明と思っていることである。この私の解説などは誤っていても、学問さえ進めばすぐ訂正せられる。あんまりありがたくはないが日本なども、今やこの小誤解期に入っている。それを訂正するのも骨が折れるが、まるきり盲蛇《めくらへび》のままで捨てておかれるよりは少しはいい。

二十　久高の屁

東西古今の屁《へ》の文献の中で、哀絶また艶絶《えんぜつ》なるものが久高の島に残っている。久高では外間《ほかま》の根人真仁牛《ねびとまにうし》に、女の同胞が二人あった。姉の於戸兼《おとがね》は外間の祝女で、島の御嶽《おたけ》の御祭に仕えていた。妹の思樽は巫女であった。首里に召されて王城の巫女となり、日夜禁中に住んで神の御役を勤めている中に、国王の御心にかない、すなわち入って内宮の人となった。性貞静にして姿は花よりもさらに美しかったゆえに、一人の寵愛と幾多《いくた》の恨み嫉《ねた》みと、ことごとくこの君の身に集まり、宮中眼をそばだてて物言いかわす友とてはなかったところに、どうした悪い拍子であったか、多勢のいる中で、とんでもない不調法な音がしたそうである。

宮女たちはこれを聞いて大いによろこび、寄るとさわるといつまでもこの噂《うわさ》のみをしたために、何ぶんにも辛抱して御前には仕えかね、ついに御暇を賜わって故郷の島に帰ってきた。そうして久しからずして王子を生んだ。尊貴の御胤なれば、尋常をもって遇するは恐れありと、新たに一棟の産屋を建ててこれを育《はぐ》くみ、御名を思金松兼と附け申すとある。

思金松兼八歳の童子となって、日夜にわが父は誰ぞと母にたずねたもう。人はみな父ありて生るるに、われればかり母一人の子という道理はない。必ずこれを隠さるるならば、生きても味気《あじき》なしと食事を絶って、憤りかつ哭《な》いて御責めあるゆえに、ぜひもなく昔の宮仕えのつらかった日の話をした。さりながら田舎の果てに人となりたもうも御運である。とても都に出て父の王と御名のりかわしはかなうまい。詮もない素性語りをしなかったのもそのためと、あながちに諫《いさ》め申されたが、王子はこれに耳をもかけず、ただちに伊敷泊《いしきどまり》の浜に出て、七日の間東を向いて神々に祈られた。

その七日目の夜明け方に、沖の方から光り輝いて、寄ってくる物がある。衣の袖をのべすくい取ってみると、不思議や黄金の瓜であった、大いに喜んでこれをふところにし、母に別れを告げてはるばると首里の都の、王城の門の前に立って、世の主加奈之に対面がしたいと申さるる。髪は赤く衣は粗く姿はしかも気高い童子が、かくかくの次第と聞こしめして、何事の願いぞと御前近く呼び上げたもうに、懐中よりかの黄金の瓜を取り出し、これはこの国家の宝、天甘雨を降し沃土《よくど》すでに潤うの時、かつて屁をしたことのない女をして、この種をまかしめたもうものならば、繁茂して盛んに実を結ぶべしと申し上げた。国王大いに笑いたまい、そんな女がこの世にあろうかとおおせられる。しからば屁でおとがめを受ける者もないはずと、まず御心を動かしたてまつる。やがて内院に左右の人を遠ざけ、おたずねによって、くわしく久高の母が嘆きを言上した。この王他の御子とてはなかったゆえに、後に思金松兼を世子と定めたまい、ついに王の位に登って百の果報を受けたもうと語り伝えている。

第四王朝の尚金徳王は、すなわちこの思金松兼の御事かという説がある。それではわずか四百四十年ほどの前であるが、あるいはもっと古い話であったかも知れぬ。中山国王が年ごとに一度、海を渡って久高の島の神をお拝みなされたのもこの時からで、その例が絶えて後も久しい間、外間の根人と外間祝女は、毎年上ってきて魚を献じお目見えをした。その時根人には玉貫一双、祝女には葉茶と煙草とを賜わるが例であった。

また尚徳王《しょうとくおう》という若い武勇の世の主があった。ある年の行幸に、この島の祝女の艶なる色香になずんで、長く逗留ある間に、都は乱れて王妃王子も乱軍の中に失われたまい、衆に推《お》されて英傑金丸《かなまる》は立って王となる。これを聞いて尚徳王は、あるいは憤ってみずから世を早められたとも言い、あるいは還御に船くつがえって海にかくれたもうとも伝えられる。尚巴志王《しょうはしおう》の花やかな統一事業は、こうして跡が絶えてしまった。しかも今にいたるまで久高の島人が、前朝を慕うの情はまさしく一篇の詩であった。八十年ほど前にはこの島の浜で、網を引いて黄金の菊の花の簪《かんざし》を得た。それを尚徳王の遺物とすることに、一人も反対する者がなかったが、実は簪の制度には変遷があったので、これは実際はこの王以後のものであった。外間の根人の家には、思金松兼の産屋を今でも保存している。母の思樽の衣袴も大切に伝えている。はかまというのは、すなわちカカンであるらしい。白い羽二《はぶた》重《え》のような絹であって、昔に象《かた》どって後に製したのでない証拠は、紐に結んだ皺《しわ》があり、また、ほんの少しばかり汚れている。すなわちかつてはこの美女の温かい肌を包んだものだというのである。

二十一　干瀬の人生

上

干瀬はさながら一条の練絹《ねりぎぬ》のごとく、白波の帯をもって島を取り巻き、海の瑠璃《るり》色の濃淡を劃《かく》している。月夜などにも遠くから光って見える。雨が降ると潮曇りがここでぼかされて、無限の雨の色と続いてしまう。首里の王城の岡をくだる路などは、西に慶良間《けらま》の島々に面して、はるばると干瀬の景を見おろしている。虹がこの海に橋を渡す朝などがもしあったら、今でもわれわれは綿津見《わたつみ》の宮の昔語りを信じたであろう。

俊寛僧都や成経康頼の輩は、憂い憤りに心が乱れていたためか、この大潮の波を見て泣いたと言う。少なくとも『平家物語』にはそう書いてある。京の小さな陰謀に没頭してしまって、島を最も美しくまた最も安全にせんとした天の大神の政治には、意をそそぐ余裕がなかったのである。何人が見て名づけたものか、鬼界という語も天涯の孤客をおびやかすに足りた。それに沖縄より北の潮はまだ冷ややかで、珊瑚《さんご》の生活が活発でなかったものか、大瀬の隠れ岩は海底にひそむ魔物のようにその背をただ所々にあらわすばかりであった。暗夜に海の鳥などがその上にいて鳴くと、馴れたる船人すらも怖れおののいたというから、めめしい都人にはこの美しさがわからなかったことであろう。

こうして久しく疎《うと》まれた南方の海にも、なお静かなる文明の成長はあった。薩摩の坊津《ぼうのつ》秋目《あきめ》の浦々では、暮春初夏の凪《なぎ》の日に、花瀬見物と名づけて小舟を漕ぎ出し、遠く岬の外の澄みとおった潮の底に、青赤黄紫色々の岩の、立ちならぶ風情を賞美しに行くようになった。七島大島でも磯があれば種々の砂を沖から吹き寄せて、いっとなく所々の兼久（砂原）を作り、今見る多くの村里はその兼久の上に立った。港の奥が豊饒《ほうじょう》なる田となったのも、ひる木の林の次第に入江をおおうて茂ったのも、ことごとく大潮が荒海の怒りを鎮め

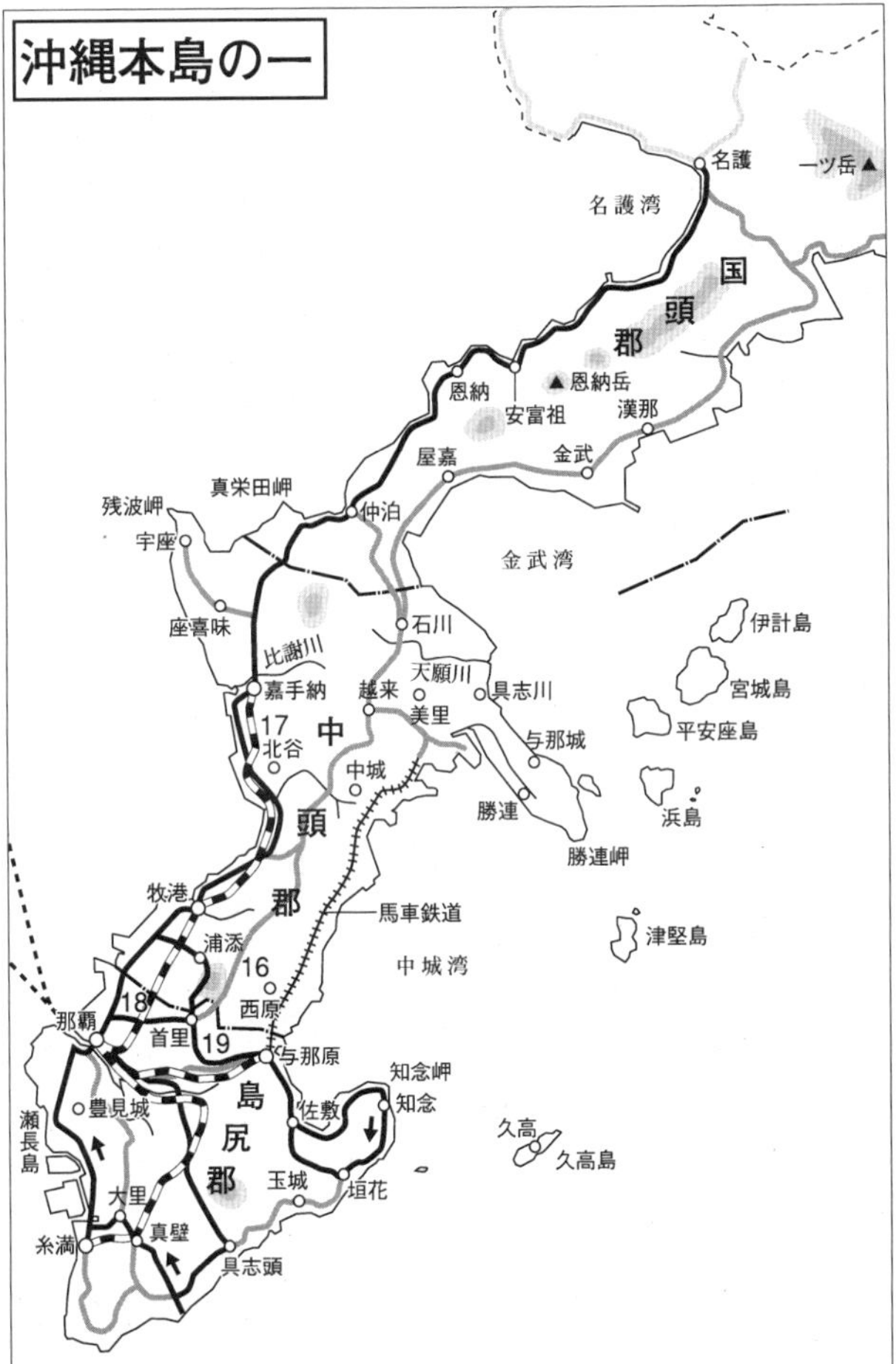
沖縄本島の一
名護
一ツ岳
名護湾
国
頭
郡
恩納岳
恩納
安富祖
漢那
金武
屋嘉
真栄田岬
残波岬
仲泊
宇座
金武湾
座喜味
石川
伊計島
比謝川
天願川
宮城島
嘉手納
越来
具志川
美里
平安座島
17
中
北谷
与那城
中城
頭
勝連
浜島
勝連岬
牧港
郡
馬車鉄道
津堅島
浦添
16
中城湾
18
西原
那覇
首里
19
与那原
知念岬
島
知念
佐敷
豊見城
瀬長島
尻
久高
久高島
郡
玉城
垣花
大里
真壁
糸満
具志頭

た力であった。ことに沖縄では干瀬と呼ぶまでにこの岩が高く、不断の白波が島の姿を浄く尊くすることは、あたかも仏菩薩《ぼさつ》の御像に光焔を取りつけたごとくであった。しかもこうして外難からは保護せられていても、干瀬から内の生活が、やはりまたある時はいたって楽しく、ある時は悲しく辛かったことだけはいたしかたがない。

世界の海の荒れ狂う日には、余波は寄せきたってこの干瀬を打ち越した。島ばかりがひとり平穏なるアトールのような世の中を、維持して行くことは不可能であった。空と海との縫い目の糸も、時あってほころびざるをえなかった。日をへて南の風の吹くころは、はるかなる常夏の国から、椰子《やし》の実が流れてくる。これに細工をして瓢《ひさご》に代え泡盛《あわもり》の芳烈なるものをくんで楽しむうちに、次第に島人の心は広くなった。沖に出てみると渡り鳥はどこまでも飛んで行く。雲よりほかにはまた幽かなる次の島の影があった。小舟にクバの葉などの帆をかけて、知らぬ島々を見に行く者は、やがてまた大きな船を誘うてもどってくる。岡に登って送る者待つ者、われと海上に漂いあるく者も、いつとなくこの干瀬の白い波を、眺めては憂苦するようになったのである。

[21]宝貝はこのあたりの海に、珠や錦よりもなお美麗な、さまざまの種類を産する。それを貨幣の用にたてることは、沖縄では知らなかった。またどこからも求めにはこなかったらしい。糸満の漁民などは、ただその中の大きな一種を採り集め、これを刺網《さしあみ》の錘《おもり》に用いて干瀬の魚を捕り、そうして大いに富んでいた。貝の種はつきないが、人が多くなっては魚

が不足する。すなわち友船を誘って年ごとに大海を横ぎり、南は石垣、基隆《きいるん》の浦にも移り住み、あるいははるばると唐桑金華山の、寒い磯までをあさるようになった。しかも故郷があり家があるために、おりおりは帰ってくる。そうしてまた新たなる願いを大小の船に積み、港の出入りのおいおいと繁くなるにつれて、風や潮の響きも昔の響きではなくなった。干瀬にもいろいろの悲しい記念が附き添わった。多良間《たらま》は夢ほどの小さな沖の小島であるが、すでに十いくつかの錆びた錨が、その干瀬の岩の間に沈み、空しく白波に洗われている。

しかし島人が島を出なかった以前の世の中でも、干瀬と生活との交渉は極めて繁かった。生まれてから死ぬまで、死んでから祀られるまで、家々の柱の礎、石垣の石、さらに大島などではモヤと名づけて、古風な墓の作りには、ことごとく干瀬の石を引きあげて用いていた。御嶽の霊地もナバ石をもってかこうている。ウブの入口には宮古でも八重山でも、特に菊明石の類を弓形に切って、小さな石の門をおおうている。浜から運んだ美しい真砂《まさご》も、もとはみな干瀬のものである。新しい道路にもこれを敷きつめて、次第に野山を開いて行く。そうしてその野山も畠もやはりまた、洪荒の世の干瀬であった。

下

石垣島の大浜では、西瓦東瓦の兄弟が祀られている。カワラは久米島の笠末《かさま》若茶良《わかちゃら》などのチャラと同じく、また運天の百じゃなのジャナと同じく、部落の長を意味した語であろう。この兄弟二人の瓦の時代までは、八重山には闘争と搶奪《そうだつ》のほか何物もなかった。ひとり彼らが相愛して、平和の草の庵をむすんでいたために、招かざる四隣の男女、来たってこの頭目の傍に居を構え、ついに集まって宮良《みやら》白保《しらほ》の二村となった。しからば垣を築き禽獣を防ぐべしと、東は川尻より西は高山まで、仲嵩《なかだけ》の霊地を中にして二里の間、初めて五尺の高さに大瀬を積みめぐらしたと伝えられる。干瀬はかくのごとくにしてこの島の神代から、文化生活のためには必要であったのである。

しかしそれ以前、人の大いに闘い争ったのも、やはりまた干瀬の上であった。宮古は珊瑚の島だけに、干瀬がわれわれの姨捨山になっている、西銘《にしめ》の主嘉播《かま》の親の三人の男子、老いて盲目となった父をうとんじ、魚捕りて慰め申さんといつわりあざむいて、沖の干瀬にともない行き、引き汐の硲《はざま》に棚をこしらえてその上で酒宴をした。やがてよいころを見ておのおの小舟に取り乗り、父を残して帰ってくると、潮は満ち棚はこわれて、嘉播の親は浪の上に漂うた。島には鱶《ふか》を神とする多くの昔語りがあるが、この時も忽然《こつぜん》として大きな鱶あらわれ、背に老翁を乗せて、やすやすと浜に送りくる。兄とはちがって孝行な二人の娘、まず牛を宰して大魚の労に謝し、家には人々を集めて、よろこびの宴を開いた。三人の兄弟はこれを聞いてその恥に堪えず、うらみは鱶にありと干瀬をさして漕いでゆくのを、盲目の父屋上に出でてこれを詛《のろ》えば、一陣の風吹き起こってその舟を海に巻き入れたと言い伝えている。

ある時にはまた干瀬の遊びにかこつけて、仇家の孤児の心を試そうとした武士があった。陸で闘うならばとても敵すべくもなかったのを、かえって水中に機会をえたために、十歳の童子は偶然に親のうらみを報いたと言う。ただしこの話にも類型がなおあって、必ずしも史実とは認められぬが、これ以外にまだ二つ、どうでもこの辺の島でなければ、起こりえぬような話が語られている。干瀬を見て過ぎる後の世の旅人が、いつかは思い出すように、このついでに書いておこう。

その一つは伊良部《いらぶ》の島の漁夫、登佐《とさ》という者の話である。登佐にはあでやかなる妻があった。ある時干瀬に出てこの男、岩の穴に手を差し入れて蛸《たこ》を捕ろうとすると、その手がどうしても抜けないうちに、潮が大いに満ちきたった。ここで死なねばならぬかと、ひとりで悲しんでいるところへ、神谷《かみや》の仁屋徳《にやとく》という者、通りかかってこれを見つけ、私の望みをただ一つ、許してくれるならば助けよう。命を救う礼として、お前の女房を譲ってくれというのであった。死ぬよりはましと思ってこれを承諾し、二人連れ立ってもどって、その話をすると、妻は一笑して約束なればぜひもなし、吉日を選んで婚礼の用意をしたまえと言う。そうして数月を延ばした後に、ある日神酒《みき》と肴《さかな》をととのえ、登佐の妻は神谷の徳を招いて、こういう風な話をした。人の妻を取るのはいいことでない。そうしてただ一時の楽しみである。しかし約束を破るのも悪いことだ。何と二人で夫婦になったという歌を作って、これを島々にはやらせ、約束も破らず男も棄てさせず、そうして登佐と私とは、元の夫婦でいてはどうかと言うと、徳も感心してその意見にしたがい、神谷の仁屋が人を助けて、美しい妻をえたというユンタばかり長く残り、登佐の幸福は元のままであったと言う。

第二の話もまた干瀬の蛸に関している。石垣の四箇《しか》から未申《ひつじさる》の沖に、午の方干瀬というおそろしい岩がある。近いころの大風の日に、一そうの伝馬船がこの近くへ流れたのを、取りに行こうとした刳《く》り舟がまずくつがえった。三人の船頭の二人は行くえ知れず、今一人も死んだことと思っていると、風が鎮まって後に、向かいの竹富の島から帰ってきた。干瀬の上をあるいて自分で上陸したのだそうだ。二島の端と端とは一里に近い。引き潮には波が見えるほどの深さであって、ただ二か所ほど泳がねばならぬ切れ目があった。この長い岩橋の上を、夜の十一時から次の日の午後二時までに、一足ずつ拾って歩いてきた。島でインミと称する海眼鏡をかけていた。腹がへると蛸を見つけて捕って食べたという。この糸満《いとまん》にも好い女房があった。竹富の島から夫の乗ってくる舟が見えると、待ち遠しさとよろこびのあまりに、海に飛びこんで中途まで泳いで迎えに出たという話である。干瀬の附近には今でもまだ、このような生活がいくらでもあるらしい。

二十二　島布と粟

沖縄の芭蕉布《ばしょうふ》だけは、みずから織って着る者がまだ多いが、北では奄美《あまみ》諸島の絣《かすり》の紬《つむぎ》、南は先島の紺白の上布《じょうふ》などは、ほとんど皆よその晴れ着となってしまうのが、昔からの習わしであった。島の女に布を織らしめる制度は、もちろん近世の発明ではないが、その発達の跡をたずねてみると、今もやるせない記念が残っている。

以前田舎でよく聞いた子守唄に、七つ木綿の糸の数という言葉があった。単純な村の娘にとっては、経《たて》糸の数を算《よ》むだけでも、辛気《しんき》くさい仕事であった。それで物の綿々としてつきざることを、これにたとえて歌ったのである。ところが南の果ての島々へきてみると、妹背《いもせ》山[22]のお三輪が持つような緒環《おだまき》を片手にして、小屋の石垣に差しこんだ二本の竹の串の間を往来しつつ、一筋ならべに機《はた》の糸を綜《へ》ている。つまりは布一匹の糸の長さだけ、素足で同じ路上を歩かねばならぬのである。わずかばかりの機道具ぐらいは、工夫《くふう》し出されぬような社会ではないのだが、昔から人の力は俵藤太《たわらとうた》の巻絹のごとく、取れどもつきぬものと考えたのがくせで、こうして銘も落款《らっかん》もなく島を出ていく物に、優しい女性の生涯をつぶさせているのである。

ただし島で上布を織るほどの女は、敬われもすれば、またうらやまれもした。二十桝《よみ》の紺縞になると、一反が並《なみ》の白布の七反ぶんにも評価された。その家は言うにおよばず、村でもこれがために貢納が楽になる。それゆえに名人の機のそばには、若い娘たちが多く見習いにやってきて、次の代の苦労の下ごしらえをした。宮古は今でも藍染《あいぞ》めの布を誇りとする。布織る女の手は遠くから見ても黒い。これも何とかすれば指を汚さぬ工夫はつくだろうが、おおよそこの島で手の真白な女などは、人中に出て物を言うことはできなかった。どこの家でも嫁に取ろうとしなかった。針突きなども同じことで、これがまた女同志の、伊達名聞《だてみょうもん》にもなっていたのである。実際に宮古の人の入れ墨には、絣の柄と似た模様が多い。そうして若い女にも入れ墨をする風が、まだなかなか止まぬそうである。亭主について島から外へ出ようとすると、これがいつでも妨《さまた》げになると言っている。しかし他の島でも内地でも、入れ墨をせずとも女はやはり多くは機などを織って、家にばかりいるのだから、まだ現実の問題とは認められぬ。

甘藷の種の輸入せられるまで、この島ではもっぱら粟を食べていた。四百年間の人頭税《じんとうぜい》も、すべてこの粟であって、ただ布を納めえた者だけが、布に換算することを許された。中山《ちゅうさん》の方でも以前は先島の穀類をもって食料の一部にあてていたのであろうが、ンムの世界となるにおよんでは、たくさんの粟はみな酒屋に払いさげられたそうだ。これが本来の泡盛であって、米で造った今の焼酎《しょうちゅう》よりは、ずっと辛くまた強かったと言っている。ともかくもなくてすみそうな物ばかりのために、なみの百姓の余分の骨折りは、一とおりではなかったらしいのに、古くからある宮古の記録では、島の土地があまりに豊沃で、穀類のありあまるところから、人民が放埒《ほうらつ》で喧嘩争闘の止む時がない。これは何でも大国にお願い申し、少し重い年貢でも取り立てていただいたら、自然に勤労の必要を感じてきて、悪い考えを起こす余裕がなくなろうかと、よくよく思案の後に沖縄に従属を申し出でた、ということに伝えている。すなわち最初から現在の民意などは、特に少しも代表せぬつもりの仕事であったが、記録は要するに有識階級のものである。沖縄に対する忠臣は同時に、島でも長く恩人としてこれをあおいでいるように、書き残されてあるのである。

　そうして役人には課税の減免があった。上布の評価にもこの人々のみはこれに参与した。これに反して布織る女たちの境涯は、元は一つしか改良の道がなかった。すなわち若くかつ面影の清らかな間に、沖縄からくる高い官吏に愛せられ、子を生んでそれが男であったら、後に士族となることができたのである。もっとも士族になっても立身をせぬ限り、布はやはり織らねばならなかった。そうしてまた今でも織っている。もちろん今日の労働は自由であるが、[23]小泉八雲さんのいわゆる先代のゴストがなお憑《つ》いている。島の人がただ黙って忍んでいる辛労はいくつかある。島の布の価は織ってしまってもまだきまらぬ。商人の知らせてくる相場がどんなでも、そんなに安くては売らぬと言うことは今日でもできぬ。布を売って買わねばならぬ物が多いからである。粟の耕作は減じ、米は始めから少ないゆえに、飲むとすれば泡盛なども買わねばならぬ。宮古諸島は人口が五万人で毎年一万個の酒甕が輸入せられる。これだけの泡盛を父や夫に飲ませねばならぬ。

二十三　蘆苅と竈神

老いて目盲《めし》いて子に棄てられ、鱶に救われ孝女に迎えられた宮古島のキングリヤ、西銘の主嘉播の親の前半生には、なお二つの伝説が纏綿《てんめん》している。それが二つともに大和の中昔を、故郷とするらしいのはいかなる因縁であろうか。

この長者、若い時の名は炭焼太良、荒野の草の一つ屋に、ひとり炭を焼いて住んでいたのを、守護神の導きあって幸運の妻をもらいあて、ついに島随一の有徳人となった話は、[24]以前炭焼長者の研究においてこれを述べた。北は津軽の戸建沢、南部最上《もがみ》の田舎から、中国九州にも行き渡った物語で、わけても豊後の臼杵領の、石仏をもって評判せらるる深田の満月寺、同じく三重の内山観世音などが、はやくから有名である。

宮古では長者の女房は出もどりであった。良くない本の夫とは稚《おさな》いころからの約婚であったが、縁つきて別れたことになっている。野崎の長井に住む二戸の民、一人は漁を業とす。かつて前離《まえばなれ》の干瀬に小舟を漕ぎ寄せ、磯に寄木のあったのを枕として、潮合いを待っているうちに、半夜に神々の話の声がする。寄木大氏《よりきおおうじ》、今宵は長井の村に、隣同士で子が生まれる。いざ参って運を定めてやりましょう。いや、こちらには来客があって、今宵の

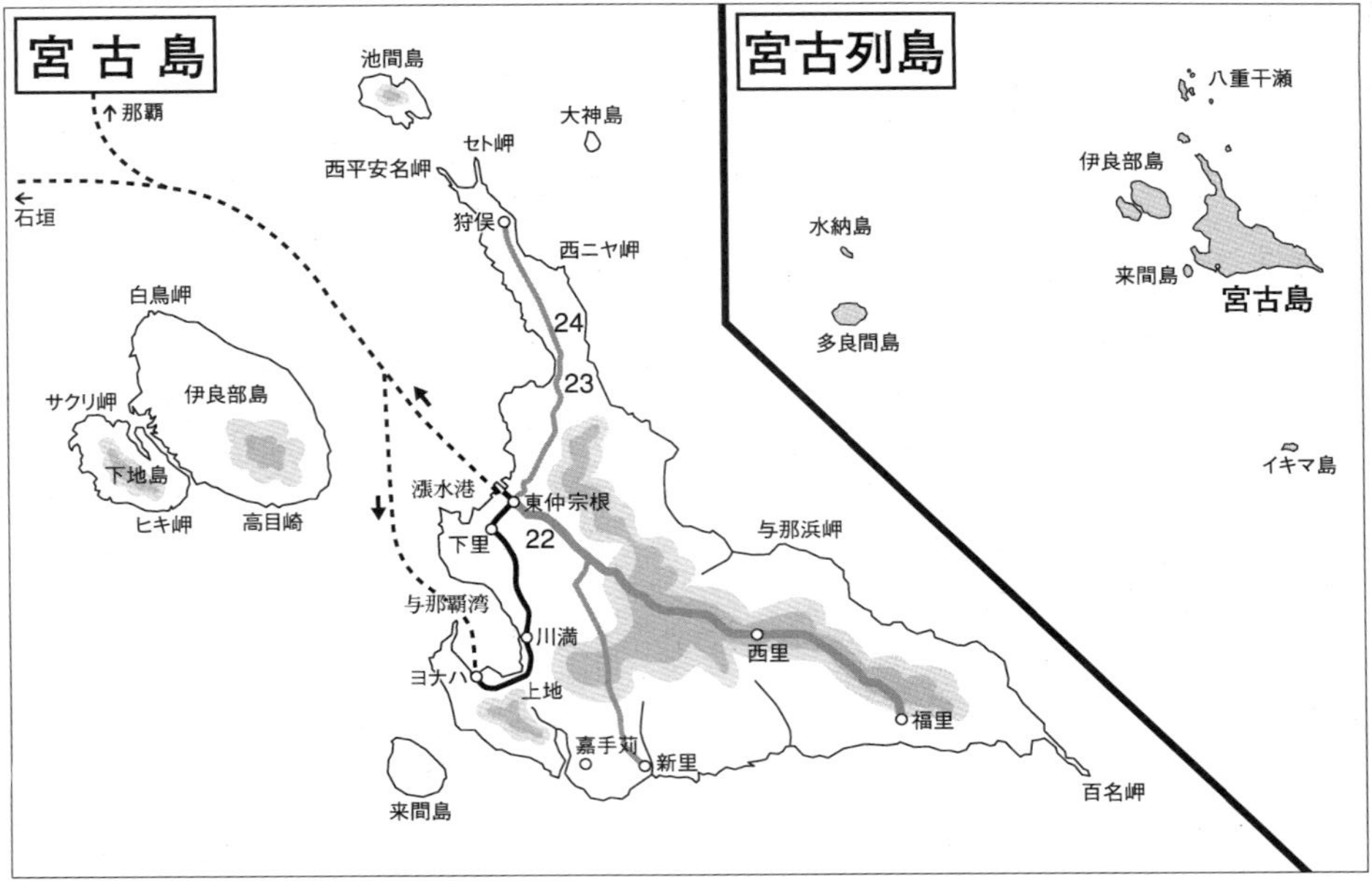
宮古島
↑那覇
←石垣
池間島
大神島
セト岬
西平安名岬
狩俣
西ニヤ岬
白鳥岬
伊良部島
サクリ岬
下地島
ヒキ岬
高目崎
24
23
漲水港
東仲宗根
22
下里
与那覇湾
川満
ヨナハ
上地
嘉手苅
新里
西里
福里
与那浜岬
百名岬
来間島
宮古列島
八重干瀬
伊良部島
水納島
来間島
宮古島
多良間島
イキマ島

おともはいたしかねる。どうぞよろしきようにとことわって返すと、しばらくあって以前の神また立ち寄り、男の方は乞食の運、女の方は産屋の作法にかなったれば、一日ごとに糧《かて》七升（約一三リットル）と述べて帰る。漁師は思いあたることあって急ぎもどってみると、わが家には男子出産し、隣の家の女の赤子には、生まれるとすぐに額に鍋の墨をつけていた。心の驚きを包み隠して、かく時を同じくして生まれたのも天縁と、やがて隣同士の縁組を約束した。

この話は他の府県でもしばしば聞くが、多くはもうこれだけで終わっている。そうして山の神と道祖神《どうそじん》の御談合ということになっている。宮古の島でこれを寄木の神と言うのは、いかにも自然な変化である上に、その話にはまだ続きがある。この女の子の名は真氏、これが後には炭焼太良の妻である。振りわけ髪の夫は放埒で身の運を知らず、ある年新麦の初穂祭に、世の習いの麦粉の供物を庭に投げつけ、女房に悪口した咎《とが》で、いよいよユリ（穀霊）という福神に見放され、妻は離別せられて西銘の村に行ってしまい、自分は次第に零落して、ついに家々の門に立って、あまりの食物で命をつないだと言っている。

宮古島では二百年も前から、これを大昔の族長が家の物語として語り伝え、かついろいろの異伝をさえ生じている。こういう全国に遍満《へんまん》する昔話が、いかにしてこの島だけの歴史とはなったか。もちろん何人も推断することはできぬが、袋中和尚の『琉球神道記』には、竈神の由来として、ほとんどこれと同様の話を載せている。近江国は甲賀郡、由良の里に住む二人の民と言っている。夜の仮宿りに神の話を洩れ聞いたこと、前夫が無慈悲で好い女房を失ったのも、宮古の古伝と一様《いちよう》で、しかもなお、そのさきの話がある。前夫の名を箕作《みつくり》の翁《おきな》と言った。後に乞食となって長者の家の台所にきたり立ち、施しの食を受けて喰おうとして、ゆくりなく前の妻の姿を見た。悔いと恥との情に堪えかねて、ついに竈のかたわらに倒れて死んだのを、夫の長者に見せまいために、下人に言いつけて竈の後ろの土を掘って埋めさせたのが、後にはこの家の火の神となって、しばしば長者の福分を豊かにしたというのである。

長者の伝説は、ことにこういうふうに、次から次へ続いていくのが例である。しかも『神道記』の方が『遺老説伝』よりも百年早く、宮古の方にも鍋の墨を、生まれ子の額につけるという点において、幽かながらも竈の信仰に縁を引くのを見ると、そう古くから双方別々に、発達した口碑ではないのかも知れぬ。離別の妻の出世談は、今沖縄の組踊りに、末めでたしの「花売の縁」がある。さらにヤマトの方では『大和物語』の時代から、蘆刈《あしかり》の話というものが知られていた。「あしかりけり」という秀句が使いたさに、これを難波《なにわ》の浦に持っていったのかとも思うが、近江の方でも箕作の翁というのが、蘆を刈る業体とやや近い上に、豊後の炭焼長者には前の夫の話は少しもなくて、やはりまた蘆刈某という子孫の苗字が伝わっている。

竈神に醜い神像を作るのは、今なお東北一般の風である。これを火男と言ったのがヒョットコとなり、火吹きと言ったのが潮吹の面になったかと思われる。善い妻と悪い夫の単純な物語は、これから発生して同じ民族の行く限り、野の果て、島の果てまでも、火を焚《た》くたびに繰りかえされたものではないか。さすれば南海の沖の島に漂着した昔のものは、ひとり平家の落人《おちうど》の口碑のみではなかったのである。

二十四　はかり石

南の島ではいたるところ、多くの石敢当《せきかんとう》を見てあるいた。鹿児島まで帰ってきて石敢当の話をすると、それがどう誤って伝わったものか。土地の学者の折田翁が、何とも合点の行かぬ点で非難をせられた。自分は口碑もただの石碑と同じく、後には苔むし漫漶《まんかん》するものだとは感じていたが、かくまで早速には変化しようとは思わなかった。そこでこのついでに石敢当のことを報告する。

石敢当の石を建てる風は現に東京にもある。東京から北にも捜《さが》せばあるらしい。長崎には、もちろんある。鹿児島では名物に数えるくらいもある。つまり日本一円の近世の流行であった。したがって沖縄県下の島々にあるものも、どこのまねとも言いにくいとともに、唐芋同様にこれが輸入の水口ともいわれぬ。ただこの石の文字はシナから学んだもの、そうして、あまり古くからの風でないことは、推定しておいても、たいていよさそうに思う。

この推定をさらに有力にするのは、八重山における自分の実験であった。石垣島の四か村でも、石敢当の立ててあるのは鹿児島辺と同じく、丁字路の突きあたり、人家の表口または石垣の角などで石の形にも著しい変化はないが、たった一つの珍しいことは、文字を刻してない石敢当のあることで、これをも土地の人は八重山ふうに、イシガントウと呼んでいる。年寄りや女は、またピジュルともいっているが、これが石敢当の古い名称と思われた。あるいは二つ別々の物を、混同したのではないかとも思ってみたが、その石のありどころ、その高さが二尺と三尺との間で、上の方が少しく細り、ころあいの自然石か、もしくはわずかの人工を加えたものなることも双方全く同じで、これに対する信仰もまた同じである。相異は単に文字の有無で、文字あるものは概して新しい。かつピジュルという名前も、必ずしも無文の石だけに限るのではない。

沖縄本島にも字を刻せざる石敢当はあったのかも知れぬが、自分には心づかなかった。ただ『国頭郡誌』を見ると、国頭地方には別にビジュルと名づくる信仰上の石があった。これは内地の村々にあるハカリ石、岐阜県などで重軽様と言うのと同様に、祈願ある者が両手で持ちあげ、重さ軽さの感じによって、心中の祈念がかなうか否かを卜《ぼく》するために用いられる。すなわち上古以来の石占《うら》である。石占の信仰が絶えて形式のみ残る地方では、一方には力石と言って、一種青年の運動具となり、また他の一方には弁慶の礫石だの、牛若の背くらべ石だのの伝説となっている。石を霊物として神意をこれに問うのは、日本には普通の習俗だから、その類例を沖縄のビジュルに見出すのは不思議とは思わなかった。しかも『国頭郡誌』の著者島袋《しまぶくろ》[25]君などは、ビジュルと石敢当とは別の物だと、今でも信じておられるそうだ。

ところが八重山のビジュルは石敢当である上に、これにはまだハカリ石の信仰がやや残っている。すなわちこの石が倒れると雨が降ると信じている。これを転用して雨乞いにはこの石を倒す。内地の方でも村の石占には、晴雨は主要なる一問題であった上に、石占に用いる石は今の石敢当と同じく、魔《ま》除《よ》けの効を具《そな》うる地境の立石《たていし》が、やはりまた多かったのである。

そこで自分は進んでこう推論しようとした。丁字路の衝《しょう》などに石を立てて、目に見えぬ邪神の侵入を防ぐ風習は古く、その石に石敢当の三字を刻する行事は新しい。シナから輸入したのはこの文字を彫り入れる風だけである。シナでも南部の市《し》邑《ゆう》には広く石敢当の石があるが、おそらくはこの刻字の選定は古いことであるまい。以前は多分魔除けの石神を武神と考え、朝鮮などのごとく石将軍と彫っていたのが、歴史上の人物にちょうどこの場合に似つかわしい、石敢当という将軍あることを知って、初めてこの文字が流行したのだろう。実在の人であると否とは、迷信者流の問うところではなかったはずである。まずこれだけのことは確かに鹿児島の史談会で述べた。

また石敢当何人ぞやということは、いかにして日本にこの種の石を建て始めたかの説明に、ちっとも役立たぬと今もって信じている。そうしてわれわれの問わんとするは後者である。宮古の東仲宗根《あがりなかそね》の海際の芝生に、ぼつんと一つ文字のない石が立ててある。むかし少年をこのかたわらに連れてきて背たけを検し、石より高くなっていたら、人頭税を課し始めたものだと伝えている。すなわちこれもまた、はかり石の一口碑である。石占の方法は重さだけではなく、あるいは高いところへ投げあげて乗るか落ちるかを試みたり、あるいは縄などを持って行って長さを比《くら》べたりもした。その信仰が廃すると、次いでまたこんな説明的の伝説も起こる。江戸期の随筆の石敢当説[26]も、多くはこれに近い附会の説明を信じたものであったから、すこぶる価値がないのである。

二十五　赤蜂鬼虎

静かに考えてみると、赤蜂本瓦も八重山の愛国者であった。あるいは少なくとも独立党の領袖であった。ところが石垣村の士族には、これを征伐した宮古の勇士の血筋が多かった。しからざれば反対派の長田大主《なあたうふしゅ》が子孫である。島の記録はこの人々と、中山政庁との間だけに交渉のあったもので、これと両立せざる口碑は採用せられなかった。その上に四百有余回の春秋は、この事蹟をおおうている。しかも昔の島の酋長にして、いわゆる酒色にふけり下をしいたげた者は、赤蜂一人には限らなかったはずである。他の島々に対しては別に無法を働いたのでもない。年貢は以前とても沖縄へは納めていなかった。尚真《しょうしん》大王の征服欲以外に、自分は彼の所業が叛逆となるべき理由を知らぬのである。

赤蜂滅亡して四十年の後、与那国島には、また鬼虎《おにとら》の乱なるものが起こった。鬼虎はもと宮古の狩俣村の者で、飢饉の歳に粟一斗（約一八リットル）で与那国へ売られたという説がある。しからば彼もまた一個外来の簒奪者であった。附近の諸島がすでに王化にうるおうてしまうと、こんな懸け離れた島の謀叛人までが征伐を受ける。多くの勇士は功あって賞せられたというよりも、むしろ賞をえんがために、その功を立てたように見える。西表《いりおもて》の島の古英雄祖納堂《そないどう》のごときは、身の長六尺猛勇膂力《りょりょく》ありとあって、彼自身がすでに赤蜂鬼虎の類であった。天色清明の日に高山の峰に登り、はるかの西天に小島あって雲のごとくまた霧のごとく、波濤の間に隠見するのを望んで大いに喜び、急に数十人の精兵を船に乗せて、攻めて討ち取ったのが与那国の島であった。その酋長二、三人を擒《とりこ》とし、中山に捷《しょう》を奏してその支配の下につけたとあって、結局後援者ある第二、第三の鬼虎は子孫まで繁昌し、孤島は一人の赤蜂がいなくても、やはりまた征伐せられたのである。

赤蜂は八重山の語では、アカブザーと呼んでいる。ブザーは蜂を意味し同時にまた平民を意味している。平民と士族との差別のやかましくなったのは、弘治十三年の平定から後のことらしいゆえに、おそらく先住民の最も長く反抗したものを、ブザーとは呼んでいたことであろう。赤ブザーと本カワラとを、二人のように書いた歴史もあるが、その行動の跡を見れば一人である。そうしてカワラは前にも言ったごとく、島では酋長を意味する古語であった。

誠に赤蜂は怖るべきカワラであった。威風赫々《かくかく》たる宮古の仲宗根豊見親《なかそねとよみや》すら、一時は謀計をもって款《かん》をこれに通じていた。川平《かびら》の仲間みちけも、ついに彼がために殺された。後に御嶽の神になるほどの美宇底獅嘉殿《みうてしかどの》さえ、遠く波照間《はてるま》の島に鋭鋒を避けてなお殺された。ひとり長田の大主のみは古見の山に身をひそめ、かろうじて時節の到来を待ちえたけれども、ほとんど源頼朝《みなもとのよりとも》以上の艱苦をなめている。彼の二人の弟はまず殺され、美しい妹の二人の中、真乙姥《まいつば》は助かったが、古乙姥《こいつば》は赤蜂の妻になって、後に夫とともに誅《ちゅう》せられた。政治の不幸が家庭におよんだ点は、われわれの戦国時代も同じであった。

この裏面にはまた宗教の争闘があった。八重山も沖縄と同じく巫女の神道であったが、部落の隔絶するごとく信仰の系統も別であった。赤蜂征討の船軍には、特に君南風《きみはえ》と称する久米島の巫女の長を乗り組ませ、舳先《へさき》に立って朝敵退治の祈りをささげ、将士の勇を励まさしめたのには仔細《しさい》があったらしい。久米島は単に土地の八重山と最も近いのみでなく、たがいに姉妹の御神を祀るという伝えもあって、本島の君々よりは、いく分か縁も近かった。それでもいよいよ四十六隻の中山の兵が、石垣の浜に上陸しようとすると、婦女数十人手に樹枝を持ち、天に号《さけ》び地に呼ばわり、呪罵《じゅば》万般にして法術を行なうかと思われ、味方の士気も、ためにすこぶる沮《ひる》んだと記してある。それゆえにこそ真乙姥が忠誠の情から、無事の凱旋を沖縄軍のために祈ろうと申し出た時にも、一艘たりとも後《おく》れて那覇に着くならば、曲事《まがごと》たるべしというような難題をかけられた。すなわち彼女をなお赤ブザー方の巫女と、疑ってみたのである。幸いにして美崎御嶽の神徳と、多田屋おなりの助力とによって、船はことごとく、つつがなく帰ったので、二女はあいついで大阿母《おおあも》すなわち巫女の頭に命ぜられ、ここに初めて聞得大君《きこえおおきみ》の神道に統一せらるることになった。

しかも大浜の百姓たちは、今もって村の殿内に赤蜂を祀っている。赤蜂実は死せずの伝説さえ、ささやかれている。阿蘇の金八坊主が屠《ほふ》られてなお祀らるるごとく、大隅の大人弥五郎が、祭礼の行列に刀を差して担ぎ廻られるように、鬼ながらも彼はなお慕われている。

二十六　宮良橋

八重山の神代は第十五世紀の終わり、宮古の豊見親が沖縄の兵船を嚮導《きょうどう》して、石垣に攻め寄せた時分まで垂《た》れさがっている。すなわちこの赤蜂の騒乱なるものも、つまりは、いわゆる神々の東雲《しののめ》であった。島々には二十何所の御嶽があるが、一半はただ祭神の御名によって、その由来のいたって古いことを知るのみである。あるいはまたこれに仕えた美女と英傑との物語もあるが、彼らはすでにその信仰を異姓の民にゆずって、遠く雲煙のかなたに去ったものが多い。オーン（嶽）とファオーン（御子嶽）との関係のごときも、今ではまったく不明に帰している。祀《まつ》る人がしばしば改まったからである。

この間において生き生きとした新しい歌がまた起こった。節には大昔の人のすさびも遺《のこ》っているらしいが、これを受け継いで花やかなよそおいをさせたのは、また次の代のビラマ（若殿原）であった。琴は石垣一島に今十四面ほどある。その中のただ一面が、ヤマトの三越呉服店から取り寄せた五尺八寸のもので、他はことごとく島の楽人が、島の桐をもって長い間に作りあげた伝来の名器である。沖縄の制とほぼ同じく、われわれの用いるものより四、五寸も長い。三線の方でも、目下輸入する材料はほとんど蟒蛇《うわばみ》の皮ばかりで、いずれも黒木その他の堅い材を利用し、島の内で立派な楽器を造っている。島人が音律に精《くわ》しいのは、まったく天性であろうと言われている。閑《ひま》だというだけでは、こんな細工《さいく》はできない上に、これらの楽器の制はともに近昔に、沖縄の方から移したものである。神の発明ではないのである。

実際この島の生活には、せめては新しい歌や楽器をもって、慰問でもしてやりたいような不幸があった。ひとり戦乱の悲しい思い出のみではない。嵐や海嘯《かいしょう》や恐ろしい疫病などが、その後いく度か嘆きの島を訪れた。朝夕の水くむ業さえ辛かった。ある年には鍋で煮るべき物がまったく尽きて、藷《いも》盗人が畠のまん中に、むしろ殺されたいと横たわったこともあった。うれいを忘れるには歌と音楽にまさるものはなかったが、ただその恵沢がまた全島におよばなかったのである。島にはわれわれの白拍子《しらびょうし》、盲法師のごとく、これを職業として流派を分かつ者がいなかったかわりに、士族にあらざる者が古曲を保存し、またはこれを発達させることは許されなかった。同じいわゆるユカルビト（上流）の中でも、婦人はまた琴三線にも手をふれなかった。島々の歌には早い、またはゆるやかな、舞の手が必ず附《つ》いていた。一そろいの舞衣裳はいずれの村でも、村としてこれを備えつけてあった。しかもそのおもしろい舞を舞う者は、ことごとくみな無系無姓の百姓の、髪黒く色白き好い娘のみであった。[27]喜舎場永珣《きしゃばえいじゅん》君の調査によれば、石垣の蔵元から任命せられて、遠く近くの村々に在勤した役人の士族たちが、これら無数の島ぶりの歌の作者であった。中にも青色の鉢巻に紗綾《さや》の大帯をした、目差《めざし》と称する若い輔佐役が、艶麗なる多くの恋の曲を残している。歌にあらわれた涙と溜息《ためいき》との主は、いずれも舞にたくみなる平民の娘であった。すなわち奈良朝の浅香山《あさかやま》の采女《うねめ》のように、出でて貴族に給仕した前代のミヤラビであった。

宮良の里はすでに片田舎となって、南にまんまんたる蒼波に面している。かつては蝦夷の日高の沙留《さるる》と同じく、ここに風流のカワラが居をしめて、いくたの宮童の歌を養ったものらしいが、明和の大津浪にこの民の種はつきて、今は幽《かす》かなる口碑も残っておらぬ。村の西の荒野を、宮良川は静かにひる木林の蔭を流れている。歌に詠《よ》まれたヤクジャマという蟹《かに》が、ひる木の実と同じ色の紅い爪を、三線弾くように上下しているのもこの岸である。干瀬の大きな石を切ってきて、ここに架けた宮良橋は、島の一つの名所である。四十年前

に巡視にきた大和御主前《やまとおしゆまえ》が、

　珊瑚畳み作《な》す五橋材
　鶴葉千株短くして苔に似たり
　是れ神仙の下り遊ぶ処なる莫《な》らんや
　万年の青髻流《そうけいながれ》に映じきたる

と詠んだ万年青岳《おもとだけ》は、この五枚橋の川上に遠く、万古のうれいの色は今もなお神秘に包まれているが、ある一つの事件があって以来、次第に島も今の世となったと言っている。それは最後の宮良のミヤラビが三人連れで、夜深く石垣の村からもどってくると、これを戒告せんとして村の青年の群れがこの橋のたもとに待っていた。それが恐ろしさに下流を徒渉しようとして、浪にさらわれて三人ながら溺れた。手をつないだまま浜に死んでいたそうである。この悲惨なでき事が昔語りとなるころには島の芸術も淋しくなるだろう。花染め手拭いの色のあせるように、詩人は老い歌は古くなってゆくだろう。しかしこれがために新しい力の日に豊かなるを恨むにはおよばぬ。がんらい八重山の音楽には、世の始めから悲調があったのである。

二十七　二色人

ナビントゥは路の右手の海際に、わずかの木杜《きもり》を負うた崖の岩屋である。毎年六月穂利《ぷーり》祭の二日めの暮れ方に、赤又《あかまた》、黒又《くろまた》の二神はこの洞から出て、宮良の今の村の家をめぐってあるく。かならず月のない夜ごろを選ぶことになっている。夜どおし村の中をあるいて、天明にはまた洞の奥に帰ってゆくと、次の日は村の男女がここに参詣する。佐事《さじ》と称する六人の警固役が、杖を突いてその途《みち》に立っており、常々行ないの正しい者でないと、何と言っても通ることを許さぬ。

宮良の人々は神の名を呼ぶことをはばかって、単にこれをニイルピトと言っている。それを赤と黒と二色の人ということであると言うが、ニイルはすなわち常世《とこよ》の国のことだから、これも遠くよりきたる神の意であろう。この村の旧家の前盛《まえもり》某が、平日はこの神の装束を厳重にあずかっている。木を削って作った恐ろしい面で、赤は黒よりもなお一段と恐ろしいそうだ。茅や草の葉を身におおうて人がこの面をかぶるということだが、自分は信徒に対する敬意から、しいて拝見を求めなかった。実際新宮良の住民は、祭の日には人が神となることをよく知りつつ、しかも人が神に扮するということは知らぬようである。

この夕べは家を清め香を焼いて、早くから神の来臨を待っている。二色人が前盛の家へきて、言う詞は一定しているが、その他の家々では形式がいろいろある。不幸のあった者は慰める。無事の者は激励する。そうしていずれも次にくる年の、さらにめでたくまた豊かであることを、親切にかつおもしろく、言って聞かせるのだそうである。初春にわれわれの門にくる春駒《はるこま》、鳥追《とりおい》、その他種々の物吉ほぎ人と違う点は、単に家主が予言者の前にひざまずいて、一句ごとにていねいにその受け答えをするばかりではない。彼らはこれを直接に神の御詞と信ずるがゆえに、いかなることがあっても村外の者に、その文句を知らしめぬ。ぜひともこれを聞こうとすると、うそを教えるそうである。

しかも彼らの間においては、最も精確なる伝承がある。村の青年の強健にして品行正しいいく人かが、毎年新たに選ばれて祭の役を勤めるために、その練習と準備をしている。ことに赤又、黒又は式の間一切酒食を口にせず、終夜踊りかつ歌う骨折りの役であれば、かねての精進もひととおりでないが、それがまた男としてこの上もない面目と考えられている。老人などのこの祭を大切に思うことも、ほとんど想像を越えている。ゆかしいなつかしいという人間の感情の全部を、この神に集注すると言ってもよい。夜もはや東雲《しののめ》に近くなり、いよいよもとの洞に帰ろうとするのを見ては、また来年もおわしませと、落涙する者すらも少なくはないそうである。

宮良の二神は新城《あらぐすく》の島から、この村の前浜に上陸なされたという昔語りもある。しかしこの村は明和八年の大海嘯《かいしょう》の後に、ことごとく小浜の島から移された民である。草分けと呼ばるる前盛氏でも、第一世の仁屋が八十三歳で没したのは、ほんの百年前の文政元年である。疑いもなく故郷の島から持ってきた祭であって、現にまたその小浜にも新城にも、西表島の古見にも、これと同じ祭が今に行なわれている。石垣島の方では川平と桴海の二村に、旧の八月または九月の己亥《つちのとい》の日、よく似た儀式があってこれを「まやの神」と名づけ、マヤとトモマヤとの二神が出現する。マヤは方言に猫を意味するところから、普通は牡猫牝猫の面をかぶってくるというが、舞にも詞にも猫らしい信仰は現れておらぬ。阿檀の葉の蓑を着て、蒲葵で編んだ笠を深くかぶり、戸ごとをめぐってやはり明年の祝言を述べる。その章句には農作の道を説くことが多く、沖縄本島のミセセリなどとともに、たくさんの古い言語が、この中に保存せられているらしい。

われわれは無邪気な童子らの口をかりて、せめては春の初めには耳に快い祝福の言を聞こうとしたが、根本においてすでにすがるべきものを忘れたために、これもまた古くさい戯《ざ》れごととなってしまって、正月はさらに不安を新たにする。これにくらべると絶海の小島は幸いであった。都鄙《とひ》の区別を教える講師も国司もいなかったゆえに、長く神の御幸の昔のよろこばしさを味わうことができた。そうしてその神はまた果て知らぬ海原から、天に続いた地平線の向こうから、やすやすとその小舟を島の渚には漕ぎ寄せることをえたのである。

二十八　亀恩を知る

南々と言っている中に、もう引きかえすべき汽船が入ってきた。石垣の端舟は帆ばかりが力で、ただ浅い湾内を右左にまぎって行く。その間に見送りに出てくれた岸の人は、一人ずつ帰ってしまい、海を曇らしむる雲の影ばかり、次第に多くなってくる。晴れて水底に日の光のさし込む朝ならば、青白い砂地の所々に、深緑の珊瑚岩が二尋《ひろ》（約三メートル）ぐらいまではのぞかれるのだが、きょうは一円にただ淋しい灰色である。昔の大津浪の日の早天には、やや強い地震があって潮は遠く退き去り、五彩の光まばゆきこの海底の秘富が、ことごとく白日の下にあらわれたということだが、今はそれも呼びさましがたい夢のように感じられる。

本船に乗るまでに、もう天気はすっかり悪くなっていた。この浪では今夜はとても出せませぬ。明日のまた今ごろまでこうしてもやっていますから、も一度この伝馬で上陸なされてはいかがと言ってきたが、たいていの客は舌打ちなどをするばかりで、あるいは伝言を頼んだり、きざみ煙草を取り寄せたり、碁盤を借りたりして、帰ってみようとは言わなかった。眼の前に毎日見ていながら、ついに渡ってみることをえなかった竹富の島は、砂浜以外に何物もないかのように、寂寞として船の右手に横たわっている。もう今夜は月も遅い。それに湿った風が甲板を吹いて、長く立って別れを惜しむこともできなかった。

万年青《おもと》は千古の霊山であって、今も尋常の旅人には、ただ遥かに山の姿を仰ぐことを許している。しかもその裾野の一角が、ほとんど全部の八重山文明の舞台で、その尖端の最も低い台地によって、石垣四箇の邑落《ゆうらく》はあるのである。ケビンの窓の円ガラス越しに、おりおり首をあげてのぞいてみると、船はゆらぐとも思われないで、干瀬に続いた陸地の一文字が、たとえばアイヌの髭箸のごとくに上へ下へと動いている。これがあの莫大な恋歌の国、利害と人情とのむやみに錯綜した、泣いたり怒ったりの浮世なのか。何だあかりがたった七つしか見えないじゃないか。わずかな者だけが余分に利巧なばかりに、この島も常に苦労をしている。そうして不必要に早く老いている。

ただ少しばかり世間を知った不幸ほど、しまつの悪いものはない。もうこの社会には新しい不思議があらわれて、人の心の向き方を変えるような、機会はまあないものと私などは思っていた。ところが人間界にはまだ見つくされぬ隈《くま》があったのである。自分らより二船ほどおくれて、前の富士屋旅館の女主が、八重山から引きあげてきてこんな話をした。うそだと思いなはるなら、思いなはっても仕方がありませんが、私が船に乗りますと、大きな亀が三つで、送ってきてくれましたよ。

みんなが一諸に見たのですから、今度誰にでも聞いてごらんなさい。役所の人たちや女たちも、同じ伝馬でにぎやかに送ってきてくれました。おいおかみ、僕らこそこうやって

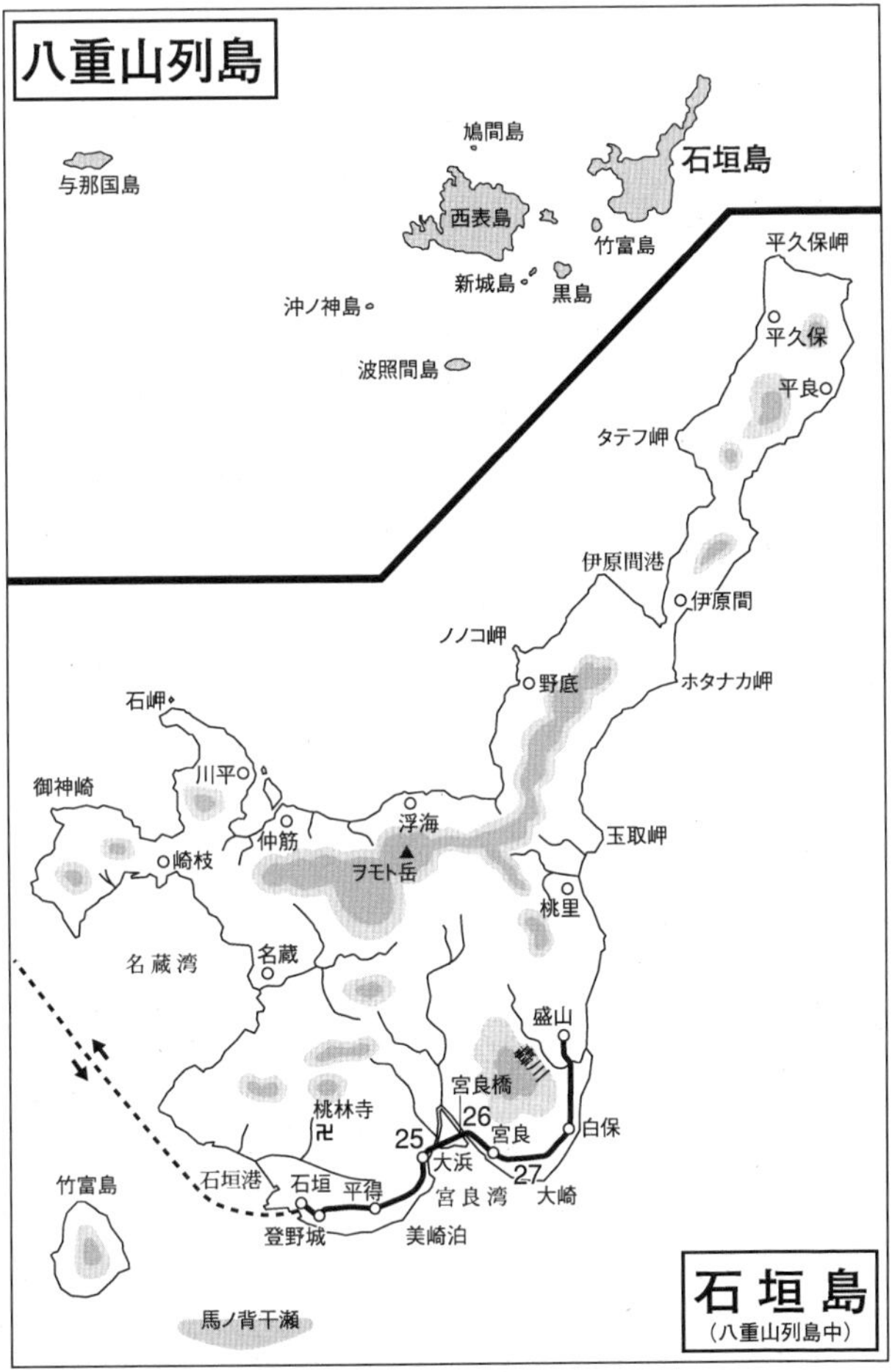
八重山列島
鳩間島
石垣島
与那国島
西表島
竹富島
新城島
黒島
沖ノ神島
波照間島
平久保岬
平久保
平良
タテフ岬
伊原間港
伊原間
ノノコ岬
野底
ホタナカ岬
石岬
川平
御神崎
浮海
仲筋
崎枝
ヲモト岳
玉取岬
桃里
名蔵湾
名蔵
盛山
宮良橋
桃林寺
25
26
宮良
白保
大浜
27
石垣港
石垣
平得
宮良湾
大崎
竹富島
登野城
美崎泊
馬ノ背干瀬
石垣島
（八重山列島中）

見送りをするがあれほど助けておいた亀はどうだい。どうぞご無事でとも何とも言ってこないじゃないか。だから亀を助けるなんかつまらぬことなんだと、言ったか言わぬかに舳先の方に乗っていた誰かが、あっ亀が出たと大きな声で申しました。私が見たときにはもう二番目のが、こうやって手を動かして船のすぐわきを通りました。それからまた一つ今度は少し小さいのが、背中を出すくらいにして蒸汽に乗る時までついてきましたという話である。

これには青くなって驚かぬ者はなかったそうである。ちょうど自分が淋しく別れてきたあの海だ。常は海亀などの入って遊ぶ場所でもない。卵を生む季節だけは、この近くの浜にも上って捕られるのを、土地の漁師は料理して肉を売っていた。それを助けて放すようになってから、いつでもまず富士屋へかついできた。門から中へかつぎこんだからは、値が高かろうが、安かろうが買わずに返したことはなかったそうだ。そのために三年あまり、一枚だっても新しい衣類はこしらえたことがありませんと言っている。

何でうそだと思うものかおかみさん。おかみさんは寒国の生まれだから知るまいが、日本の大海にもそんな亀が昔はいたのだ。浦島でも山蔭[28]の中納言でも、気を長くしていたために、ずっと立派な答礼を受けている。おかみさんが女のくせに鉄砲をかついで、島で鳥打ちなどをしてあるきながら、亀だけは性のあるものと思って助けたくなったのも、また内地の町の年寄りたちが、小さな石亀でも放そうかと思うのも、だれも知らない不思議の遺伝があるからで、それがまた暖かな南の海でなければ、最初から経験することのできなかったことなのだ。われわれがとうの昔に忘れてしまったことを、八重山の人たちは今ちょうど忘れようとしているのだ。

二十九　南波照間

西常央《にしつねなか》翁から聴いたと、『南島探険記』には書いてある。波照間の島はすなわちハテウルマで、うるまの島々の南の果ての、意味であろうということだ。なるほど気をつけて見ると、八重山郡の東の海には多良間があり、宮古群島には来間島《くりまじま》あり、沖縄の西南に近く慶良間《けらま》があり、さらに大島に続いて佳計呂麻の島がある。南北三つのエラブ島もその転訛《てんか》かもしれぬ。語尾のよく似た島の名が、これほどまで多いのは偶然ではあるまい。あるいはかつて島をウルマと呼ぶ人民が、ここにもやまとの海辺にも多く栄えていて、自然に都の歌や物語にも、「ウルマの島の人なれや」などと、口ずさまれるようになったのではないか。そうでなくても昔なつかしい言葉である。

波照間島は石垣から西南、なお十一里あまりの海上に孤立している。これから先はただ茫々たる太平洋で、しいて隣と言えば台湾があるばかりだが、しかもここへくればさらにまた、パェパトローの島を談ずるそうである。パエは南のことで、われわれが南風をハエと呼ぶに同じく、パトローはすなわち波照間の今の土音である。この波照間の南の沖に今一つ、税吏のいまだ知っておらぬ極楽の島が、浪に隠れてあるものと、かの島の人は信じていた。

昔、百姓の年貢が堪えがたく重かった時、この島の屋久のヤクアカマリという者、これを済《すく》わんと思いたって、あまねく洋中を漕ぎ求めて、ついにその島を見出し、わが島にちなんでこれを南波照間と名づけたと伝えている。徐福[29]が大帝の命をうけたのとはことかわり、これは深夜に数十人の老幼男女を船に乗せて、ひそかにその漂渺《ひょうびょう》の国へ移住してしまった。その折りにただ一人の女が、家に鍋を忘れて取りにもどっている間に、夜が明けかかったのでその船は出《い》で去った。鍋掻《なべかき》という地はその故跡ということになっている。取り残されて嘆きもだえ足ずりし、浜の真砂を鍋で掻《か》き散らしたところというのである。

新たな島を求めんとする心は、人の世の中が住みうくなるさらに以前から、久しく島人の間には伝わっていたものだろう。そうでなければ太古の時から、すでにこの世は住みよいところであったのか。とにかくにどの海のどの小島にも、人が渡ってもう住んでいる。島は尽《つ》きても求める心は絶えなかった。ひとりこの波照間のみではない。沖縄でも南に大海を望む具志頭《ぐしかみ》村の銀河原に、俊寛僧都[30]同系の悲惨な話があって、磨小塘《うすおども》の遺跡はまた南の果ての島の鍋掻と対している。昔この里に住む夫婦の者、家計の不如意を愁《うれ》えている折りから、一人ある僕、釣に出でて颶風《ぐふう》にあい、珍しい島に上って数月を過ごした後、ある日南の風に乗じて帰ってきた。こんな結構な島がありますす、お伴をしてまいりましょうと、五穀の種やいろいろの道具とともに、すでに女房をも乗せおわってから、いつわって主人に向かって、石臼を持ってきてくれよと頼んだ。主人は急ぎもどって臼を持って出てみると、もうその小舟は沖中に漕ぎ出していて、追いつくこともできなかった。女房は涙の声を張りあげ、悪い僕にだまされて、私ばかりこうして連れてゆかれます。聞けばあの島には大きな蘆が茂っているそうな。その蘆の茎を採って本を切り末を切り、海に流したのがこの浜に流れつくならば、私はまだ生きていると思ってください。それがこぬようになったら、死んだと思ってくださいと、泣いて約束をして汐路遠く行ってしまった。亭主はただぼんやりとして臼をこの水中に投げこみ、帰ってきたというのはしようもない話だ。

しかしこの話はまた一方に、『今昔物語』[31]の土佐の妹背《いもせ》島の話にも似たところがある。船で田植えに行く幡《はた》多郡の海岸の農夫、苗と兄妹の子供とを船に乗せ、ちょっと家にもどっているうちに風が吹いて、船は沖に出てしまった。二人ばかりその島に漂着して、せん方もなくその苗を植えて、後に同胞で夫婦になったというのである。台湾[32]の生蕃《せいばん》にはほとんど各蕃社《ばんしゃ》ごとに、これに似た兄妹漂流の事件をもって、部落の始めとする口碑がある。神の怒りの大水で、臼《うす》に乗っていた二人のほかは皆死んだ。その臼のすみに挟《はさ》まっていた穀物の種をまいて、新たに次の世の親となったと伝えているのである。

波照間島の人類の始めも、やはりまた災後の兄妹で、神の恵みによって子孫をもうけたと伝えられる。ただしここでは大水のかわりに火の雨が降り、臼のかわりに白金の鍋をもって、身をおおうて免《まぬか》れたと語っている。臼も鍋も要するに皆、ノア[33]の箱舟に他ならぬ。時の大海原をいかなる風に乗って、その箱舟の物語が広く遠く、西東には吹き分かれたのであろうか。今ではもう具志頭の浜に、蘆の茎も流れて来ず、有名な与那国の大草鞋も、誰が何のために流したかが不明になった。しかしこれらの物語は、決してその全部が夢ではない。石垣島では波照間島のヤクアマカリに該当する英傑を、本宮良《もとみやら》と言って今も深く慕っている。すなわち慶長の南蛮船漂着のころに、切支丹《きりしたん》のゆえをもって刑せられたという名士である。本宮良が自在に海上を去来して、さきざきで妻を持っていたという、その島々の名は何人も知らぬが、彼が携え帰った葉の紫な南蛮万年青《おもと》だけは、今もなおこの島人の庭や石垣に、日に照って美しく栄えている。

与那国の女たち

—

石垣島では与那国のことを、ユノーンと呼んでいる。かの島の人々はみずからズナーンと言うそうである。同じ八重山郡の内ながら、石垣からはいずれの岡に登っても、与那国の島の姿を見ることができぬ。西表《いりおもて》の高い島山が、中をへだてているからである。そうして海上が五十いく里、冬はことに浪が荒いというが、それでもおりおりはあちらの船が、前ぶれもなしに鳥などのようにやってくる。それにまた便船すべく行く人や帰る人が、もう来そうなものだと言って待っている。

自分が石垣島に上陸した日の午後にも、ちょうど一そうの朝来た船が帰るので、旅館の主人の石本氏は、急に支度をして乗って行った。この人は数年前に上方から来て、島々の間で商売をしている。留守をあずかる帳場の男は鹿児島の者、そのほかに那覇から来た少年と、台湾の打狗《タカオ》で生まれてまだ内地を知らぬやまとの娘とが働いている。それだけでもすでに珍しい取りあわせであるのに、若い美しいおかみさん、すなわち土地で刀自《とじ》と称する婦人は、与那国の生まれであった。刀自の名はクヤマ、髪かたちは島風であるが、「いらっしゃる」を精確に使いうるほどに、内地の語には通じている。

二

この若いクヤマを訪ねて、一人二人の与那国の女性が、夜分などに来ては物静かに話をしている。今朝の船でついたという者もいたが、自分たちとは違って少しも旅人らしいようすはなく、まるで隣家の人のように落ちついている。

二十七、八の小柄の、子供のような口もとをした女は、この石垣村の小実業家の某という人の、与那国の刀自であった。某君が病気になって、とんとあの島へも行かれぬようになってから、一年に二度か三度、こうして向こうから渡って来ては、ゆっくりと遊んで帰る。年は若いが手に入れ墨をちゃんとしている。北の方の島々の入れ墨とはまた形式が変わっているらしいので、よく見ておこうと思って眼をつけると、これをすぐにさとって、しきりと左右の手をもみあわせ、私などは昔者だから、ヤマトウシュメーにはおかしいだろうと、かたわらの人を向いて言っている。それでも根気よくたのんでいるうちに、かなり高い声をあげてションガネ節を歌ってくれた。そうしてその歌の文句にあらわれた島の情あいを、説明して聞かせようと努めてくれた。

今一人、どうしても歌ってきかせようとせぬ婦人がいた。年はまた七、八つも上であろうに、こちらは手に入れ墨をしてはいなかった。行政庁が針突きの風習を制止したのが、明治三十一、二年のことというから、この年齢の女ならば、しておらぬ方があたりまえである。それに家がらなどもやや良い方であるらしかった。与那国では苗字よりも屋号の方が、普通に行なわれていることは沖縄の農村と同様で、家ごとになお一種の記号のような絵をもっている。それを集めた帳面を、自分が取り出して見せると、皆で寄って来てその中から、これがこの人の家の符牒《ふちょう》だ、これはその本家で、他所から来る人のよく泊めてもらう家だなどと、一つ残らずに知っていた。この婦人はただ一人ある男の子を那覇の中学校に入れるために、試験を受けさせに石垣へ来たのであった。首尾よく試験が通れば沖縄まで自分がついて行く。与那国の島ではこれで三人目とかであるという。また親類には医者の免状を取って、島に帰って開業をしている者もある。その人の刀自は香川県の生まれであるとも言った。さすればいわゆる女護《にょご》の島にも、すでにやまとの女性が来て住んでいるのである。他の島々と特に変わったことはないのである。

三

首里や那覇でも内地と一ように、与那国についてはいたずらに奇抜な評判ばかり高いが、自分の聞いてみたところでは、実はここも新しい日本国の一島で、弱い者が余分の苦しみをするという以外に、何も特殊の社会組織があるわけではないようだ。ただ、やまとなどにくらべると今一段と、歴史が新しくて昔が近いために、まだゴンボウを大切にする風が、少し残っているというばかりである。ゴンボウとは何であるか。はっきりとした意味は、自分にも説明しがたいが、少なくとも与那国の島では、島人を父とせずに生まれた子を、そう呼んでいるのである。那覇の色町などでは、ただの浮気という意味にこの語を用いているらしいが、多分はもと仮《かり》の妻というような心持ちであったのが、転じてはそうして生まれた子の名にもなったのであろう。

与那国には限らず、近い昔までは琉球の島々では、在番役人の子を生めば、平民が士族になった。そうして士族には経済上の特権があった。それゆえに最初から、ある時限りの刀自なることを承知の上で、滞在の人にかしずくことを厭《いと》わなかったのである。今はもうそのような誘因が、もちろん何もないのであるが、生活はいたって簡易であり、女はいかなる境遇にあっても働きさえすれば生きられるゆえに、やはり安心していろいろの子を育てるのである。わざわざゴンボウを生ませるために、この島に渡って来る人はあるはずがないのだが、海が荒れたり用事がかたづかなかったり、今も昔のごとく、はからざる長逗《とう》留《りゅう》をするうちに、自然はかくのごとき大きな仕事をしてしまうのである。島の現在の有力者は、何だか大部分はゴンボウの子孫であるように、自分に話した人もあった。そんな理由はなかろうと思うが、とにかく外部から、何の攪乱をも受けなかった家の血が、平和なれどもまた平凡に流れやすいかたむきはあったかも知れぬ。それだけではほとんどいずれの離れ島でも、まぬがれがたい通勢であって、ただ島が小さいほどその結果が早く見えるのかも知れぬ。

現在この島で指折りの物持ちの中に、一人の婦人がある。うわさによればずっと以前の、駐在巡査の刀自であった。別離に臨んでいく人かの子供とともに、若干《じゃっかん》の金子《きんす》をその母の手に残してきた。その高はいずれ莫大ではなかったに相違ないが、島には現金の入用がむやみに多く、しかも人は皆義理が固いために、少しの危険もなしにその元金が次第に成長した。目前にこういう生活の例があるによって旅の人をゆかしがる気風が今にやまぬのであるという。ところがおかしいことには、このうわさを自分にして聞かせた男も、第二のうわさによればこの島に七歳ばかりの落胤《らくいん》があって、やはり若干の金をその母に残して、間もなく遠方へ去ってしまったということである。

四

沖縄の文人の先島情調を説く者は、必ずその例としてウヤンマーの一曲をあげるが、八重山は歌の国だという世評をよろこぶ島の人にも、これをもって彼らの音楽を代表せしめることだけは絶対に承認しない。ウヤンマーのアンマーは阿母加奈之などの阿母と同じく、地位ある婦人のこと、ウヤは親方、親雲上《ペーチン》などの親と同じく、つまりは令夫人とも訳すべき沖縄の語であって、チェンバレンが琉球語研究の附録にはその全訳をのせて、この語をマイレデイと訳している。任期三年の八重山在番が、船出に臨んで仮《かり》の妹背の長い別れを悲しみ、がんぜない稚児に取りすがられて涙の袖をしぼるという、いたって単純な趣向であるが、歌の章句には南国のペソスがある。しかも八重山人の言に従えば、第一ウヤンマーはこの島の語ではない。石垣でならばカリヤヌアンマと言わねばならぬ。仮屋はすなわち在番の官舎のことである。第二にはこのチョーギン（狂言）の中の歌がまがい物で、中にただ二つの本の歌も、がんらい石垣首邑の蔵元の歌でなく、いずれも与那国のションガネ節であり、その与那国には沖縄の官吏は在勤しなかったから、すなわち別人のために発した愛慕の声であったのを、史実に反してこの文学は横取りしたのである。

いとま乞いともて（思いて）
持ちゆる盃や
目なだ（涙）泡もらち
飲みのならぬ

これがその問題の歌の一つである。さらに今一つの歌は、

片帆持たしば
片目のなだ（涙）落し
もろ帆持たしば
もろ目のなだ落し

というのであるが、自分も現に与那国の女が、これを歌うのを聞いたのだから、証人に立たざるをえない。しかもかくのごとき剽窃《ひょうせつ》はむしろ孤島の面目であって、淋しい島の女の無始の昔からの哀愁が、広く世上の歌を好む人々をして、胸おどり袂沾《うるお》わしめたのは嬉しいことだと思う。ことにはこの日本の果ての島まで、かつて大いに都市ではやり、北は奥州の「さんさ時雨《しぐれ》」の曲となって伝わった「しょんがえ」の歌の節が、一度は伝わり運ばれてさらにまた、沖縄の湊町にもどって来たことをなつかしく感ずる。薩摩の海門においても、久しく土地の名物として同じ鄙《ひな》ぶりがもてはやされ、「雲の帯してなよなよと」という歌は、多くの人が聞いて知っている。沖縄近海の船歌にも今もチョンガェという囃子《はやし》がある。海の荒し子どもはいつの世にか、はるばるとこれを携えて与那国を訪い、今歌う少女の曾祖母あたりを、慰めまた悲しましめていたのである。

五

いわゆる仮屋のアンマの生活は、昔はほとんど島ごとにあったものらしい。島の平民の娘にして、眉目清らに生まれた者は、必ず何人かがすすめて化粧させ、新しい衣を着せて、目に立つ場所で布を織りつつ、新任の官吏に見《まみ》えしめた。狂言のウヤンマーのごとく男の子をもうけて、幸福な士族の家の先祖となった者もあれば、不幸にして老人にかしずき、後に淋しく別れてしまう者もあったそうだ。与那国などの遠い島では、与人《ゆんちゅ》と目差《めざし》と二人の役人が、蔵元すなわち首邑の石垣島からやって来て、やはり沖縄と同じ方法で、その在任期間の刀自を選定した。したがって島の女の別離の歌曲には、彼らの真情から出たものもあれば、また音楽を愛する青年官吏から、しいてかくのごとく歌わしめられたものもあるだろう。その人々は男も女も皆死に去って、今では歌だけが前の歴史を語っている。強い者がかつて勝ったという、さびしい歴史を語っている。

与那国では平家の一族の末という部落があって、今なお在来の島人の子孫たちと対立し、平和の競争を続けていると言った人があるが、はたしてそうであろうか。平家は北に四百里（約一六〇〇キロ）をへだてた南九州の山村から、島では川辺郡の十島を始めとして、どこへも上陸して遺蹟を留めている。モリは社地または霊山を意味する普通名詞であるが、これを祀る島ではことごとく、行《ゆき》の盛友《もりとも》の盛などの神歌を存し、さらに系図ができ、また後裔《こうえい》が栄えていて、系図を否認すればおそらくは決闘を申しこまれる。海は一続きであるから壇の浦の船の数だけは、落人の漂着した例もあり得るのであるが、実はその後の六、七百年も、彼らをして優美なる由緒を保存せしめるほどに、島の生活は無事単調ではなかった。

たとえば石垣島にあっては、赤蜂本瓦が井底《せいてい》の痴蛙《ちあ》であったために、宮古の仲宗根豊見親は、沖縄の船軍を嚮導してこの島に攻め入り、各村の旧住民を制御してこれをただの百姓にしてしまった。すなわち石垣のユカルピト（優越階級）は、少なくともその血の三分の二まで、宮古系になったのである。これに反して与那国の島では、宮古出身と伝うる酋長の鬼虎が、あまりに暴虐を振るまったために、ついに石垣からの遠征を受けて、たちまち全村の屈服となってしまった。それ以前にも西表島《いりおもて》の祖納堂という一勇士が、単にこの島を発見したという理由のみで、攻めて来て占領した事実がある。慶田城《けだぐすく》の村に今もある祖納堂の家の火神は、それから以後、与那国の船人らが、来ては拝んで行くことになっているのは、おそらくはこの家の支系が、長く与那国の島に土着したこと、あたかも宮古の勇士の末が八重山の士族になったのと、同じであることを意味するであろう。

石垣の村にもまた与那国のオーン（御嶽）と称して、かの島の島人だけが詣でては香を焼く霊地が、浜近くの人家の間にあって、村ではかえってこれをかえりみる者もないのは、向こうへ移って後に本家が絶えて、子孫があちらにばかりあるためであろう。近くは明和の大海嘯、それに引き続いての疫病流行で、石垣本島の人口は一時四分の一に減少した。その時は命令をもって附近の島々から無理に若干の民をこちらへ移住せしめ、南に面した海岸の村々は、ほとんど皆昔を知らぬ者ばかりが廃墟の土を耕しているのである。これ以外にも次第に死に絶えたり、しいて連れて行かれたり、人がとぼしいために不自然なる婚姻もあれば、家の盛衰もまた異常であった。こうした長い年月の交通往来を重ねているうちに、人の血はいよいよ混淆《こんこう》して、恨んだ者も恨まれた者も、ただ忘却の一体となってしまったことは、あたかもこの漫々たる大海の波濤のごとく、永古に残るものとては、ひとり底知れぬ潮の力のみであった。

与那国の女たちは、ほんの無邪気な心持ちで、島の話をしたのであったが、静かに聞いているといくらでも悲しくなる。生きるということはまったく大事業だ。あらゆる物がこのためには犠牲に供せられる。しかも人には美しく生きようとする願いが常にある。苦悩せざるをえないではないか。

六

なかなか楽ではない島の生活だそうである。水は幸いにして清い谷川が流れ、宮古のように降川《うりかわ》を登り降るわずらいはないが、いかにも風の強い島であって、稲の実にならぬ年が何年も続くことがある。阿檀の芽だけは石垣でも食べると言うが、与那国では蒲葵の木の芽も食べておいしいと言う。蒲葵の実もこの島では食べる。海からも少しずつ食物を恵まれるが、ただ困ることは金にかえるような生産品が少ないのに、外から買わねばならぬ貨物が、時世とともに増してくることである。豚でも鶏でも世間の相場を知らぬために、せっかく繁殖させてから、まるで目算の違った取り引きをするようなことがおりおりある。こういう境涯において、女などが外へ出て住みたがるのは無理でない。ことにこの島の婦人には強いところがある。甲乙の組合を分けて競争させると、道造りなどには篝《かがり》を焼いて徹夜に働くこともある。運動会のもよおされる日には、旗を立てて男たちを迎えに来る。役場にもめごとでもあって、村の男の押しかけて来るときには、垣根の外はこれに声援する婦人で、一杯になるくらいであると言う。もっと南の大洋の島々の、女の地位風習などを考えあわせると、どうしてまたこのような、きつい気性が根ざしたものか。はたまたこれが将来にどういう運命を開いていくものか。自分などにはとても判断をすることがむつかしい。

この島の風俗の中には、他の沖縄の諸島を中において、初めて葦原の中つ国と、根原が一つであることを知るものが多いように思う。たとえば門の口に文字のない石敢当を建てる風、式日や葬祭の日に猪をほふる風などは、いずれも大琉球の文化をとおしてみないと、見なれぬわれわれにはあまりに異ように感ぜられる。言語においてもまたそのとおりで、不意に行き逢《あ》うては本の由縁を心づかぬほどに、われわれの常の話とはかわっている。これ皆久しい間、島と島とが船の交通を、杜絶《とぜつ》していた結果である。われわれはかつて大昔に小船に乗って、このアジアの東端の海島に入りこんだ者なることを知るのみで、北から次第に南の方へ下ったか、はたまた反対に南から北へ帰る燕《つばめ》の路をおうてきたものか、今なお民族の持ち伝えた生活様式から、も一つ以前の居住地を推測する学問が進まぬためにいかなる臆断でもなりたちうるようであるが、少なくともこれらの沖の小島の生活を見ると、それはむしろ物の始めの形に近く、世の終わりの姿とはどうしても思われぬ。すなわち大小数百の日本島の住民が、最初は一家一部落であったとする場合に、与那国人の今日の風習が、小島に窄《すぼ》んだからこうなったと見るよりも、やまとのわれわれが大きな島に渡った結果、今日の状態にまで発展したと見る方が、はるかに理由を説明しやすいように思われる。北であふれて押し出されたとするには、平家の落人でもない限りは、こんな海の果てまでは来そうにもないが、南の島にまず上陸したとすれば、長くはいられぬからどうかして出て来たであろう。そうして取り残された前の島の人を、必ずしもしばしば想い出すことはなかったかも知れぬ。かりにこの推測があたっていたとすれば、われわれはまことに偶然の機会によって、遠い昔の世の人の苦悶を、わずかながらもこのあたりの島から、見出しえたことになるのである。

先島各地はつい近いころまで、何か仔細《しさい》があってか沖縄本島のことを、悪鬼納の三字をもって書きあらわしていた。士族にとってはその悪鬼納への渡海が、戦陣にも相当する苦しい役であった。王命とあれば唐へも大和へも行き向こうたが、三つに一つはその船が帰らなかった。たまたま漂流して生きてもどった者に、恐ろしい異国の島の話があった。与那国の人たちはもう忘れたかと思うが、毎年一度一丈二丈の大草鞋《わらじ》を作って、海に流して外敵を畏嚇《いかく》したと言い、あるいはこれと反対にそんな物が、どこからともなく流れてきたとも伝えられる。こうして五里、三里の小さな孤島に閉じこもり、限りある平和を楽しんだ時も長かった。荒海はまことに堅固たる障壁であって、これを守っておれば外界の幸福と比較して、いたずらに憂《うれ》えいきどおるべき場合も起こらぬはずであったが、悲しいかな不老不死の薬は、島の内では求めえられなかった。除福の船はまた新たに出でて蓬萊《ほうらい》の島を求めねばならぬようになった。むなしく待つ者と、ついに帰らぬ者とに、島の民は、ふたたび二分せられんとしている。

七

民族去来の悠久の足跡は、とてももうわからぬ問題としておいて、自分はなお石垣の港の町を、五十里をへだてた与那国を知ろうとして歩いてみた。庭に仏桑花《ぶっそうげ》の紅く咲く家に、まだ一人の与那国の女がいた。その名をナサーと言って不幸なるゴンボウの孤児であった。五つの年から母の島へは帰ったことがない。成長の後にある男に連れられて、与那国に住むつもりで渡って行ったが、刑事事件が起こってまたその船で男は引きもどされ、自分もついにひとり止まっていることができぬので、石垣まで帰って元のしどけない生存を繰りかえしている。よく歌いよく飲む妙な女だということを、いく度か土地の人から聞いただけで、自分はそれ以上のことを知る機会をえなかった。

また一人のアメリカへ行ってきた女がある。マクダ部落の貧しい家の外に、高く細い木の臼で漆喰にする土をこつこつと搗《つ》いていた。あれがバァンクーバーという女です。与那国の者です。一つこちらを向かせてみましょうかと言って、親切な案内者がホーイと甲高《かんだか》い声で呼んでくれたが、早くから知っていたか、振り向きもせねば頬の肉も動かさなかった。物ごしはすらりと上品な女であったが、いかにも気の毒な悪いきものを着ている。帰ってきた当座には靴もあり帽子もあり、仕事着という洋服も持っていたが、二、三年の内においおい破れてしまったそうである。これは亭主に棄てられてもどって来たというばかりで、最初からよくない経歴の女ではなかった。それに年も若くて美しかった。親類の者がたびたび与那国へ帰るようにと来てはすすめるが、何としてもこれに従わぬのは意地であろう。今ではこの石垣島の生活にも倦《う》んでいる。こんなくらいならば何をしてなりとも、カナダに残っていたものをと、おりおりは嘆息するそうである。そうしてこれが後にはどうなってしまうものか。やはり今までの多くの島の婦人のごとく、しようもなく早く老いてしまうのではなかろうか。子を持たぬという不幸は、島においてはことに堪えがたいもののように思われた。

南の島の清水

むかし手にくだる、なさきから出じて、なまに流れゆる、ちゆ田の手水　（金武節《きんぶし》）

昔手に汲みだす、いつの代がやたら、水やなままでむ、澄みておすが　（同　上）

一

沖縄では組踊り[34]の「手水《てみず》の縁」が、めったに興行を許されぬようになっても、晴れて日の照る日の許田《きょだ》の入江の村を通る者は、一人として昔その泉のかたわらにおいて、清水を手に掬《きく》して若き旅人に飲ましめたという美しい少女を、想い出さぬものはないであろう。際限もなく古い親々の代から、一つ物語がしばしばその影を変じて常に清新に、幽艶の調べは流れて長く絶えざること、あたかもこの里の泉の水のようであったのは、これにもまた二つの源頭《げんとう》があるからである。その一つはすなわち清水を恋いしたう島人の心もち、その二はどこまでも泉に纏綿《てんめん》した、村の女性の生活にほかならぬ。自分は前にも諸国の姥《うば》が井の由来について、少しくこの間の消息を説こうと試みたことがあったが、今度はまた南の島を旅行して、もう一ぺん誰かとこの話がしてみたくなった。しかし問題は込み入っており、私はなかなか忙しい。うまく簡単に説くことができればよいがと思う。

二

平和の緑の色に一ように取りつつまれた沖縄の村々も、水の一点だけには、いちじるしい幸不幸がある。概して言えば新しい村ほど、飲み水の不自由を辛抱せねばならなんだようである。那覇などもずいぶん古い湊《みなと》であるが、当初今日ほどの繁栄を予期しなかったために、近く良い井戸のある家はまことに少なく、他の多くは入江の対岸のウチンダ（落《おち》平《びら》）の泉から、はるばるとくんできて用いている。町をつらぬく堀川に潮が満ちて、翡翠《かわせみ》の往来が次第にまれになるころ、ぎいと梶の音をさせて入ってくるのは、すべて水売りの船である。酒屋の庫にあるような大桶にいくつも汲み入れて、家々に水を配ってまわるのである。また漆喰《しっくい》をよくした町屋の赤瓦は、その第二の目的としてこれで雨水を受けとめる。その末をタンクに貯えて、お茶の水にまで使っている家がある。

郊外に出てみると庭の木にななめに縄を張って、壺にわずかの雨のしずくを集めようとした家もある。瓦ぶきの多くなかった時代には、これが最も普通の方法であったらしい。八重山の石垣島などでも私の見たのは、福木の幹に一枚の棕櫚《しゅろ》の葉を結びつけ、一尺（約三〇センチ）ほど切り残した葉柄の端から、樹下の小瓶へ雨水のしたたるようにしてあった。先島は一帯に水が十分でなくて、島布なども多くは海の水をもって晒《さら》しているのである。

三

井戸をカワと言うのは、必ずしも沖縄の諸島だけではない。九州でも広くこれをイカワと呼んでいて、飲み水の供給が最初はみな天然の流れからであったことと、その流れをせきとめて水を一所に止住《しじゅう》せしめたのが、すなわちイという語の起原なることを示している。やまとの島で普通に見る掘り井戸を、宮古でも八重山でもツリカーと称《とな》えている。釣瓶《つるべ》をもって水を釣《つ》る井戸の意味で、その釣瓶は蒲葵の葉をもって、たくみに鸚鵡貝《おおむがい》のような形に縫《ぬ》うてある。大事に使えば一つが十日あまりも持つと言う。このごろは葉鉄《ブリキ》で作った同じ形の釣瓶もできたが、元の蒲葵で製したものは軽すぎて、使い馴れぬ者にはとても水があがらぬ。それればかりか深い釣井でも、水はいくらもなくておりおりは新たにわくのを待たねばならぬことがある。こういう井戸へ村中から、くみにかよう者は他の多くの民族と同じく、ことごとく村の女たちであった。ツリカーにくらべるとウリカーの方がさらに苦しい。ウリカーはすなわち降《お》りてくむ井戸のことで、宮古の平良《ひらら》などにはこればかりしかないようである。それも旧記には十何か所と記したものが、中にはもうまるで出なくなったのもあれば、洗濯にしか用いられぬ濁《にご》り水もある。ほんの人家の片脇などに、おいおいに掘りくぼめて九丈、十丈（約二七～三〇メートル）とななめにおりていくけわしい石坂を、石の稜《かど》がなめらかになるまで、毎日上下して、わずかの水を頭にのせてくる。それが昔からみな女であった。中世、島と島との恐ろしい戦いの時、八重山の島から捕われてきて、深くあやういスサカガー（白明井）の水をくみに日ごとに追いやられた美しい娘が、身の薄運をなげき親の家をしとうた古歌が、今もなお宮古の島には伝わっていて、その清水はすでに涸《か》れたと『古琉球』[35]の中にも書いてある。

四

あるいはこうした水までも足りなくて、はるばる船に乗ってもらいにくる島もある。沖縄本島では国頭《くにかみ》の古宇利《こうり》の島、先島では多良間の北沖にある水納の島などが、最も水にとぼしい土地として知られているが、大きい島でも村によっては、旱《ひでり》の苦しみを悩みぬく者がまれでない。そのいろいろの例を見た後に、島尻地方などの岡の根方に、珊瑚岩層の割れ目から、澄みとおった清水が滾々《こんこん》としてわきかつ流れているのを見ると、実際誰でも神の恩恵を考えずにはおられない。中世の南山王国の廃墟は、今は神社と公園と小学校とになっている。その石崖の東北隅に立って見おろすと、屋古《やこ》の古村の共同井がよく見える。

大木の蔭に石をたたみ、泉の口では水をくみ、そのかたわらでは器を洗い、その下では衣をすすぎ、その末では馬を冷やし、数十人の娘たちがおもしろそうに一所に働いている。カンジャーと名づけて旅の鋳物師《いものし》が来ては仕事をする小屋なども、瓦でふいて流れのかたわらに建っており、なお下流に行くと川に橋があり、水車もこの水によって回転し、数町歩の稲田もこれから灌漑《かんがい》せられている。おおよそ一村の生活は皆この泉を中心とするかのごとく、結局水くみ場のただ一か所であるのも、むしろ部内の親睦を増すの道であるように思われた。

『琉球国旧記』[36]その他の古い書物に、由来を伝えられた嘉手志川《かでしがわ》は、すなわちこの清水のことである。屋古は名を改めて今は大里と呼んでいる。古くは南山城の西の麓、すなわち糸満の港から登ってくる大手の口にあったのが、この泉をしとうて次第に丘の北側に移ってきた。嘉手志は沖縄語で、人の集まってくることを意味するというが、はたしてそうであろうか。土地の一説では、古くはまたカタリガーとも称《とな》えた。すなわち伝説の存する泉ということである。昔、大旱の年に人々船を仕立て、水を他処《よそ》の岸に求めんとしているところへ、一匹の犬が全身ぬれそぼたれてやってきた。不思議に思ってしばらく船出を見あわせ、その犬を先に立てて林の奥深く入ってみると、はたせるかなかくのごとき立派な清水がわいていた。そうして犬は水中に入ってたちまちに石と化し、その石は今なお泉の上に安置せられて、郷人の尊敬を受けている。古来の口碑はかくのごとくであるが、別に他村の霊泉にも同じ類の話がある上に、東方諸民族の間においては、これはむしろありふれたる物語であった。現に台湾山地に住む幼稚なる部落の間にも、犬に導かれて清水を見出したという旧伝が、いくらともなく存在するから、おそらくはこの島にあってもまた、話の方が泉よりもなお一層古かったのである。

屋古の語り井の歴史は、さらにまた南山王国の盛衰とも深い関係があった。最後の城の主島尻大里按司《あんじ》は智慮の短い人であった。佐敷小按司《さしきこあんじ》尚巴志が秘蔵する名剣を所望のあまりに、この泉をあたえてこれに交易したということである。尚巴志は泉の水を自由にしうるにおよんで、自分に懐《なつ》く者の田にばかり、これを引くことを許したゆえに、ついには南山城下の民はいまだ戦わざる前から、すでに敵の佐敷小按司に、帰服してしまっていたと伝えられる。もちろんこれもまた物語ではあろうが、とにかくに泉の徳は神の徳であって、かねてまた王の徳であったことが、島に来てみるとおおかたは想像しえられるのである。

五

いわゆる白鳥処女の伝説は、かつて高木敏雄君[37]によって、その起原と分布とを説かれたことがある。神が人間界に配偶を求めたもうこと、鳥の形をしてこの世と往来したもうことは、いたって広くかつ久しい伝承であるが、それが進んで三穂の松原や、近江の余吾湖《よご》の様式を取るにいたったのには、またその地方に相応した何ぞの事情があったはずである。そうして沖縄の島では泉の神の信仰が、明白に物語の一要素をなしていたことを認めざるをえない。それにつけても玉城朝薫《たまぐすくちょうくん》の銘苅子《めかるし》の一曲が、あまりに謡曲《ようきょく》の羽衣に近いのは不本意である。沖縄の天女譚《たん》には、たしかにこの島の地方色があったのを、かの才子は軽々に看過してしまった。

銘苅子は那覇よりほど近い西海岸、安謝の村の農夫であった。『遺老伝』の一説に今の天久《あめぐ》の聖現寺の神なる熊野権現と弁才天とを、あらわし祀ったと伝うる茗苅翁子と、おそらくは同じ人のことである。安謝の村では茗苅子の祠堂《しどう》と言うものが、今もなお拝所の一つになっており、その由来談には謡曲の「羽衣」などには見られない、長い髪の毛の話が組み入れられてある。茗苅子はある日田より帰りがけに、泉に臨んで手足を洗おうとすると、七、八尺もある女の髪の毛が一すじ、水の上に浮かんでいる。不思議に思って、おりおりその泉近くに身をひそめてうかがううちに、ついに嬋娟《せんけん》たる神女が衣服を樹の枝に脱ぎかけて、水にくだって頭髪を洗うところを見つけた。よってその衣を取りかくし、さがしてやるといつわって家に伴い帰り、かつこれを娶《めと》った。後に一女二男を生ましむとある。その女の子がやや成長して、弟の子守をするときに、泣くな、泣かぬなら、やろうよ母の飛衣をと歌った。六股の倉に、稲束の下に、置き古してあるからと歌った。母の神女はこれを聞き、夫の留守を待ってその衣をさがし出し、恩愛の絆《きずな》を絶ち切って、たちまち天界に飛び帰ったと伝えている。

六

『球陽』には右の古伝を録して、某の王妃は実にこの神女の胤なりと言っている。しかものんきな書物もあったもので、ほとんど全くこれと同様の物語を、さらになお二つまで同じ本の中にのせているのである。第三王朝の第一世に察度《さつと》王という人は、微賤から身を起こした浦添の按司《あんじ》であったがその家にも飛衣を隠されて凡夫の妻となった天女の話がある。やはり泉のかたわらでとらえられたことになっており、子供の歌から衣の所在を知ったのもまた同じである。

　第三の話も多くの点においてこれと似ているが、場処は隣村の西原間切《まぎり》、我謝《がじゃ》の烏帽子《えぼし》井という泉であり、農夫も小波津仁也《ごはつにや》という別の家の先祖であった。この天女のみは天へ帰る時に、二人の子をつれて行ってしまったと伝えられ、一つ話の一つ天女のことは認めにくくなっている。しかもこの井は長く霊泉であって、元禄三年以後にも三年に一度ずつ、中山王国の斎宮《さいぐう》女王たる聞得《きこえ》大君《おおきみ》が、親しくいたり拝したもうほどの崇敬であった。井の上には神の御嶽があり、その神の御名は「君が御水主が御水威部」、疑うところなくこの泉の神であった。以上三か所の羽衣の物語の他に、『琉球国由来記』[38]と『琉球国旧記』

には、大里間切宮城村の、久場堂御嶽の下にある遠蘇古井という泉にも、また農夫に嫁したる第四の神女があったことを記している。農夫この清水に近く家住みて、しばしば天を射るほどの光がこの井からさすのを怪しみ、夜ふけ人静かなる時これをうかがうと、この世ならざる清い女性が、五彩の衣をかたわらの枝にかけて、ただ一人水際に立つのを見た。それから後の話は茗苅子に同じく、これも一男一女を生んだとある。ただ異なる点はこの神女は、ついに飛衣を見つけ出すことをえなかった、長く人界に留まり死してその骨を久場堂御嶽の大石の中に蔵したということである。嶽の神の御名は「一つ瀬安真遠《あまお》礼司《れつかさ》の御威部」と伝えられる。アマオレはすなわち天降である。ツカサは神の名にしてまた神に仕うる女のことをも言う。一つ瀬はその神女の骨を納めた大石の名というが、それはあるいは干瀬から運んできた石を、大瀬などと呼ぶことにもとづく想像であって、やはりもと内地と同じように、沐浴の場所を意味した語であったかも知れぬ。すぐれた先祖の骨を保存し、洗ってこれを祀ることは島の宗教のいちじるしい特色であった。この天女の生んだ女子、後にこの村のノロ（祝女）となったという伝えもあって、人間に帰化してしまった天女の家すじではあったが、やはりその最初の母を、天くだる姫神としてこの御嶽には祀ったのである。

七

やまとの島々の神道においても、神は井の上《かみ》、清水のほとりなる霊地に、くだりたもうと信ぜられた例は多いが、至極《しごく》の篤信者でなければお姿を拝むこともできず、ただ神を代表するよりましの女によって、間接のお声を聞くばかりであった。これに反して南の海の島々ほど、昔から天降りの盛んであったところはない。世に大事の起こる時、人に善悪の争いあるときはもちろんのこと、何年に一度かあるお祭の時にも、ないしは人の信仰のやや衰えんとする時にも、万人一同に神のお姿を拝んだということは、だんだんの記録がある。それがまた決して大昔の世のことのみではなかった。今から百七十年前の宝暦年間にも、前年東宮《とうぐう》殿下の御上陸なされた与那原の浜に、天女三人降《くだ》って多くの人に拝まれ、水などを浴みて長く遊んだと、『大島筆記』[39]その他の本に述べてあり、それからさらに四十何年の天保九年にも、久高の島に二柱の神あらわれたまい、全村これを拝せざる者はなかったと『球陽』[40]にはある。個々の信者の見聞でないだけに、ふつうの幻覚とも断定してはしまわれぬ。自分の考えでは、これが古くから言うところのミステリーなるもので、価値においてはいささかも現実と違わぬ、特殊神聖なる演劇ではなかったかと思う。かりにこの推測のごとしとしたならば、その神に扮した者は誰あろう。神に通じかつ物忌みの最も固かったノロすなわち村々の祝女でなければならなかったのである。大里宮城のノロの始祖が、御嶽に霊骨を蔵する天くだりの司《つかさ》である理由は、ただこの解釈によってのみ、荒唐無稽でなくなるのである。

また次のような話も伝わっている。右の宮城に近く、同じ間切《まぎり》の稲嶺《いなみ》の村では、毎年春の初めの稲穂祭の日に、他の多くの村とは違って、ノロが神々のトン（殿）を巡拝することをせぬ。その由来は、むかし隣の部落の湧稲国《わきいなぐに》の里に、容色絶世の若い祝女があったのを、富盛城の主なる伊茶謝按司《あんじ》深く恋慕して、百方これに近づこうとしたけれども許さなかった。稲穂祭の前のころに、このノロ寒水井の泉に行って神衣《かみんす》を洗い、これを岡の上に白々と晒《さら》しておいたのを、按司はるかに望みいぶかって、人を見せにやってこれを知り、時こそよけれと刀を帯びて進んでこれに迫った。若きノロはその威勢におそれて、深く御嶽の奥に隠れ、ついに祭の日にも里に出て殿巡りをしなかった。それが毎年の例となり、湧稲国と稲嶺ばかりは、祝女がこの巡拝をせぬことになったと伝えられる。

この物語のごときは、現実の歴史としても何の差しつかえもないのであるが、しかも泉と言い白き衣を乾すと言い、神を祀るべき美女と言うによって、またこれ一箇失敗したる茗荊子、ないしは小波津仁也の話ではなかったかを思わしめる。しからざればかの髪長き天女なるものが、夙《はや》く人間の最も気高い者を意味していたのではないか。人天《にんてん》の堺《さかい》の線は本はかならずしも明瞭ではなかった。そうしてあたかもその境の上に立って、いわゆるのろのろは神に仕えていたのである。知念間切《ちねんまぎり》の斎場御嶽を始めとして、村々の霊地はことごとく男子の立ち入ることを禁じていた。島々の祭の中には、今でも男の見ることをさえ許さぬものがある。祝女は神にかしずく女であれば、本来人間の男の近づきえざる清らなものであったのを、政治の権力が宗教のそれよりも一段と強くなってから、押してその物忌みの衣を取り隠す者を生じ、次第に神の国を遠く考えねばならぬ世の中に、なっていったのではなかろうか。国頭地方の村々には、今もって公然の夫を持ちえない祝女《のろ》がある。祝女のサトとなる男は長く生きぬという話もいく度か聞いている。神をめとるということき奇抜なる空想も、古風な社会においては少なくとも不自然でなかった。

八

これにつけてなお思いあわすことは、久高《くだか》の島で最近まで行なわれた刀自覓《とじもと》めの習慣である。この島では人の妻となる者は、かならず祝言の席上から逃げ走って、十日、二十日の間、新郎に捕えられぬように努めねばならなかった。このごろ向上会と称する青年団の骨折りで、逃げ隠れている期間は四日を越ゆべからずと申しあわせ、女たちはむしろひそかにこれを喜んでいるということだが、今までは早くつかまった花嫁を、何かみだらな女ででもあるかのごとく、あざけっていたそうである。今の外間《ほかま》のノロクモイのごときは、七十二日の間見つけられなかったと自慢している。周囲一里とすこしの小島の内ではあるが、御嶽の中には男子がはばかって入らぬために、これへ逃げこめば何日でも捕えられずにいることができた。多くの女はしばしば里へ食事にきたり、あるいは自分がまず退屈して、そっと住所を知らせてきたりするゆえに、三週間とは続かぬのだと、この老女は言ったそうである。こういう半ば馴れあいの逃げ隠れであるが、それでも新郎は多くの友人の助力を頼み、実際血眼《ちまなこ》になってさがしまわり、つかまればまた髪の毛を鷲づかみなどにして、手荒い折檻《せっかん》をするのが作法である。昼間捕えると一室に押しこめて張番をつけておき、夜見つけたらすぐ寝てしまう。この時に花嫁はかならず悲しい声を立てて泣くことになっている。その声を聞きつけて附近の人々、どこそこの嫁もとうとうつかまったと見える。ずいぶん長かったとか、または少し早すぎるようだとか、とりどりの評判をするという話である。

これは祝女でもないただの女には、無用の手数のようであるが、久高の島では実は全部の成長した婦人がカミンチュ（神人）である。十二年に一度ずつ、午《うま》の年をもって行なわるるイザイ法という式の日に、七つの木の橋をとどこおりなく渡って、一人より他の男は設けなかったことを、神と村人との前に証明しえた刀自たちは、ことごとくその日から神に仕える女となり、祭のたびごとに二日前から小屋にこもって、いたって重い物忌みをする。男に逢わぬはもとよりのこと、乳飲み子までも引き離して、時々小屋の外へ呼んできては乳をあたえるばかりである。これほどまでにしなければ、島の神々のお恵みに答うるにはたりなかった。久高の男は年中海に出て働いているので、農作は全部が女の手業《てわざ》であった。しかも穢《けが》れを忌《い》むことがあまりにおごそかなるために、冬分は畠に肥料をほどこすこともできなかった。一度肥《こや》しを持てばすぐに海にくだって、髪の毛までもよく洗わねばならぬのが寒いからである。

九

銘苅子の天女が羽衣を泉の上の枝に引っかけたほかに、長い長い髪の毛を水の上に残しとどめたというのも、やはり沖縄諸島の神道と何かの関係があるらしい。宮古島にはツンネーリ（鼓練）という神祭の尊い踊りがあって、今も平良の村で形ばかりこれを行のうている。昔、根間《ねま》の伊嘉利《いかり》という人孝心深く、父の墓のかたわらに廬《いおり》して昼夜泣き悲しんでいると、おりしも天川崎というところに泉わき出で、仙女天くだりしてこの水に沐浴す。伊嘉利はこれを知らず夢に父蘇生《そせい》したりと見て驚き喜んでそこへ行ってみると、異香空に満ち奇妙なる髪毛が二すじ落ちていた。これを拾うて帰ろうとすると忽然《こつぜん》として仙女あらわれその毛を乞い受けて去った。鼓練の神の曲はその後磯辺をあるいていて異人に逢い、三年の間、海中の島に遊んでこれを学んでもどったと、『宮古島旧史』[41]には記している。しかるに別に沖縄の方へ伝わった『遺老』の一説においては、話はいちじるしく浦島子に近くなり、仙女は単に根間の伊嘉利の孝心を賞《め》でたのみならず、長い三すじの髪の毛の返却を徳として、他日みずから来たって彼を竜宮の金殿玉楼に誘うた。ただの三日と思ったのが、帰ってみれば人の世の三年であったとある。しかもこの時に学んできたという神踊りは、それ以来十二年目に一度の九月吉日に、根所に集まって厳重にこれを行のうていた。これに与《あず》かる者二十五人、内一人は冠に白鷺の羽をぬきつらね白い装束を着て、鶏の尾羽の冠に紺の衣を着た二十四人に取りかこまれ、『名蔵草紙《なぐら》』という詞をとなえ、拍子を取り鼓を打って十三日の間踊るのが、中古までの例式であったと言えば、仙女がいたずらにかりそめの縁を結びに、出現したのでなかったことはほぼわかる。

沖縄本島でも首里に近い南風原間切《はえばるまぎり》の与那覇《よなは》に今一つ浦島に似た話がある。美しい女性に誘われて竜宮に遊び、わずか三月と思って帰ってみると、この世はすでに三十三代を経て、もう子孫という者もなかった。これを怪しんで開くなといましめられた紙包みを解くと、中には白い髪毛があるのみで、それがみな飛んでこの男の顔にくっつき、たちまち衰老となって死んだとある。よくこれだけまで似たものだ、あるいは一方の輸入かとも思われるが、しかも最初に仙女に逢うた因縁は、亀を放して助命したのでなく、やはり宮古島の根間の伊嘉利と同じく、浜に出て異常なる髢《かもじ》を拾い、翌日落とし主を探して美しい女性に返したためで、これすなわちわが物なり、なんじは真に善人ということになって、海の都には招かるるにいたったのである。この沖縄の浦島太郎が、死して葬られたという地は後に御嶽になった。その山には桑の木が多く野生し、もとこの男の突き立てた桑の杖が、成長して繁茂したと伝えている。杖はすなわち旅人のしるしであるが、しかしその杖を伐ってきた神の島は、もういずれの海にあったかも不明である。

十

際限もないから話はこの辺で止めたいが、要するに沖縄諸島の神女は、ことに沐浴を愛した。あたかも村々の祝女が霊泉によって、その清浄を保とうとしたのと同じである。その泉はまた酒をかもすにも必要であった。酒造りもまた女の仕事である。そうして仲城安《なかぐすくあ》里《さと》の佐久井などのごとく、井の畔で神女に逢い、夕ごとに一壺の酒を賜わった話もある。女房がこれを嫉《ねた》んで行ってみると、壺の酒はすなわち変じて水となるということ、本州諸国の強清水《こわしみず》という泉に、しばしば「親は諸白《もろはく》、子は清水」の話を伝えるのとよく似ているが、ただ沖縄の酒泉伝説においては、その村のノロは長くこの井の水をくんで、稲祭の日に神に供えていたのである。暑くして水の大切な島であるがゆえに、泉に伴う神の口碑が多いのか。はたまた女性が祭と水とをつかさどるがゆえに、水の辺に神を拝するの風が、次第に恋しなつかしの情緒をさそうようになったのか。許田の手水《てみず》を始めとして、美しい多くの夢物語が、往々にして清水と処女とを結びあわせ、島人の文学に向かって無限の涼味と休息とを供与せんとしている。いずれにしてもそのよってくるところは久しいのである。

これにくらべてみるとやまとの島のわれわれには、少しばかりきまりの悪いことがある。こちらの方でも海近くなどの水の恋しい地に、はからず清冽《せいれつ》甘美なる泉を見出すことはあるが、そういう場合には多くは弘法大師を説き、かつこれに配するに一人の老婆子をもってする。あまりとしても彩色がくすんでいる。昔はきっとこうではなかったろうと思う。大師が全国を行脚《あんぎや》して、水ばかり求めていたのもよろしい。たった一杯の水の親切にめでて、立派な清水を善良なる老女にあたえたまではよろしいが、少しく不親切な隣の婆があれば、すぐにまたその制裁をくだして芋を石芋にし井戸を塩水、泥水にして行ってしまったというのは、仏法の祖師よりもむしろはるか以前の神様のごとき、はげしい愛憎ではなかろうか。沖縄へは幸いにしてこんな弘法大師は渡らなかったが、やはり若干《じやつかん》の最も世話焼きなる、かつなかなか機嫌の取りにくい旅人が昔あるいていた。たとえば佐敷間切の津《つ》波古《はこ》の村においては、古くから稲の大祭を行なわず、また五月六月の稲刈時に際して、決して驟雨《しゆうう》が降らぬ。これはかつてこの里の名水多和田井《たわだ》の側において、ある老女が水をくもうとしてきてみると、井戸の左手の石の上に立って、水を一杯と所望した人がある。老女はすなわち持ってきたマガリ（碗）の縁をわざと打ち欠いて、それから水をくんで進《まい》らせた。何のために打ち欠いたかと旅人が問うと、私が平生用いている器で、穢《けがれ》があってはおそれ多い。どうかその欠いたところから飲んでくだされと答えたので、旅人の機嫌は非常によくなり、この村では何か困ることはないかとある。農作忙しき最中に二度の稲祭のあることが一つ、稲を刈り乾すころの夕だちの難儀がまた一つと答えると、よろしいこれからは、五月六月ににわか雨は降るまい。稲の大祭はせずともよしと、こういう約束をしていった以上は、神様に相違がなかった。ゆえに井の左にある石を記念として祀《まつ》っている。わずか茶碗の縁を少し打ち欠いただけの誠意にも、これだけ十分なる恩恵がむくいられた。いわんや許田の手水は花よりもさらに艶なる若い娘が、玉の手に透きとおる水をくんですすめたのであった。その旅人がもし旅の神ならば、かならずやその泉をして、いよいよ澄みいよいよ甘くつめたからしめ、歌ともなりまた物語ともなって、流れて永遠に島人の情をやさしく、夢を清からしめんとしたことであろう。日本の神代史のわたつみの宮は、すなわち琉球のことだろうという説がある。しからば大昔、最も尊くしてかつ若い神が、海で失せたる宝の釣針をさがしに、はるばると離れ小島の旅をなされた時、百枚さす湯津香《ゆつかつ》木《ら》の樹蔭において、少女の手に持った玉の碗から、楽しくお飲みなされたという清水は、今はたしていずこの海端に湧《わ》きかつ流れていることであろう。平和豊饒なる村里の数がおいおいに多くなって、かならずしも精確に神のおよろこびの場所を記念しえずとしても、われわれはなお長く清き泉に対して、この民族の優雅にして敬虔《けいけん》なる性情が、自然に神に仕える道に適していたことを、想像することができるのである。

炭焼小五郎が事

一

大正九年の九月一日であったかと思う。私は奥州の海岸を伝うて、とうとう尻屋《しりや》岬の突角にたどり着き、灯台裏手の岩に腰をかけて、荒く寂しい北方の海を眺めた。三戸《さんのへ》郡の鮫《さめ》港から、この附近に来て事業をしている本間君という人が、最も親切に世話をしてくれたので、別れに臨んで今に南九州に遊びに行くから、南の端の大隅の佐多岬から、必ず通信をしようという約束をした。ちょうどまる四か月の旅行の後、予定のごとく佐多の田尻という村に宿して、元旦の鶏の声を聞き、年始の状を本間君へ出したときは、何か大きな仕事を終わったような、満足を感じたことであった。佐多の灯台監守の三宅《みやけ》氏は、家は相州にあるが尻屋のこともよく知っていた。尻屋や遠州の御前崎、あるいは豊後《ぶんご》水道の水之子などでは、渡り鳥の季節には灯台の光に迷わされて、大小無数の鳥類が、突き当たって落ちて死ぬというが、佐多では神の森がよく茂っているためか、そのようなことが少ないという話もした。こんな細長い日本の島が、一つの国であるために生活事情もまた一つで、坐して千里の天涯にある雪の荒浜を、あたかも隣家の噂《うわさ》をするごとく話し合うことが、この日は特別にありがたく思われた。

佐多の島泊《しまどまり》から伊座敷に越える山路を、豊後から来た炭焼きが独力で開いた話は、[42]もう本文にも書いておいたが、どう考えてみても自分には、奇縁とより他は感ぜられなかった。豊後は今においてなお炭焼きの本国である。その一半は進化してナバ師すなわち椎茸作りとなり、各地に招かれて、盛んにナバ木の林を経営しているが、他の半分は昔ながらの炭を焼くべく、このごろは主として隣国日向の東臼杵の奥山に入っている。炭焼きには人も知るごとく、現在なお伝授を必要とする技術があって、同じ楢《なら》なり櫟《くぬぎ》なりを伐っても、土地と竈《かまど》とによって出来る炭には差等《さとう》がある。しかも普通の民家に火桶を用いるにいたったのは、煙草などよりもさらに新しいことで、偏土の山に炭を焼いた始めは、必ず別に尋常ならざる需要があったためと思われる。さすれば何がゆえに豊後の炭焼きのみがはやく人に知られ、ことには小五郎長者の物語が、遠く久しくもてはやされるにいたったか。『大分県方言類集』によれば、宇佐郡などで炭をイモジと言うとある。これがもし炭の最初の用途を語り、さらに一歩を進めて宇佐の信仰の極めて神秘なる部分、すなわちいわゆる薦《こも》の御験《みしるし》、黄金の御正体の由来を解き明かす端緒ともなるならば、われわれの学問は長く今日のしどけなさに棄てておかれる患いもなく、夢のような村々の歌がなおいたって大切なる昔を、忘却から救うていたことを、おいおいに認める世の中がくるであろう。

自分は尻屋外南部の旅を終わってから、船で青森湾を横ぎって津軽に入り、弘前《ひろさき》の町においてはじめてこの地方の炭焼長者の話を知った。豊後に起こったことは疑いがない炭焼きの出世譚が、ほんのわずかな変更をもって、本土の北の端までも流布するのはいかなる理由であるかを訝《いぶか》るのあまり、やや[43]長い一篇の文を新聞に書いておいて、九州の旅行には出て来たのであった。豊後をあるいてみると考えねばならぬことがいよいよ多かった。それから途上に幾度となくこんなことを空想しつつ、この大隅の佐多の島泊までやって来て、そうしてまた豊後の炭焼きの小屋の前を過ぎたのである。自分の想像では、豊後の国人は今でも炭焼きをもって、微賤にして恥ずべき職業と思ってはおらぬようである。聞いてみる機会はなかったが、この小屋の主人なども、あるいは炭焼きだからこういう尊い事業をするのだと考えていたのかも知れぬ。近年石仏をもって一層有名になったが、臼杵の城下に近い深田の里には、小五郎が焼いたという炭竈の址《あと》あり、岩のくずれの間から炭の屑の残片という物が無数に出る。長老の後裔《こうえい》と称する家には、俵のまま焼けた炭が二俵と鉈《なた》などを持ち伝え、一年一度の先祖祭にこれを陳列して人に見せる。あるいはまた家伝の花炭と称して、七十八代の間連綿として、これを製したという由緒書きも伝わっている。すなわちある特定の家族においては、この物語は今も決して単純なる文学ではないのである。

大昔、小五郎の炭を焼いたのは、別に重要なる目的のあったものと、推測する人は近年はすでに多かった。長者大いに家富みて後に、召されて都に登った愛娘の船を、遠く見送って別れを惜しんだという姫見嶽から、この深田の村近くまで、現にみな金銅鉱の試掘地に登録せられている。前に臼杵の警察署長で、後に大分銀行の支配人となった某という人が、伝説から思いついて出願したのがもとであるが、今はある大阪人が買い取って権利を持っている。ここから七、八里（約二七〜三一キロ）離れた大野郡三重町の内山も、内山観音の縁起によれば、小五郎の初の在所であって、炭を焼いていた故迹は、ほど近い神野《こうの》の山家であったと伝える。しかもその焼いた炭をどうしたかということには考え及ばずに、例の朝日さし夕日かがやく云々の歌などによって、長者の宝を埋めた地を見つけようと、そこらを掘り返した人がいくらもあった。明治の少し前にもこの内山で、金の蒲鉾《かまぼこ》形の物を多数に発掘したことがあったと言う。それを買い取って外国人に売り、後に発覚して獄に投ぜられ、維新の大赦で出牢を許された人のあることを、その実物を見たという人の子息から、匿名で知らせてくれたこともあった。伝説の歴史とは、人がこれほど賢くなってしまった時代までも、まだ紛乱し混淆《こんこう》し、かつ身勝手に誤解せられているのである。いわんや郷土を愛する人々は、多く一地方の古伝に割拠して、目前の因縁関係をすらも否認するために、一層この問題が解きにくくなってしまうのは、まことに是非もないしだいである。

二

炭焼長者の話は、すでに新聞にも出したのだから、できるだけ簡単に、その諸国に共通の点のみを列挙すると、第一には極めて貧賤なる若者が、山中で一人炭を焼いていたこと

である。豊後においては男の名を小五郎と言い、安芸《あき》の賀茂郡の盆踊りにおいても、その通りに歌っている。すなわち、

筑紫豊後は臼杵の城下
藁で髪ゆた炭焼小ごろ

なる者である。第二には都から貴族の娘が、かねて信仰する観世音のお告げによって、はるばると押しかけ嫁にやってくる。姫の名がもし伝わっていれば、玉世か玉屋か必ず玉の字がついている。容貌醜くして良縁がなかったからと言い、あるいは痣《あざ》があったのが結婚をしてからなくなったなどと言うのは、いずれも後の説明かと思われる。第三には炭焼きは花嫁から、小判または砂金を貰って、市へ買物に行く道すがら、水鳥を見つけてそれに黄金を投げつける。それがこの物語の一つの山である。

おしは舞い立つ小判は沈む

とあって、鳥は鴛鴦《おしどり》でありあるいは鴨であり鷺鶴であることもあって一定せぬが、とにかく必ず水鳥で、その場所の池または淵が、故跡となってしばしば長く遺《のこ》っている。第四の点はすなわち愉快なる発見である。なにゆえに大切な黄金を投げ棄てたかと戒められると、あれがそのような宝であるのか、

あんな小石が宝になれば
わしが炭焼く谷々に

　およそ小笊《ざる》で山ほど御座る
と言って、それを拾ってきてすぐにするすると長者になってしまう。
　右の四つの要点のうち、少なくとも三つまでを具備した話が、北は津軽の岩木山の麓《ふもと》から、南は大隅半島の、佐多からさして遠くない鹿屋《かのや》の大窪村にわたって、自分の知る限りでもすでに十幾つかの例を数え、さらに南に進んでは沖縄の諸島、ことには宮古島の一隅にまで、若干の変化をもって、疑いもなき類話を留めているのである。こと小なりといえども看過すべからざる奇事であって、自分が日本のフォクロア興隆のために、何とぞしてその由来を究めたいという誓願を立てたのも、またのがれがたき因縁であった。
　炭焼小五郎は莫大の黄金を獲得して後に、その名を真野《まの》長者と呼ばれ、あるいはまた万之長者とも謳《うた》われている。真野長者の栄華の物語は、中世民間文学のまっただ中であって、豊後と言えばたちまちにこの長者を思い浮かべるほど、都鄙《とひ》を通じてよく知られていたのであるが、不思議なることにはその出世の始まりを語った、炭焼婚姻の一条のみは、これを豊後のできごととして、認めざる者がはなはだ多い。現に津軽においてはこれを伯爵家の系図の中に編入し、第四代左衛門尉頼秀、幼名は藤太、元仁元年九月生まる。六歳の年父秀直、安東勢と津軽野に戦いて討死す。よって乳母にたすけられて姉の夫橘次信次のもとに匿《かく》れたり。橘次は新城《しんじょう》の豪族にして、黄金を採掘してこれを売りて富を致す。藤太を常人とともに使役して敵を欺かんと、戸建沢の山中に遣《や》りて炭を焼かしむ。ゆえに人呼びて炭焼藤太というとある。民間においては近衛殿の女福姫、もとはなはだしい醜婦であったが、津軽にさすらえ来たりてある川の水に浴し、忽然として美女となり、のち炭焼藤太殿に嫁したもうなどと言う。鳥に小判を投げたということも、あるという話である。これらの古伝の少なくとも一部分が、外部からの混入であることは、愛郷心の強い学者たちもこれを認めている。津軽と近衛家との関係のそのように古くはないこと、あるいは藤太の母が唐糸《からいと》御前で、[44]すなわち最明寺時頼の落胤《らくいん》であったという説の無稽なことなどは、今や誰もこれを争う者がない。しかも自分などが最も明瞭なる輸入の証とする点は、かくのごとき消極の村料ではなくて、炭焼藤太という名前であり、また橘次という金売のあったことである。豊後の方ではこのことはさらに説かぬが、東日本へ進むほどずつ、金売吉次《かねうりきちじ》が突進して、炭焼きの藤太と近接せんとする。なかんずく羽前村山郡の宝沢《ほうざわ》と、岩代信夫郡の平沢とには、ともに炭焼きの藤太が住んでいた遺跡があって、水鳥に向かって小判を打ちつけたという池も、双方ともにちゃんとあり、さらに縁あって遠国から来た花嫁の忠言により、後に無量の黄金を得たときには、いずれもこの水をもってこれを洗ったように伝えている。吉次吉内吉六三兄弟の金売は、すなわち藤太の子どもであって、彼らは単に父の幸運をもって授かったものを、都へ運んでいたにすぎぬことも、二所同様の口碑である上に、記念として今日に残るものに、福島にあっては隣村石那坂の吉次宮あり、山形の吉事の宮は、後に両所宮と改称して、鳥海月山の二霊山を奉祀すと言うもなおかつ義経が願いを受けて、吉次信高これを再建すと語り伝えるのである。兄弟の金売が家の跡と称する地は、もちろん京都にもあれば、平泉の衣川の岸にもある。しかるに陸前栗原郡の金成《かんなり》村には長者屋敷と名づけてまた一つ彼らの故郷があり、近世に入ってからことにいろいろの珍しい財宝を掘り出したという噂を聞くが、この地においても父は炭焼きであったと言い、その炭焼きの名は藤太である。清水の観音のお告げを受けて、京から嫁に来た姫が徒渉《かちわた》りをしたという小《こ》䅈川《つまがわ》、藤太が姉歯《あねは》の市へ米を買いにゆく路で、雁に小判を投げたという金沼などもやはりあるので、理由は知らずずっと古い時分の、たがいに比較をするおりもないころから、こうして話は方々の土に、いずれも立派な根をおろしていたのである。

それを移植もしくは接木《つぎき》とみることは、われわれにはどうしてもできぬ。第一には模倣をせねばならぬ理由もなく、またそうする機会もありそうにない。すでに他郷でもてはやされていることを知れば、むしろ語り伝える張り合いがなくなるべきことは、近ごろようやく同種の珍談が、他府県にもあることを知った人々の、驚く顔失望する顔を見てもよくわかる。ただし少なくとも古い清水、濠《ほり》の跡とか無名の塚とか、いわゆる由《よし》ありげなるところには、その辺を浮遊する昔物語の破片が、いつの間にか来て取りつくことは、あたかも米を寝させると麹《こうじ》となり、木を伐り倒しておけば椎茸が成長するのと、ほぼ同じような作用である。口から耳へ伝承する文学の、書籍以上に保存がむつかしく、何かの原因で保存を業とする者がなくなれば、たちまち散乱して原の形を留めず、ただその中の印象強き部分のみがこうしてわれわれの記憶に残ることは、今の世の中でも普通の現象であって、これを考えるとこの種の偶合は必ずしも奇異ではなく、単にかくばかり広い地域にわたって、いかなる事情が同じ話の種を、播いてあるいたかを尋ねてみる必要があるのみである。

三

前代の地方人が伝承に忠実にして、はなはだ創作に拙《せつ》であったことは、四か所の炭焼長者の名がことごとく藤太であったというような、ささいな点からもうかがうことできる。これが心あっての剽窃《ひょうせつ》であったならば、むしろ名前ぐらいは変えたであろう。しかるにいくつかの山川を隔てて信州園原の伏屋長者なども、先祖は金売吉次でその父はまた炭焼藤太であった。阿智川の鶴巻淵はまた例の通り、鶴は飛び立ち小判は沈むという故迹であって、これも物語の要点はすべてみな、豊後の長者譚の第一節と異なるところがない。豊後の真野長者は小五郎であるが、それは炭焼きの子に養われてから後の名で、童名はやはり藤治と呼ばれていたとある。数多の国所を経廻って、これだけの月日を重ねて後まで、話の興味とはさして関係もなさそうな、名前すらも変化をしなかったというのは、おそらくは歌の口拍子の力であろう。

この序になお少しばかり、名前の点について考えてみたいのは、同じ盆踊りの歌でも筑前朝倉郡に現存するのは、芸州において臼杵の小五郎を説くに反して、別に「豊後峰内炭焼又吾」と言い、「又吾さんとも言われる人が、こんな宝を知らいですむか」ともうとうていた。峰内はすなわち三重の内山観世音の地をさしたものらしく、今もかのところに伝わっている長者の記録では、又吾は小五郎を養育した親の炭焼きの名であって、ここにまた一代の延長をみるのである。大野郡の三重と海部郡の深田とは、山嶺を隔てて若干の距離がある。長者が船着きの便宜のために、海にのぞんだ真名原の地に、居館を移したというのは説明であるが、しからば両所で炭を焼いていたという言い伝えは成立せぬ。とにかくに蓮城寺と満月寺と、二箇の仏地の縁起には矛盾があり、これを流布した者の間にも、近世東西本願寺のごとき争奪のあったことが、やや推測し得られるようである。その上にさらに一つの錯綜は、周防大畠浦の般若寺の方からも加わっているらしいが、これはまだ目がとどかず、かつ直接に炭焼の話とは縁がないから残しておく。これを要するに豊後の本国においては、かえって後代の紛乱があって、昔の物語の単純なる様式は、別に四方に散乱した首尾整然たらざる断片の中から、しだいにこれをたどり尋ねるの他はないようになったものと考えられる。

舞の本の烏帽子折《えぼしおり》の中に、美濃の青墓《あおはか》の遊女の長《おさ》をして語らしめた一挿話、すなわち山路《さんろ》が牛飼いの一段は、文字の文学として伝わった最も古い真野長者であろう。用明天皇職人鑑をはじめとし、近世の劇部はおおむね範をここに採り、現に豊後に行なわるる長者の一代記のごときも、あるいは翻ってその説に拠ったかと思うふしがあるが、もとよりかならずしもこれをもって、久しい伝承を改めざりしものと信ずるにはたらぬのである。長者の愛娘が観世音の申し児であって、容色海内《かいだい》に隠れなく、天朝百方にこれを召したまえども、ついに御仰せに従わなかったというのは、竹取以来のありふるしたる語り草ながら、これを仮りきたって後に万乗の大君が、草かる童に御姿をやつして、慕い寄りたもうという異常なるできごとを、やや実際化しようとしたところに文人らしい結構がある。しかるにその皇帝を用明天皇とした唯一つの理由は、生まれたもう御子が仏法最初の保護者、聖徳太子であったと言わんがためであったろうに、その点については何の述ぶるところもない。しかも牛若御曹司《おんぞうし》の東下《あずまくだ》りの一条に、突如としてこの長物語を傭い入れたには、なんらかの動機があったはずである。今は章句の蔭に隠れている笛の曲に、山路童の神秘なる恋を、思い起こさしむるふしがあったか。あるいは海道の妓女たちが、真野長者の栄華の物語を、歌にうたっていた昔の習慣が、こうしてなかば無意識に残っているのか、はたまた金売吉次三兄弟の父が、かの幸運なる炭焼きであったということが、まさにようやく信ぜられんとする時代に、最後の烏帽子折の詞章はできたのであろうか。いずれにしてもこの中に保存せらるる、山路と玉世姫の世にも珍しい婚姻は、すなわち豊後の長者の大いなる物語の一節であって、それも中世の語り部の興味から、はやすでに著しい改作を加えていたことを知るのである。

四

さかのぼれば源はなおはるかである。神が人間の少女を訪らいたもうということは、豊後においては嫗嶽《うばだけ》の麓に、花の本の神話として夙《はや》くこれを伝えている。神裔《しんえい》は長く世に留まり、すなわち緒形氏の一族と繁衍《はんえん》したという。緒形はまた大神田《おがた》とも書くものあり、大[45]和の大三輪の古伝と、本は一つであろうという説も、なおその拠りどころなしとせぬのであるが、さらにこれを隣国宇佐神宮の信仰に思い合わせるときは、まずその脈絡関係のことに緊切なるものあるを認めざるを得ぬ。八幡は最も託宣を重んじたもう大神であった。歴史の録するところに従えば、その巫女の言は時代を逐《お》うて進展し、現に朝家にあっては年久しく宗廟の礼をもってこれを斎《いわ》い祀られてあるが、当初は単にある尊き御母子の神と信ぜられ、必ずしも記紀に伝うるところの応神天皇の事蹟とは一致せず、あたかも山城《やましろ》の賀茂において別雷神《わけいかずちのかみ》とその御母とを祀るがごとく、ここにもまた玉依《たまより》姫は、その姫大神の御名であった。大隅正八幡宮のごときは、後に宇佐より分かれたもう御社かと思うのに、その社伝においては別に神秘なる童貞受胎の説があって、すこぶる高麗百済《こうらいくだら》の王朝の出自と相類し、直接に日神をもって御父とすとまで信じられていた。これ日本の国家のいまだ公に認めざりしところではあるが、少なくとも以前の信徒の多数に、かくのごとく語り伝える者はあったのである。真野の長者が放生会《ほうじょうえ》の頭に選ばれて、門前に榊《さかき》を樹《た》てられた時、流鏑馬《やぶさめ》の古式を知る者なくして、誰にてもあれこの神事を勤め得たらん者を、一人ある娘の婿に取ろうと言うと、すなわち山路が進み出でて、はじめて射芸を試みるという一段は後に百合若大臣の物語にも、取りもちいられたる花やかな場面で、この曲に聞き入った豊後人の胸の轟きは想像にも余りがあるが、それよりもさらに驚くべかりしは、いよいよ第三の矢を引きつがえて第三の的にかからんとしたもう時しも、天地震動して八幡神は神殿を揺らぎ出でたまい、君の御前に畏まって、自ら敬を十善の天子に致したもうという条である。すなわち神よりも尊い御身が、こんな草苅童の姿を仮りて、しばらく長者の家に止まりたもうということが、はたして尋常文芸の遊戯として、古人の口の端にのぼるべきものであったか否かは、詳しく説明するまでもないのである。宇佐が古来の伝統に基づいて、次々に四所八所の若宮王子神を顕し祀り、遠い東方の郡県に、絶えず活き活きとした信仰を運んでいたことを考えると、その力が山坂を越えつつ、南隣りの国々へも早くから、こうして進んでいたことは疑いがない。要するにもと山路が笛の曲なるものは、神が人間界に往来したもうおりの警蹕《けいひつ》の音であったのを、仏家が干渉して神子を聖徳太子と解せしめんとしたために、これを何のつきもなく、用明天皇には托するにいたったのである。

この推定をさらに確かめるものは、姫の名の玉世であった。宇佐の姫神の御名を玉依姫と伝えた理由は、久しい間の学者の問題であって、あるいはこれによって山に祀った御神を、海神の御筋かと解する者さえあったが、神武天皇の御母君が、同じく玉依という御名であったことは、ただ多くの例の一つというばかりで、前にも言うごとく賀茂でも大和でも、およそ神と婚して神子をもうけたもう御母は、皆この名をもって呼ばれたもうのである。玉依はすなわち霊託であった。人間の少女の最も清くかつ最もさかしい者を選んで、神がその力を現したもうことは、日本神道の一番大切なる信条であった。神のお力を最も深く感じた者が、御子を生み奉ることもまた宗教上の自然である。今日の心意をもってこれを訝るの余地はないのである。真野長者が愛娘も、玉世であったゆえに現人神《あらひとがみ》はすなわち訪い寄られた。それがまた八幡の古くからの信仰であった。

あるいはまた別の伝えに、姫の名を般若姫というものがある。周防大畠に般若寺があって、姫の廟所《びょうしょ》なりという説と関係があろうと思うが、なおそうしなければならぬ第二の必要は、姫の母長者の妻をまた玉世姫というゆえに、これを避けんとしたものであって、ここにもこの物語の古い変化が認められる。烏帽子の挿話においては、長者の妻はその夫に向かって、「御身十八自ら十四の秋よりも、長者の院号蒙《こうむ》って、四方に四万の蔵を立て」と言い、山中に炭を焼いた以前の生活は、もうこれを忘れしめられているようであるが、この点は恐らく豊後人の承認しあたわざる改訂であったろう。長者の物語はその性質上、こうして際限もなく成長し、後には絵巻のごとく幾つかに切り放して、纏《まと》めてみれば一致せぬ箇条が、現れてくるのを普通とはするが、今もし母と子と二人の玉世のいずれがまず知られたかを決すべしとすれば、自分は躊躇なく話の発端であり、発生の動機の不明であり、かつ類型の少ない炭焼の婚姻をもって、神を婿とした玉世の姫の奇縁よりも、一つ前から存在した場面なりと認める。しからば宇佐の玉依姫の故事も、ここには適用がなかったかというと、それはただ記録に現れてからの八幡の信仰が、第二の玉世の物語に近かったというのみで神を尋ねて神に逢うというさらに古い炭焼口碑がなお古く存し、時の力で十分に人間化して、こうして久しく残っていたとも、考えられぬことはないのである。炭焼きはなるほど今日の眼から、卑賤な職業ともみえるか知らぬが、昔はその目的が全然別であった。石よりも硬い金属を制御して、自在にその形状を指定する力は、普通の百姓の企ておよばぬところであって、第一にはタタラを踏む者、第二には樹を焚いて炭を留むるの術を知った者だけが、その技芸には与っていたので、これを神技と称しかつその開祖を神とする者が、かつてあったとしても少しも不思議はない。『扶桑《ふそう》略記』の巻三、あるいは宇佐の託宣集に、この郡廏の峰菱潟《ひしがた》の池の辺に、鍛冶の翁あって奇瑞《きずい》を現ず。大神の比《ひ》義《ぎ》なる者、三年の祈請をもってこれを顕し奉る。すなわち三歳の小児の形を現じ、われはこれ誉田天皇なりとのりたもうとある。もし自分などが推測するごとく、比義は最初の巫女の名であったとしたら、貴き炭焼小五郎が玉世姫の力によって顕れたというのは、最初極めてこれと近い神話から、成長してきた物語とみることができるのである。

五

天皇潜幸《せんこう》の畏れ多い古伝は、かの炭焼藤太の出世譚と同じく、また広く東北に向かって分布している。富士浅間の御社においては、『竹取物語』の一異説として、かぐや姫は聖徳太子の御祖母なりと伝うること、『広益俗説弁』に挙げられ、有馬皇子《ありまのみこ》が五万長者の姫を慕い、下野に下ってしばらく奴《ぬ》僕《ぼく》に身をやつしたもうということは、『慈元抄《じげんしょう》』にこれを録しているが、それよりもさらに類似の著しいのは、岩代苅田宮《かったのみや》の口碑である。これは物語というよりもむしろ現存の信仰であった。用明天皇ある年この国に幸《みゆき》したまい、玉世姫をめとりて一人の皇子を儲けたもう。妃薨《こう》じて白き鳥と化したもう。祠《ほこら》を建てて祀り奉り白鳥大明神という。水旱疾疫に祈りて必ず験あり、土人は今も白鳥を尊崇して、あえてこれに近づく者もないとある。後世の学者にはこの説の正史と一致せざるを感じ、白鳥の霊によって日本武尊《やまとたけるのみこと》の御事ならんと論ずる者があった。社伝もまたようやくこれに従おうとしているが、郷人古来の伝承は、なお容易に動かすことを得ないようである。この地方には一帯に、鵠《くぐい》を崇敬する白鳥明神の例が多い。柴田郡では平村の大高山神社、これに隣する村田足立《あしたて》二所の白鳥社は、相連繫《れんけい》してよく似た伝説を奉じている。ただし縁起はいずれも三百年来の京都製であって、ことに別当寺と神主側と互いに相いれざる言立をしているのは怪しいが、双方の偶然に一致している箇条は、かえって最も荒唐信ずべからざる部分、すなわち乳母が幼き皇子を川の水に投じたるに、たちまち白鳥と化して飛び揚がり去りたもうという点にある。かくのごとき一見無用なる悲劇は、もとより後人の巧み設くべき物語でない上に、茢田宮の方にも同じく児宮・子捨川・投袋《なげふくろ》などの旧跡があって、これと共通なるきれぎれの口碑の今もあるをみれば、なにかなお背後に深く隠れたる神秘があるであろう。それはまた別のおりに考えるとして、とにかくに御父を用明天皇、御母の名を玉倚媛《たまよりひめ》とする尊い御子が、この地に祀られたもう神なりと広く久しく信ぜられていたことだけは偶然の一致ではなかったろうと思う。以前平の隣村、金瀬宿の総兵衛という者の家には、古風なる一管の笛を蔵していた。その先祖某、ある時林に入りて大木を伐り、その空洞の中よりこれを見出したと伝え笛頭には菊の紋が彫ってある。これすなわち山路用いるところの牧笛なるべしと、土地の人たちは言ったとあるから、あの物語のここでも歌われていたことは疑いがないのである。

長者の娘、容顔花のごとくにして、ついに内裡に召され、妃嬪の列に加わったという話は、備後の鞆津《とものつ》の新庄太郎、常陸《ひたち》の鹿島の塩売長者などその例少なからず、古くはまた実際の歴史であったかも知れぬが、特にこれを用明天皇に係けまつるにいたっては、すなわちまた豊後の影響なることを感ずるのである。炭焼藤太の旧住地の一つ、陸前の栗原郡においては、姉歯の松の古事に托して、美女の道に死したる哀話を伝えている。気仙高田の武日長者が一の娘であったという。その妹が後に代わって京に上らんとして、姉が墓の松に対して涕泣《ていきゅう》したと称して、紙折《しおり》坂の地名もある。用明帝の御代のことといい、よってその側に神通山用明寺があった。陸中鹿角郡小豆沢のダンブリ長者は、蜻蜓《だんぶり》に教えられて酒の泉を発見し、これによって富を積んだという有名な長者である。ただ一人ある愛女を皇后に召されて、寂寞のあまりに財宝を仏に捧げたということが、これまた真野長者の生涯に似通うているが、かの地においてはこれを継体《けいたい》天皇の御時と伝えている。嶺を隔てて二戸郡の田山においても、田山長者の事蹟は全くこれと同じく、これはただ大昔の世のことばかりで、いずれもすでに至尊巡狩《しそんじゅんしゅ》の伝えは存せず、いよいよ本の縁は薄れているが、なおこの物語の独立して起こったのでないことは、これを推測せしむる余地があるのである。

その理由の一つとして数えてよいのは、いわゆる満能《まんのう》長者の名が、遠く本州の北辺まで知れ渡っていたことである。蜻蜓《だんぶり》長者の例をみてもわかるように、おおよそ長者の名前ほど、変化自在なものはないはずであるのに、説話中の長者の極度の富貴に住する者は、往々にしてその名が満能であった。自分がはじめて炭焼藤太の話を書いた後、八戸《はちのへ》の中道《なかみち》等《ひとし》君が同所のイタコから、正月十六日のオシラ神遊びの詞曲を聞いて、手録したところの一篇にも、やはり「まんのう」長者とあった。イタコは奥州の村々において、桑の木で刻んだ男女の神に仕え、神託を宣《のべ》るを業とする盲目の女性である。世を累《かさ》ねてかつて文字なく、授受をいやしくもせぬ彼等の経典に、なおこの名称を存しているのは、尋常流行の章句と同一視することができぬのである。ただしこの曲に説くところは、炭とは何のゆかりもない養蚕の起原であった。長者の廏第一の駿馬《しゅんめ》せんだん栗毛、ただ一人ある姫君に恋慕して命を失い、その霊は姫を誘いて上天し、後に白黒二種の毛虫となって現れたのを、十二人の女房と八人の舎人《とねり》、こかい母、桑取り王子となってこれを養うというのがその大要で、これに続いて春駒によく似た文段がある。干宝《かんぽう》が『捜神記《そうしんき》』は中央の学者などにとっても、手に入りやすい平凡の書ではなかったのに、いかなる径路を経廻っていつの時から、それと同じい話が北奥の地にばかり、こうして姫見嶽の長者の名と結合しつつ、巫女の秘曲には編入せらるるにいたったか。まことに過去生活の不可思議は、うかがうに随《したが》ってますますその渺茫《びょうぼう》を加うるがごとき感がある。

六

津軽最上その他の炭焼藤太が、遠く西海の浜から巡歴して来たことは、最初よりこれを疑うことを得なかったが、しからば何人が何様の意趣に基づいて、この話を運搬してあるいたかについては、解答は今もって容易でない。自分がこころみに掲げた一箇の推定は、いわゆる金売吉次をもって祖師となし、理想的人物と仰いでいた一派の団体、すなわち金属の売買を渡世とした旅行者の群に、特に歌詞に巧なりという長所があって、これによって若干生計の便宜を、計っていたのではないかというにあったが、現存の資料は必ずしもこれを助けるものばかりでない上に、全体にわたって世上の忘却がはなはだしく、年代の雲霧はすこぶるわれわれの回顧をさえぎるものがある。なお辛抱強い後の人の研究に、委付するのほかはないのである。

この自分の想像の第一の手がかりは、加賀の芋掘藤五郎の伝説であった。野田の大乗寺の西田圃にある二子塚を、藤五郎夫婦の墓と称して、寛政九年には記念の石塔を建て、近年はまたこれを市中の伏見寺に移したのみならず、『金沢市史』にはこれを富樫次郎忠頼のことだとまで言っている。すなわち津軽と同じように、大半はもう歴史化しているので、もはや口碑とも言われぬか知れぬが、しかもその黄金発見の顚末《てんまつ》にいたっては、全然豊後の小五郎と異なるところがないので、これを土地の人かぎりの賞翫《しょうがん》にゆだねておくわけにはゆかぬのである。藤五郎芋を掘って、細々の煙を立つる賤《しず》が伏屋に、大和初瀬の長者の娘、観世音の御示しによると称して押し掛け嫁にやってくる。長者の名を生玉右近万信というのは、あるいはまた満能ではないだろうか。姫の名は和五というとある。和五は和子であって単にお嬢さまも同じことだ。藤五郎は芋を掘るところの土がみな黄金であるのにそれが宝であることをちっとも知らなかった。ある時父の右近が贈った一包の砂金をもって、田にいる雁に打ちつけて帰ってきた。妻女の注意を受けてはじめて山に入り、莫大の黄金を持ち帰って、それを近くの金洗沢で洗った。金沢の名もこれより起こり、兼六公園の泉の水はすなわちその故迹であるという。遠州浜松の近くにも、藤五郎とは言わぬが、やはり一人の芋掘長者がいた。奈良の某長者の信心深い娘が、はるばると嫁にきてから一朝にして長者になった。鴨江寺の観世音は芋掘長者の一建立で、附近にはなお黄金千杯朱千杯の噂もある。鴨江というからには、鴨の話もあったのであろうが、書いたものには残っておらぬ。紀州の湯浅に近い小鶴谷の芋掘長者、これは町に出て広川に遊ぶ鷗《かもめ》に、小判を打ちつけているところを、多くの人にみられた。何でそのような勿体ないことをするかと戒められると、うちの芋畑にこんな物なら、鍬《くわ》で掻き寄せるくらいあると言ったので、その自慢から芋掘長者の字ができたとは、少しむつかしすぎた説明である。この家の嫁は京から来た。隅櫓《すみやぐら》長者というのは角倉《すみのくら》の聞き誤りか、信州園原の炭焼吉次も、京の角倉与一の遠祖であると伝え、やはり炭から富を得た話の筋を引いている。ただしこの婦人の内助の功は伝わらずただ大そうな衣裳持ちで、山の屋形で土用干しをすると、淡路の海まで照りかがやき、魚が捕れぬという苦情がきたなどと、花やかな語り草を残しているだけである。

芋掘りも一人で山中に入り、土に親しむ生活をしているから、幸運ならば黄金を得たかも知れぬが、自分だけはこのイモを鋳物師《いもじ》のイモであろうと考えている。すなわち炭を焼く者ともと同じ目的で、必ずしも世にうとく慾《よく》を知らぬためではなく、むしろ現実の生活には満足せぬ連中が、わが境涯で夢想し得る最大限の福分、ないしは文字通りの過去黄金時代を、記憶しかつ語らざるを得なかった結果が、自然に印象深く歌となり昔話と変じて、歳月の力に抵抗してきたのではないかと思っている。金売吉次の黄金専門も、すでにまた一つの空想であった。あのころにかりに金売という職業があったにしても、それは後世の金屋と同様に、タタラの助けによって有利に古金類を買い集めうる者を除くほか、そういう旅行者は想像することができぬ。吉次の遺迹という地が京都平泉、奥州路の宿駅附近の他に、最上苅田の山奥の鉱山にも、庄内会津越後などの山村にも、下野の国府の近くにも、下総印旛沼《しもうさいんばぬま》の畔にも、武蔵の片田舎にもあれば、京から西の安芸の豊田郡にまで分散して、全立せざるいろいろの記念を留めていることは、すなわちかれ自身が運搬自在なる仮想の人物であった一つの証拠で、さらに推測を進めてみれば、中古実在の鋳物師に、吉を名乗りに用いた人の多かったことと、何ぞの関係があるようにも思われる。

金屋の旅行生活は、一方諸国に刀鍛冶の名工が輩出し、鏡やいろいろの仏具の技芸が著しく進んだ後まで、なお持続していたようである。地方の需要に応じて製品の輸送の煩わしさをはぶくの利はあったが、原料の蒐集がはなはだしく不定なために、生産を拡張することはむつかしかったので、便宜をうるごとに土着を心掛けたらしく、近畿の諸国をはじめとして、中部日本には金屋と称する小部落が多く、その住民が以前漂泊者であったことは、彼らが忘れた場合にもなお証拠がある。源三位頼政《よりまさ》禁中に怪鳥を退治した時、仰せを蒙って百八箇の金灯炉を鋳《い》て奉り、功をもって諸役免許の官符を賜わったという類の由緒書は、些少《さしよう》の変化をもってほとんどこれを持ち伝えざる家もなく、いずれもただの百姓から転業したものとは考えられておらぬ上に、なお鎌倉時代の東寺文書にも、金屋などがこの大寺の保護のもとに、五畿七道に往反して鍋釜以下、打鉄鋤鍬の類より、さらにそのついでをもって布米などをも売買し、利潤の一部を寺へ年貢に備進していたことが、明瞭にみえている。甑《こしき》がすたれて鍋釜の広く行なわるるにいたって、彼らの大半は鉄の鋳物師となり、鋳懸《いかけ》と称する一派の小民は、またその中からしだいに分かれて、鋳工が地方の需要に拠って、諸国の空閑に定住の地を求めて後も、依然として遷移の生活を続けていた。いわゆるイカケ屋の天秤棒の、無暗に細長く突き出していたことは、すなわち近江美濃などの多くの金屋村の文書に、[46]「兼て又海道鞭打三尺二寸は、馬の吻《くち》料たるべし云々」とあるのと、必ずその根原を一にするものであって、これまたこの種の鋳物師の、久しく自由なる旅人であった一つの証拠である。

鋤鍬その他の打物類も、もとはかねて鋳物師の取り扱うところであった。鋳物師も鍛冶も等しく金屋と呼ばれ、金屋神はその共同の守護神であった。東海道の金谷駅は古くからの地名で、金谷の長者その一人娘を水神に取られ、金を湯にして池に注いだという口碑なども残っていて、すなわちまた一箇の金売吉次かと思われるが、後世この地の名産は矢の根だけであった。釘鍛冶庖刀鍛冶などの手軽な作業は、各自踏鞴《たたら》を独立し原料を別にするまでもなく、土地の工人の不自由な設備をもって、田舎の入用だけをみたしていた痕跡は、今日の金物店にも残っている。旅をしてあるけばまだそれ以上に、臨時のホドも選定せねばならず、また燃料用の炭から焼いてかかる必要もあった。こういう生活が遠国偏土においては、かなり久しくなお続いていたのである。

七

たとえば江戸周囲の平原のごときは、村が少ないためか採鉱地が遠いゆえか、いつまでも金屋の移動がやまなかったようである。もっとも鍛冶屋の方だけは国境の山近くに、領主の保護を受けて二戸三戸ずつ、さびしく土着した者が農村の中にまじり、由緒は記憶し技芸は忘れてしまって、後は普通の耕作者になっているが、鋳物師の部落は佐野の天明武蔵の川口など、取り続いて土着していた者はいたってまれであって、他の大部分の工人などの、地方の需要に応じていた者は、むなしく遺跡のみを残留して、皆どこへか立ち去ってしまった。現在武蔵相模の中間の樹林地に、カナクソ塚などという名のある小さい塚の、附近から多量の鉄の滓《かす》を発掘するものが多いのは、いずれも鉄の生産地とは関係なく、これより他に想像のくだしようもない彼らの仕事場である。またカネ塚またはカナイ塚と称して、小さな封土《ふうど》の無数にあるのも、あるいはこれを庚申《こうしん》の祭場に托する人もあるが、他の府県にあるカネイ場という地名とともに、これも金を鋳る者の仮住の地であったらしい。

彼らは単に在来の塚に拠って、露宿の便宜を求めたのか。仕事の必要から時としてみずからこれを構えたか。はたまた別に信仰上の動機でもあったものか。これを決定することはまだむつかしいが、とにかくにこれが塚の名になって残るのには単にやや長い滞留のみでなく、ある期間を隔てて繰り返し、同じ場所に訪い寄ること、富山の薬屋や奥州のテンバ[47]のような、習性があったことを想像せしめる。ことに金吹きの労作には、人の手を多く要した。今のイカケ屋のような小ぢんまりとした道具では旅はできなかった。『猿蓑《さるみの》』の附合《つけあい》の中に、

押し合うて寝てはまた立つかり枕
たたらの雲のまだ赤き空

とあるのは、おそらくは貞享ころまでの、武蔵野あたりの普通の光景であって、あるいは妻子老幼をも伴うた物々しいカラバン姿が、相応に強い印象を村の人に与えた結果ではないかと思う。

タタラという地名もまた無数に残っている。この徒は燃料の豊富なる供給を必要とした他に、なお水辺についてその臨時の工場を開設せねばならぬ事情があったとみえて、沼地の岸、淵川の上などに、タタラと呼ばるる地があって、前代の金屋の事業を語り、そうでなくても鉄の滓を掘り出すものが多く、しかもその主はもう行方を知らぬのである。水の神が鉄を恐れるという話、あるいはそれと反対に、釣鐘その他の金属の器を、極度に愛惜

するという物語は、踏鞴《たたら》師のことに重きを置くべき言い伝えであるが、今は一般の俗間に広く分布しているのも、何ぞの因縁らしく考えられる。炭焼藤太がまさに運勢の絶頂に辿りつかんとするとき、必ず水鳥の遊ぶ水の辺を過ぎて、天下の至宝を無益の礫《こいし》に打たずんばやまなかったのは、いわゆる隴畝《ろうほ》に生を送った単純な人々には、むしろいささか皮肉に失したる一空想であった。あるいはこの話が金を好むこと彼らに越えた者の、草枕の宵暁に静かな水の面を眺めつつ、しばしば思い起こし語り伝えた昔の奇談であったとしても、なお今一段と丁寧なる説明、たとえばその鳥は神仏の化するところにして、夫婦を導いて新たなる発見の端緒を得せしめたという類の、信心の奇特などを附け加える必要があったかと思うが、旅の金屋はまたこれをなすにも適していたようである。関東地方におけるカナイ塚の築造、ことにその保存と尊敬は、あるいはまだ宗教的の起原を証するに足らぬかも知れぬが、しだいに北に進んで下野の山村に入れば、金井神もしくは家内神社などと書く神が著しく多くなり、福島、宮城、山形の三県においては、その数がさらに加わって、そのあるものは鍛冶鋳物師の筋を引く家に、由緒をもって祀られ、他の大部分は普通の村に、ただの祠となって祀られている。すなわちこの徒の第二の業体、もしくは少なくとも旅行の補助手段が、こういう特殊の信仰の宣伝であったことは、これでもう疑いがないのである。中部日本の金屋の神は、今はただ霜月八日の吹革《ふいご》祭に、近所の小児たちが蜜柑《みかん》を拾いに参加するだけであるが、海南屋久島などにゆけば鍛冶屋神は村中から信ぜられていた。白歯のうちに身持ちになる女があれば、必ずこの神に賽銭《さいせん》を納めて鉄滓を申し請け来たり、ここに唐竹と柳との葉を加え煎《せん》じてその婦人に飲ましめる。魔性蛇体などの種ならばたちまちに下りてしまい、人の子であれば何のさわりもないと言ったそうである。屋久ではこの神を薬籥神《とうやくじん》、または金山大明神と呼ぶというが、他の島々ではどうであろうか。中国地方の鉄産地においては、多くの村に金鋳護《かないご》または金屋子《かなやご》という祠あり。金屋すでに去って後も、神のみは留まり、このごろの学問ある神官によって、金山彦命《かなやまひこのみこと》などと届けられているが、人は依然としてこれをカナイゴサンと称えるのである。備後の双三郡に行なわるるパンコ節は俚謡集《りょうしゅう》にも出ている。かつてタタラの作業のおりに歌ったものが、残って昔を語るのである。

たたら打ちたや、このふろやぶへ
塩と御幣で、浄めておいて
いわいこめたや、かないごじんを

山脈を隔てて出雲の大原郡にも、また別種のタタラ歌がある。

ヤーむらげ様がナー、よければナー
炭焼さま鷺よけれ
イヤコノ世なるでナ
その金が金性がよいわ

ムラゲは鎔炉《ようろ》のことであるらしい。炭焼様もここではもう祀られる神である。

八

金屋が神とその旧伝とを奉じて、久しく漂泊していた種族であるとしても、彼らと宇佐の大神との因縁は、これだけではまだ見出されないのである。また真野長者を中心とした連環の物語が、その不文の記録から出たということも単に一箇の推測であって、炭焼きの一条がはたして最初よりこれと不可分のものであったか否かには疑いがある。自分はただこれほど奇抜にしてかつ複雑な話がこれほどの類似をもって各地に偶発することはないと信じ、何人かが運搬してあるいたとすれば、それは炭焼きの業と最も親しかった者が、古く信仰とともに、ある地方から持って出たので、これを豊後とすれば比較的鍔目《つばめ》が合うように思うだけである。ただしまだまだ解きにくい難題がいくらもある。

たとえば芋掘藤五郎の、イモは鋳物師とみてもよいが、奥州三戸郡の是川村には、蕪焼笹四郎となって同じ奇談が、道のゆく手のヤチの鴨に、花嫁の二分金を打ちつけることから、後に発見した大判小判を洗うことまで、あとはたいていそのままで伝わっている。親の譲りのたった一枚の畠地から、朝夕蕪《かぶら》ばかりを掘って焼いてきて食っていたという点だけが違っている。遠くかけ離れて肥後の菊池の米原《よなばる》長者、これも名前が薦編みの孫三郎であったのと、鳥が白鷺であった点を除けば、長谷の観世音の夢の告げということまで、符節を合したる小五郎であった。黄金発見者の職業は、ただ何となく少し替えてみたのかも知らぬが、肝要な点であるために看過することができぬ。もっとも肥後の方ではほど遠からぬ玉名郡の立願寺村に、匹石野《ひきしの》長者の旧記があって、あたかも中間の飛石をなしてはいる。この長者は貧しい炭焼き別当であった。花嫁は内裏《だいり》の姫君、同じく観世音の御夢想によって、女房十二人侍四人を従えて堂々として押し掛けたもう。ただしここには水鳥の飛び立つことはなく、青年はただ一つの石塊をツチロとして、その炭薦を編んでいたとある。そのツチロはどこから持って来たかと、問うとかようなる石塊はこの山中に何程もあり、炭焼きが家では水石踏石までみなこれなりと答えて、すなわちそれが黄金であったという。この長者は早く退転して、長者屋敷には瓦や礎が残り、また例の糠《ぬか》の峰小豆塚などの遺迹の他に、金糞塚と称して鉄滓多く出る塚もあった。鉄の滓が出ただけでは、これをもって黄金発見者の実在を証することができぬしだいであるが、よく似た話は羽前の宝沢村にもあって、藤太の相続人が建てたという石宝山藤太寺は、これも炭焼き男の言葉として、こんな石が三国の宝であるなら、私が山屋敷では藁打つ石まで、みんなこの石だと言ったのに基づくと伝えている。偶然の一致ではなかったようである。しかも炭焼きが薦を編んだ、藁を打ったということも、よく考えてみると仔細があるらしい。すなわち単に炭を包むためだけにこんな物を作ったのではなく、金屋は一般にその製品の輸送について、特に薦を大切にしたかと思う。江州長村の鋳物師の神は、豊満明神と称えてその語音は宇佐の御伯母神に近いがもと高野より移りたもうと伝えている。その時この地の米を献上し、十符の菅薦を二つに切ってくだされた。今にいたるまでその由緒をもって、鋳物師は五符の薦をもって包むという。この意味はまだよく分からぬが、荷造りにも作法のあったことをいうのであろう。江戸深川の釜屋堀の鋳物師は、上総の五井の大宮神社に、十月十五日をもってはじまる祭市と古くからの関係があった。当日の神事のツク舞の柱に、高く結び付けられる径八尺の麻布の球は、必ず鍋釜を包装する藁の残りを納めて、その心につめたという話がある。これればかりの材料から推測をするのは大胆であるが、宇佐神宮の以前の御正体が、黄金であったと言い、薦をもってこれを包んだという神秘なる古伝は、すなわちまた薦編みの孫三郎が、後ついに米原長者と輝くべき宿縁を、あらかじめ説明していたものかとも考えられるのである。

孫三郎も小五郎も、畢竟《ひっきょう》するに常人下賤の俗称である。この物語の盛んに行なわれた時代には、家々にそんな名の下人が多く使われていた。それほどの者でも長者になったという変転の面白味もあったか知らぬが、なお大人弥五郎《おおひとやごろう》などの旁例を考え合わせると、特に八幡神の眷属《けんぞく》として、その名が似つかわしい事情があったように感ずる。しかしその点までは今は深入りせぬことにしよう。炭焼き男の名としてはすでに列挙した藤次藤太のほかに、なお阿波の糠の丸長者の伝説に伴うて、摂津大阪には炭焼友蔵が住んでいた。長者の一人娘は父に死に別れて後、家の守護神なる白鼠に教えられ、はるばる海を越えて尋ねて来て嫁となる。奇妙に光る石塊を井戸のそばに出て洗ってみて、これが黄金ですかと言った若者が、かつてあの大阪に住んでいたというのは、今さらの滑稽である。

大隅鹿屋郷大窪村の山で、からかねを発見したという観音信者の炭焼きは、始めの名が五郎蔵であった。炭は暖かい国に来るほど、段々と不用になる。ゆえにもうこれが日本の炭焼長者の、南の端であっても不思議はないのだが、佐多の島泊の山に新たなる意外が起こらんとしつつあるごとく、さらにまた波濤の千海里を隔てて、世にも知られぬ寂寞たる長者が住んでいた。宮古の島の炭焼太良はすなわちこれであって、ことは本文にすでにつまびらかに述べてあるが、自分がここに問題としてみたい唯一つの点は、冬も単衣ですむような常緑の島にあって、なおかつ炭を焼きつつついに長者となることが、信じ得べき物語であった根本の理由である。

九

宮古群島の金属の由来に関しては、現に二通りの古伝を存している。その一つは首邑平良の船立御嶽に属するもので、昔久米島の某按司の娘、兄嫁の讒《ざん》によって父にうとまれ、海上に追放されて兄とともにこの地に漂着したが、かねこ世の主に嫁して九人の男子を生み、後にその子どもに扶けられて老いたる父を故郷の島に訪れた。父は先非を悔いて親子の愛を尽くし、帰るに臨みて鉄とその技芸の伝書をもって、引出物として娘に取らせた。その兄はこれによって初めて鍛冶の工《たく》みを仕出し、ヘラカマなどを作って島人の耕作を助けたゆえに、長くその恩沢を仰いで兄妹の遺骨を、この御嶽に納めたというのである。今は主として船路の安泰を禱《いの》るようになったが、男神をカネドノ女神をシラコニヤスツカサと唱えて、その功績を記念している。第二には伊良部の島の長山御嶽ここはもう祭は絶えたらしいが、やはり神の名はカネドノであった。鉄を持ち渡り候ゆえにカネドノと唱え申候とある。大和からの漂流人で、久しくこの地に住んで農具を打ち調《ととの》えて村人に与えた。よって作物の神としてその大和人を祀るのだと伝えている。鉄渡来前の島の農業は、牛馬の骨などをもって土地を掘り、功程はかどらず不作の年が多かった。それが新たなる農具の助によって、五穀豊かに生産し、渡世安楽になったとあるのは、多分は現実の歴史であろう。荒れたる草の菴《いおり》の炭焼太良が、たちまちにして威望隆々たる嘉播仁屋となったのを、ユリと称する穀霊の助けなりとするまでには、その背後に潜んでいた踏鞴の魅力が、ことに偉人であったことを認めねばならぬが、しかも鉄なきこの島に鉄を持ち込んだ人々は、謙遜にも自分の功労はこれを説き立てず、炭焼奇瑞の古物語を、そっと残しておいてまた次のある島へ、いつの間にか渡って行ってしまったのである。

宮古の炭焼長者は、島最初の歴史上の人物、仲宗根豊見親が六代の祖と伝えられる。こに、それを事実としても西暦十四世紀の人である。沖縄本島においてもちょうどその少し前に、鉄器輸入のあったことが、なかば物語化して語り伝えられている。察度王がいまだその志を得ずして、浦添城西の村にわびしく住んでいた時、勝連按司の姫、夙く英風に傾倒して、往いてこれにかしづくこと、政子の頼朝におけるがごとくであった。王の仮屋形は庭にも垣根にも、無数の黄金白銀があたかも瓦石のごとく、雨ざらしになって転がっていた。それを新奥方が注意しても、笑うて顧みなかったと伝えられる。その後鉄を満載した日本の船が、牧港に入って繋《もや》った時に、察度はすなわち右の金銀をもって残らずその鉄を買い取り、農具を製作して島人にわかち与え、一朝にして人心を収攬《しゅうらん》したというのは、興味ある伝説ではないか。琉球の史家がこの記事によって、しからばわが島にも昔は金銀を産したかと、ありそうにもないことを想像しているのは、むしろ孤島の生活の淋しさを同情せしめる。島の文化史の時代区劃としては、鋤鍬の輸入はあるいは唐芋よりも重大であった。いわゆる金宮の夢がたりをやといくるにあらざれば、説明することもむつかしいほどの、何かの方便を尽くして、とにかくに農具は改良せられた。単に鉄を載せた大和船の漂着だけでは、文明の進化はみることを得なかったはずである。しからばこの島現在の金属工芸には、何人がまず参与したのか。言い換えれば久米島の按司が、宮古の娘に与えた巻物は、最初いかなる船によって、南の群島へは運ばれたのであるか。それはもう終古の謎である。今はただわずかに残っている釜細工の舞の曲と、その行装と歌の文句によって、彼ら鋳工

がもと旅人であり、もの珍しい国から来たことを、うかがい知るの他はないようになった。江戸で女の児が手毬《てまり》の唄に、

遠から御出でたおいも屋さん
おいもは一升いくらです
三十五文でござります
もちっとまからかちゃからかぽん

というのがあるが、これにつけても思い出される。こういう軽い道化は鋳物師たちの身上であって、後に口拍手に真似られたのではあるまいか。まことの芋売りならば遠くからはこない、いわゆる「取り替えべえにしょ」の飴屋《あめや》なども、つぶれた雁首《がんくび》や剃刀の折れを、集めて持ってゆくだけは古金買いと聯絡《れんらく》があった。しかしもう忘れられようとしている。これらに比べると釜細工という沖縄の舞は、まだ明瞭なる由緒を保ち、道具箱などは内地の鋳懸屋のとおりであった。あるいは流れ流れて金売吉次の、これも淪落《りんらく》の一つの姿であることを、推測しても差しつかえがないのかも知らぬ。

水に乏しい南の島々では、黄金を鳥に擲《なげう》つ話はすでに聞くことができぬ。しかも大いなる清水に接近して、いわゆるカンヂャヤーの石小屋を見ることは多い。カンヂャヤーはもとより鍛冶から出た語であろうが、沖縄では鍋釜その他一切の鋳物を扱う者を総括してこう呼んでいる。自分は南山古城に近い屋古の嘉手志川、あるいは石垣島の白保などで、幾

度か好事の情をもってその小屋をのぞいてみたが、かつて工人の働いている者に出逢わなかった。おそらくは村から村へ、今もわずかな人数が移り歩いて、淡い親しみを続けているのであろう。彼らが炭の由来と黄金発見の信仰について、現にいかなる記憶を有するかは、自分のこれを知らんとすること、あたかも渴する者の泉を思うごとくである。『琉球国旧記』などの書によれば、炭には木炭と軽炭の二種があって、軽炭を俗に鍛冶炭ともいう。大工廻《だいくざこ》村に炭焼勢頭地《せとじ》という田地あって、勢頭親部はじめてこれを製すという伝えあり。後世隣邑の宇久田とともに、毎年二種各二百俵の炭を王廷に貢した。その年代は不幸にしてすでに明白でないが、三山併合よりも古いことではなさそうだ。

ただし鍛冶以外の炭の用途も、もちろんなかったとも言われぬ。島の神道においては火の神はすなわち家の神で、いわゆる御三物の地位は、内地の近世の竈神すなわち三宝荒神よりも、はるかに高くかつ重かった。今はわずかに、火床の中央に、三塊の石の痕を留むるのみであるが、以前は祖先の火をこの中に活けて、根所の神聖を保存したものと思われる。火鉢の御せぢ（筋）はおそらくはこれを意味し、火霊の相続はまた炭によって、なし遂げられたかと想像する。この想像にして誤りなくんば、冶鋳技術の輸入は、すなわち火神信仰の第二次の興隆であって、民に鋼鉄の器を頒ち賜うがゆえに、その威徳はいよいよ旺盛となり、ついに王家をしてこれに拠って、よく民族統一の偉業を完成せしめたのである。これに反して内地の軻遇都智神《かぐつちのかみ》は、恩沢いまだ洽《あまね》からず、また雄族のこれを支持するものなく、天朝の伝承はむしろ宣伝に不利なりしために、しだいにその声望を降ろして、ついには炊屋《かしきや》の一隅に残塁を保つにいたったが、これがはたして東国九州の偏卑に住む民の信仰であり、ことには筑紫の竈門山《かまどやま》の神などの、教え導きたまうところのものと、一致しておったか否かは問題である。しかもかくのごとき地方的の大変化が、薪をいったん炭にしてから、再びこれを利用する技術の有無に原因しているとしたら、渺たる一個の小五郎の物語も、その暗示するところはまたすこぶる重大である。

『遠野物語』[48]の中には、深山無人の地に入って、黄金の樋《とい》をみたという話があるが、それが火と関係あるか否はまだ確実でない。しかし少なくとも火神の本原が太陽であったことだけは、日と火の声の同じい点からでもこれを推測し得るかと思う。日本には火山は多いが、わが民族の火のはじめはこれに発したのではなかったらしい。天の大神の御子が別雷であって、後再び空に帰りたまうという山城の賀茂、または播磨の目一箇《まひとつ》の神の神話は、この国のプロメトイスが霹靂神《はたたがみ》であったことを示している。宇佐の旧伝が同じく玉依姫を説き、しきりにまた若宮の相続を重んずるは、本来天火の保存が信仰の中心をなしていた結果ではなかったか。岩窟に火の御子を養育すれば、第一の御恵は必ず炭となって現れる。炭はまどろむ火であるがゆえに、これを奉じて各地に神裔を分かつ風がまず起こり、金属陶冶《とうや》の術はすなわちここに導かれたものではなかろうか。南太平洋のある民族、たとえばタヒチの島人などの火渡りは、燃ゆる薪の中に石を焼いて、これを大きな竪坑《たてあな》にみたし、神系の貴族たちは列を作って、その上を歩むのであった。日本においても大穴牟遅神《おおあなむちのかみ》[49]の、手間の山の故事のように、赤くなるまで石を焼く習いがあったとすれば、ある種の重く堅い石が、猛火の中にしたたり落ちること、その石が凝って再びいろいろの形を成すことは、いわゆる奥津彦《おくつひこ》奥津媛《おくつひめ》、すなわち炭火の管理に任じた者にはことに遭遇しやすき実験であって、これを神威の不可思議と仰ぐはもちろん、さらに進んでその便益の大いなることを諒解した場合には、必ずや新たに無限の歌を賦して、火の神の恩徳をたたえんとしたことであろう。これを要するに炭焼小五郎の物語の起原が、もし自分の想像するごとく、宇佐の大神の最も古い神話であったとすれば、ここにはじめて小倉の峰の菱形池の畔に、鍛冶の翁が神と顕れた理由もわかり、西に隣した筑前竈門山の姫神が、八幡の御伯母君とまで信じ伝えられた事情が、やや明らかになってくるのである。いわゆる父なくして生まれたまう別雷の神の古伝は、いたって僅少の変化をもって、最も広く国内に分布している。神話は本来各地方の信仰にねざしたもので、その互いに相いれざるところあるはむしろ自然であるにもかかわらず、日を最高の女神とする神代の記録の、これほど大いなる統一の力をもってするも、なおおおい尽くすことを得なかった一群の古い伝承が、特に火の精の相続に関して、今なお著しい一致を示していることは、はたして何事を意味するのであろうか。播磨の古風土記の一例において、父の御神を天目一箇命と伝えてすなわち鍛冶の祖神の名と同じであったことは、おそらくはこの神話を大切に保存していた階級が、昔の金屋であったと認むべき一つの根拠であろう。火の霊異に通じたる彼らは、日をもって火の根原とする思想と、いかずちと称する若い勇ましい神が最初の火を天より携えて、人間の最も貞淑なる者の手に、お渡しなされたという信仰を、持ち伝えかつ流布せしむるに適していたに相違ない。宇佐は決してこの種の神話の独占者ではなかったけれども、かの宮の神の火は何か隠れたる事情あって、特に宏大なる恩沢を金属工芸の徒《と》にほどこしたために、彼らをして長くその伝説を愛護せしむるにいたったので、炭焼長者が豊後で生まれ、後に全国の旅をして、多くの田舎に仮の遺跡を留めておいてくれなかったなら、ひとり八幡神社の今日の盛況の、根本の理由が説明しがたくなるのみでなく、われわれの高祖の火の哲学は、永遠に不明に帰してしまったかも知れない。しかるに文字の記録を唯一の史料として、上古の文明を究めんとする学者が、誤り欺きまたは独断するにあらざれば、すなわち絶望しなければならなかった問題の眼目を、かく安々と語って聞かせうる者が、隠れて草《そう》莽《もう》の間に住んでいた。そうして満山の黄金が天下の至宝なることに心づかず、これを空しき礫に擲ちつつ、孤独貧窮の生を営んでいた。新しい学問の玉依姫は、今や訪い来たって彼が柴の戸を叩いているのである。

十

南の島々の金属の始めは、鉱物に豊かでなかったばかりに、非常にわれわれの島よりはおくれていた。それにもかかわらずいつの間にか、炭焼長者ははやちゃんと渡って住んでいる。自分が本文の炭焼太良の話を書いて後、佐喜真興英君[50]はその祖母から聞いたという、山原地方の炭焼きの話を、『南島説話』において発表せられた。大体において宮古島の例とよく似ていて、ここもまた女房の福分が、二度目の夫を助けたことを説くらしいが、浜の寄木の神様から、赤児の運勢を洩れ聞くことと、鍋のヒスコを額に塗る風習を、説明しようとした部分は落ちてしまって、その代わりとして前の夫が、死んで竈の神となった点を詳しく伝えている。沖縄と宮古と二所の話を重ね合わすれば、ちょうど『琉球神道記』の江州由良里の物語に近くなるから、あるいはこれをもって慶長の始め頃に、袋中上人一類の内地人から、聞いて記憶していたものとみる者があるか知らぬが、それでは合点がゆかぬ節々が少なくない。ことに長者となるべかりし貧困なる第二の夫が、炭焼きであったという一条が、沖縄と宮古とにはあって、中世京都附近に行なわれた物語にはみえず、しかも千里の海山を隔てた奥州の田舎で、現に口から耳へ伝承する話に、炭焼きがまた出てくるのは、いかにしても不思議である。

奥州方面の炭焼長者は、佐々木喜善君[51]がその幾つもの例を採集している。今に書物になって出るであろうが、さしあたりの必要のために、二つだけ話の大筋を掲げておく。一つは和賀郡に行なわれているもの、他の一つは佐々木君の居村、上閉伊《かみへい》郡六角牛《ろっこうし》山の山口で、物知りの老女が記憶していた話である。

（一）　木こりが二人山に泊まって同じ夢をみる。二人の家には男と女の児が生まれたが、女の児は塩一升に盃一つ、男は米一升の家福だと、山の神のお告げがあったと思うて目がさめた。翌日帰ってみるとはたして子が生まれている。成長の後、夫婦となって家が繁昌した。女房は一日に塩を一升使い、盃には酒を絶やさず、大気で出入りの人々に振る舞いをするので、小心の夫はこれをみかね、離縁をしてしまう。女房は出て行ったが、腹がへったので大根畠に入って大根を抜くと、その穴から酒が涌き出たので、

ふる酒の香がする
泉の酒が涌くやら

と歌いつつ、女房はその酒を飲んで、元気になってゆくうちに日が暮れる。山に迷って一つ家の鍛冶屋に無理にとめてもらう。翌朝みると鍛冶場の何もかもがみな金である。それを主人に教えて町へ持ち出し、売って長者になったら、そのあたりが町になった。後に薪を背負うて売りに来た父と子の木こりがあった。それは女房の先の夫であったという。

（二）　ある鍛冶屋の女房、物使いが荒くて弟子たちにまで惜しげなく銭金を与える。夫の鍛冶屋はこの女房を置いては、とても富貴にはなれぬと思うて、三つになる男の子をそ

えて離別する。女房は道に迷うて山に入り込み、炭竈の煙を見つけて炭焼き小屋にたどりつく。小屋のヒホド（炉）に小鍋が掛かっている。主人が帰って来たから泊めてくれと言うと、今夜この飯を二人で食えばあすはもう食う物がないと当惑するので、明日はまた何とかしますと、それを二人でたべて寝る。翌日女房は懐から金を出して、これで米を買うてきて下され。そんな小石で何の米が買われべ。インニエこれは小石でない、小判という宝物だ。こんな物が宝なら、おれが炭焼く竈のはたはみんな小判だと言って笑いながら、それでも買物に町へ出た。そのあとで女房が行ってみると、まことに炭竈のまわりには黄金が山のようだ。これを運ぶと小屋が一杯になって、入口から外へ溢れる。そこへ町から爺が帰って来る。一俵の米が残り少なくなっているから、わけを聞くと途中で腹がへったので、俵から米をつかんで食い食い来た。後からも人がついてくるから、その人にも一つかみずつ投げてやりながらきたという。その人というのは自分の影法師のことであった。そういう風の人なれども女房はきらわず、次の日からその金で米を買い木こりや職人を呼んで、家倉小屋を数多く建てさせ、そこで炭焼長者と呼ばれるようになると、その辺も村屋になった。ところが先夫の鍛冶屋は女房を出してから、鎌を打とうとすれば鉈になり、鍬と思えば斧になる。けちがついてろくな仕事もできないので、乞食になってしまいに炭焼長者の門に来る。女房がそっと見ると元の夫であったから、米三升をやってなくなればまた来よと言って返す。それから長者の夫にも話して、ともどもにすすめて下男にする。

何も知らぬからよろこんで、一生この炭焼長者のところで暮らしてしまう。

同じ老女の話したうちには、右の二つの物語が一つに続いているのもある。挿話があってあまり長いから抄録しなかったが、それにも大根を抜いた穴から甘露のような酒が出て、これを売ってみずから長者の女主となったとあり、すなわち一方には田山小豆沢のダンブリ長者の話とつづき、他の一方には三戸郡の蕪焼笹四郎の蕪を食べた話とも縁をひく。ことに面白いのは先夫に福分がなくて、藁に黄金をかくして、草履を作ってこいと言って渡すと、夜中に寒いのでその藁を金とともに、ヒホド（炉）に燃やしてしまう。握り飯の中に小判を入れてやると、帰りに沼に下りている鴨を見かけて、そのむすびを投げつけてしまう。女房はさてさて運のない人だと嘆息して、すすめてわが家の下男とする。そうして酒屋長者の家で一生を終わるというのである。ただしこちらでは長者は独身の女主で、黄金は発見せずに酒の泉を発見した。第一の話は後の夫が鍛冶屋、第二の話だけは炭焼きであるが、やはりまた前の亭主を鍛冶屋にしている。他の類例を集まるかぎり集めてみたら、必ず変化の中から一定の法則が、見出されることと信ずる。要するに話を愛した昔の人の心持ちは、一種精巧なる黄金の鏈《くさり》のごときものであった。

十一

歌の豊後の炭焼小五郎が妻は、容《かたち》みにくしといえども都方の上臈《じょうろう》であった。広い世間に夫と頼む人がないので、日ごろ信仰の観世音の霊示に従い、はるばると鄙《ひな》の山賤《やまがつ》を尋ねて来たというのが、物語の最も濃厚な色彩をなしているが、これはいわゆる仏法の影響であって、また中代の趣味であろう。信心深い男女の間の前世の約束という簡単な語で、省略してしまった身の運、家の幸福の説明は話にこれほどの共通がある以上は、後に来たって附け加わったものとは考えられぬ。いわんやその背後にはどこまでも火の神の思想と古い慣習が、ほとんど無意識に保存せられていたのである。阿波の糠の丸長者の娘の嫁入りには、観音の代わりを家の守の神の白鼠がつとめた。陸中の話では旅の六部《りくぶ》に教えられて、月の十五日の朝日の押開《おっぴら》きに、九十九戸前の真中の土蔵の屋の棟を見ると、紫の直垂《ひたたれ》を着た小人の翁が三人で、旭の舞を舞うていた。うつぎの弓に蓬《よもぎ》の箭《や》をはいでこれを射ると、小人は眼または膝を射られて忽然として消え去り、それから家の運は傾いた。あるいはまた道に三人の座敷ワラシかと思う美しい娘に逢い、行く先をきくと、この山越えあの山越えて、雉子《きじ》の一声の里へ行きますと、幸運の住家を教えてくれる。それが宮古の島ではユリと称する穀物の精と現れて、女性を炭焼きの小屋に導くのである。沖縄本島においてはまた変じて雀（クラー）になっている。折目の祭の日に下男の言うままに、新米で飯を炊《かし》いだのが悪いと言って、夫に追い出された女房が、ここに隠れかしこに遁《に》げて去りかねていると、こう言って雀は彼女を導いた。

クル、クル
クマネスダカラン（ここには住まわれぬ）
ヤンバルヤマカイ（山原山へ）
タンヤチグラカイ（炭焼きのクラへ）

そうして炭焼きの妻になって、たちまち金持ちになったのであるが、この古い古い公冶《こうや》長《ちょう》系統の一節もまた袋中上人所伝のほかであった。

第二に注意することは、炭焼きを尋ねて来た女性に、別に一人の同行者があった点である。宮古島の旧史には隣婦を伴いとあり、佐々木君の話の一つには下女を連れて行くとあるが、今一つの方では三つになる男の子を附けて離別したことになっている。あるいはまた前の男が、貧乏をしてからその子をつれて薪を売りに来たともある。何か仔細のあったのが、もう忘れられたものと思われる。佐喜真君のおばあさんの話では、沖縄では女は妊娠の間に追い出され、炭焼きにとついでから男の子が生まれたことになる。零落の夫がもとの妻であることを知らずに笊を売りに来ると、長者の子供がかれに向かって悪戯をした。女房に向かってお宅の坊ちゃまが、悪さをなされて困りますと言うと、今まで知らぬ顔をしていたのがもうたまらなくなって、自分の子供まで見知らぬとは、何という馬鹿な人だと嘆息したので、はじめて昔の妻子かと心づき、そのままひっくりかえって死んでしまったとある。このような何でもないことまでが、手近の『琉球神道記』とは似ないで、遠い雪国の村の話と、一致しようとしているのは何ゆえであろうか。

不思議はまだこればかりでない。沖縄ではこうして恥じて死んだ男を、そのままそこに埋めて、上に庭の飛び石を置き、それから茶を飲むたびに一杯ずつ、その石にそそいで手《た》向《むけ》にしたとある。その点がまたついてまわっているのである。不運な前夫が知らずに来て、元の妻の世話になることはいずれの話も一様であるが、奥州では単にすすめられて下男になり、炭竈長者の家で一生を終わったとある。これに反して江州由良の里では、箕作の翁は長老の台所に来て食を乞い、別れた女の姿を見て恥と悔とに堪えず、たちまち竈のそばに倒れて死んだのを、後の夫に見せまいために、下人に命じてそのまま竈の後ろに埋めさせた。それがこの家の守り神となったと言い、それを竈神の由来と伝えている。清浄を重んずる家の火の信仰に、死を説き埋葬を説くのは奇怪であるが、越後奥羽の広い地方にわたって、醜い人の面を竈の側に置くことが、現在までの風習であるから、これにはなおそう伝えらるべかりし、深い理由があったのであろう。『広益俗説弁』には何によったか知らぬが、三宝荒神のはじめは、近江甲賀郡由良の里、百姓の夫婦とその婢女と、三人を祀って竈の神にしたという、別の伝承を載せている。由良は通例海辺の地名であるから、近江は誤りでないかとも思うが、何かなおこの方面に人の霊を火の霊として崇拝する、昔の理由が隠れているようにも思う。

もしこの推測にして誤りなくば、宮古の炭焼きの話の発端に、二人生まれた赤子の中で、女の方は額に鍋のヒスコをつけてあるから、一日に糧米七升の福分を与え、男の児はその事がなかったから乞食の運ときめたと、神々の談合があったと言い、それゆえにこそ今にいたるまで、生まれ子の額には必ず鍋のヒスコをつけるなりと、北の島々で宮参りの日に、紅で犬の字を描き、または作り眉をするのと、よく似た風習を説明しようとしているのは、これも同じく竈の神の信仰に基づくもので竈と炭との関係を考え合わせると、たとえ京都近くの書物に伝わった話にはみえなくとも、長者を炭焼きとした話の方が、一段古い様式であったと考えてよろしい。

謡《うたい》の蘆苅りの元の型は、『今昔』と『大和』と二つの物語にみえ、その贈答の歌はすでに『拾遺集』にも採択せられている。それが純然たる作為の文学でなかったことは、『大和物語』においては前の夫が、上臈の姿を見知ってわが身の浅ましさを恥じ、人の家に逃げ入って竈の後ろにかがまり匿れたとあるのをみてもわかる。蘆を刈って露命を繋いだというのも、必ずしも「あしからじ」また「あしかりけり」の二つの歌がまず成って、これを能因《のういん》法師の流義で難波の浦に持っていったと解することができぬかと思うのは、全然同種の近江の話に箕作の翁と言い、沖縄においては笊を売りに奥州においては草履を売りに、あるいはマダ木の皮を剝ぎまたは薪を刈って、これを背負うて売りに来たというのが、同じょうなわびしい姿を思わせ、ことによると肥後の薦編みや蓆織《むしろお》り長者、羽前の藁打ち長老の因縁を引くかとも思われる上に、さらに偶合としてはあまりに奇なることは、豊後の内山附近にも蘆苅という部落があり、同じく臼杵の深田村では、小五郎の子孫と称して蘆苅俊蔵氏あり、さらに同じ苗字が広く宇佐地方にまでもおよんでいることである。かつて後藤喜間太君が写して示された、豊後海部郡の花炭の由緒書には、小五郎七十八代の後裔草苅左衛門尉氏次の名を録し、『豊鐘善鳴録』には長門国《ながとのくに》にも、草苅氏という一門が分かれていたと記してある。いわゆる山路の草苅笛の故事をたどれば、蘆苅はむしろ誤りではないかと思ったが、現にこれを名乗る旧家がある以上は、争うべき余地がない。さらに進んでその旧伝を、究めてみたいものである。

十二

はてしもない穿鑿《せんさく》は、もうこのくらいでいったん中止せねばならぬ。他日もし幸いに機会があったら、宇佐の根原が男性の日の神であり、その最初の王子神が、賀茂大神同系の別雷であり、次の代の若宮が火の御子であり炭の神であって、いわゆる鍛冶の翁はその神徳の顕露であったということの、はたして証明し得べきや否やを究めてみようと思う。現在の祠官《しかん》たちの承認を得ることはむずかしいが八幡には今なお闡明《せんめい》せられざる若干の神秘があるらしく、これはただその一端だけである。自分の試みは単に文字記録以外の材料から、どの程度まで大昔の世の生活が、わかるであろうかという点にあって、ことに奈良の京以後突如として大いに盛んになった宇佐の信仰が、本来は南日本の海の隈、島の蔭に、散乱して住んでいたわれわれの祖先の、無数の孤立団体に共通した、いたって単純なる自然宗教から出たものでないかどうかを知りたかったのである。『託宣集』や『愚童訓《ぐどうくん》』別本をみると、宇佐の山上には最も神霊視せられた巨大なる三石があった。火の神とは伝えておらぬが、寒雪の中にも暖かみありといい、または金色の光を放って王城の方をさすとも言っている。しこうして三箇の石は竈の最初の形であり、したがって火神の象徴であることはすでに認められている。これによっていわゆる三宝荒神の思想も起こった。沖縄諸島においても御三物と称して三石を火の神に祀っている。ただ、いまだその起源に関しての説を聞かぬが、三箇のほぼ同じ大きさと形の石が、引き続いて海からゆり揚がる時は、これを奇瑞として拝したようである。この二つの信仰にはおそらくは脈絡があるであろう。すなわち南島の従兄弟たちは、いまだ石凝姥《いしこりどめ》・天目一箇の恩沢に浴せざる以前からわれわれとよく似た方式をもって、根所の火に仕えていたのである。炭焼長者の話がいと容易に受け入れられたゆえんである。

『遺老説伝』には与那覇親雲上鄭玖、ある日未明に久米村から、首里の御所に朝せんとして、浮縄美御嶽の前を過ぎ、一老人の馬に炭二俵を積んでくるに逢うた。老人は強いて玖をして家に引き返さしめ、かつその炭俵を与えて去る。後に侍僮をしてこれを焚かしめようとするに、どうしても焼けず、よく見れば炭はことごとく黄金であったと言う。信州園原の伏屋長者が半焼けの炭を神棚に上げておくと、それがたちまち金に化したというのと、まったく同日の談であったが、黄金を産せぬ島では、ことにこの不思議は大きかったことと思う。すなわち千瀬の練絹《ねりぎぬ》をもって取り囲んだ蓬莱山にあっても、父が炭焼藤太でなければ、その子は金売吉次であり得ないという理屈が、はっきりとその世の人の頭にはあった。ただしわれわれは今が今まで、もうこれを忘れてしまっていたのである。

阿遅摩佐の島

大正十年二月二十一日夜、久留米《くるめ》市中学明善校にて談話。この夕べ大いに雪ふる。

一

十二年前に、一度私はこの地を通って矢部川《やべがわ》の上流に遊び、冬野という村を経て、肥後の来民《くだみ》へ越えて行き、それから段々と南の国を廻ったことがあります。阿蘇の火山を中心とした中央部の山地にも、三方四方から入ってみまして、今なお鮮明なるいろいろの印象をもっていますが、今回は島々の旅から帰って来たのでありますゆえに、お聞きくださるならば主として海の方の話をしたいと思います。前回は鹿児島ではちょうど今の大みかどがまだ東宮においでになって、海を巡って行啓《ぎょうけい》を遊ばされたばかりの時でありました。県の物産館に、そのおり献上をした蒲葵《ほき》の笠や団扇と同じ品が、記念のために陳列してあるのを見て、はじめて私は旧日本の国土にも、この植物のあったことに心づきました。そうしてさらに考えてみると、山城の京の数百年の間、白く晒したビロウの葉をもって、美しい車を造り、これを牛にひかせてあまたの貴人たちが、都大路や郊外の野山を、清少納言のいわゆる「のどやかに遣って」いたので、もちろんその原料の樹木が、国内のいずれかの地に、成長していたことを推測せねばならなかったのでありました。『飾抄《かざりしょう》』という書物には檳榔《びんろう》は前関白近衛殿の御領、鎮西志摩戸荘の土産なり、よって所望してこれを用いるとあります。志摩戸はすなわち今の島津家の名字の地で、大隅国の東の境、近世略して荘内と呼んでいた広大なる荘園でありまして、現在はもはや内陸の方には、この木は一本もないようでありますが、志布志の港町の前面、一里（約四キロ）足らず離れた海上に、大いなる蒲葵島があって、高くぬき出た若干の松を除くほか、全山すべて蒲葵であります。現に献上の笠扇の類も、この地の住民が浄《きよ》まわって製したものだと承りましたが、常から若干の住民が、今なおこの職に携わっているのであります。

島津氏の所領は、中世以後しだいに膨脹して、さらに薩摩の西海岸において、いくつかの蒲葵ある島を包容しました。南から数えると秋目の港外に、優雅な姿をして立つ枇榔島、串木野《くしきの》村の海上十八町（約二キロ）にある羽島一名沖の島、阿久根《あくね》の沖にあってかつて藩主が鹿と都鳥とを放したという雌島一名桑島のごとき、地誌や地図に現れたものでもこれだけあります。日向の東海岸にも、なお幾つかあるのです。なかんずく宮崎の市からわずか南、折生迫《おりゅうざこ》に接した青島は有名で、近ごろはたくさんの絵葉書も刊行せられ、汽車に乗ってみんなが見物に行くようになりました。すなわち所望する人があるならば、都の檳榔毛の車の用い料ぐらいは、どこからでもこれを採取することができたわけであります。しかもこの物を特に大隅の島津荘からばかり出すことになったのは、まったく輸送関係の変遷からでありまして、決してこの地方以外に蒲葵を産する島がなかったゆえではありません。距離は遠方でも島津荘はいたって大きな荘園で、年貢や人の往来のために兵庫堺への船便のついでがいくらもあり、近いところよりはかえって取り寄せることが容易であったらしいのです。

『延喜式《えんぎしき》』の時代には、まだビロウで飾った車は流行しなかったのですが、他に朝廷の御入用があって、九州では太宰府が、これを取り揃えて貢進しました。すなわち民部省式のもとに、檳榔の馬蓑六十領、同じく螻蓑《けらみの》一百二十領とあるのがそれであります。車の代わりに乗馬の飾りとして、賞玩せられたらしいのであります。太宰府は御承知のごとく、九州二島をあわせ支配しておりましたから、これもまた大隅薩摩などの島より取り寄せたものとも想像し得られるかも知れませんが、そうまでせずともずっと近くの海岸にも、所々に蒲葵は生長していたのであります。それからまた典薬寮の式には、太宰府より進する年料の雑薬十二種の内、檳榔子二十斤（約一二キロ）というのがみえます。これも多分蒲葵の実のことで、中世以後シナから輸入して香料薬用に供し、後には染物にも使われたる本物の檳榔子とは、別の品であったろうと考えます。蒲葵は元来檳榔とは全く別種でありまして、蒲葵をビロウと呼ぶのは混同の誤りかと思います。松村博士の『植物名彙』によれば、蒲葵は Livistonia Chinensis Br. でシナの在来種、檳榔は Areca Catechu L. で輸入種だとあります。その檳榔は沖縄の島でも、首里の円覚寺に二、三本、伝来の知れたものがあるくらいで、内地の方には成長せぬものであったのに、はじめて漢字を日本に持ち込んだ時代、うっかりと蒲葵の木に、檳榔の字をあててしまったのです。最も最初には、字音をもってこれを呼んだのでなく、別にアジマサという語がありました。たとえば檳榔之長穂宮と書いてアジマサノナガホノミヤ、大山下《だいさんげ》狭井連檳榔と書いてサイノムラジアジマサと唱えていたのでありますが、しだいに漢字に親しくなって牛車の行なわれるころには、大かたの者がこれをビロウ毛の車と言うようになり、したがってこの木もそう呼ぶにいたったものとみえます。あるいは説をなして、檳榔の字とは関係はない。比閭という漢語の音を移したものであろうと言う人があります。新井白石先生などもその一人であるかと思います。枇閭はまた栟櫚とも書き、すなわち日本に多くある棕櫚のことでありまして、檳榔などよりははるかによく蒲葵と似ており、シナでもおりおりこれを混同した人があると申しますが、しかし判別は決してむつかしくありません。一方は葉がこわく幾筋にも分かれており、蒲葵は柔らかくて続いています。柔らかいゆえに笠や団扇にも造ることができるのです。また棕櫚には縄にするような丈夫な毛がある代わりに、葉は決して白く美しく晒すことができませぬ。それに一方は随分寒気にも堪えて、中部以北の霜雪の中にも繁茂しますが、片方は南の海辺だけの物で、今までわれわれでも知らなかったくらいであります。花や実を見ても、その香気を嗅いでも、また単に樹の形だけでも、見分けることは容易ですから、比閭というような耳馴れぬ漢語を採用する余地もなく、またビロウをヒリョと呼ぶ人はなかったようで、結局は檳榔という異国情調の豊かな文字に絆《ほだ》されて、千年前の古人もなお誤りを残したものであります。

二

九州以外の国からも、いわゆる檳榔の葉はこれを朝廷へ納めておりました。同じく民部省の式の次に諸国の年料別貢《べっく》の雑物、伊予国檳榔二百枚とあるなどがその証拠であります。伊予には西南に暖かい島が多く、現在土佐に属している沖島あたりまで、昔はその管轄であったから、いくらもこれを採取することができたこととは思うが、はたして今のどの島に産したものか、実地を見ないから想像がつきませぬ。流布本の『延喜式』はこの条に誤りがあって、檳榔の櫛二百枚となっているためにいろいろ無用な想像説も出たようですが、櫛には何としても製しようのない植物で、全くこれは榔の字の重複を櫛の字とみた誤解であり、二百枚の数は蒲葵の葉を数えたものであります。そんならその葉は何のために御用いになったかと申すと、それも同じ記録の内膳司式に、毎年の十一月、向こう一か年の料として請い受くる檳榔葉二十八枚、内八枚は御飯を扇ぎ涼す料、他の二十枚は雑膳の火を扇ぐ料とあるなどが、その用途の一例でありました。禁中の御仕来りは些細なことでも、こうして例条を定めおかれるほど、古風をよく守るものであるのに、どうしてまた御飯をさます扇までに、珍しい遠地の産物をお使いなされたものであろうか。単純なる物好みとは私には考えられないのであります。あるいは尊い御方の御食物に当てる風は、特に蒲葵の葉より生ずる風でなければならぬ道理があったのではないか。伊勢の斎宮でも毎年御座所の料として、この葉を二枚ずつ乞い請けておられたというのをみれば、あるいは何かもう忘れてしまった特殊の事情があったのかも知れぬと思いました。もっとも蒲葵の扇は今でも人がほしがるように、しゃれたものでもあれば調宝な物でもありました。紙の不自由な時代に、これを扇にしようとしたのは自然であります。ゆえにただの人もその扇を使っていたことは、絵巻物などにおりおり現れております。今日南支南洋からみやげに持って帰る団扇とは形がまるで違ってはいましたが、以前は山伏修験者も必ずこれを携えていました。しかも日常の家具としてではなく、峰入《みねいり》の時には必ず腰にさし護摩の節にはこれで火を起こす。いわば一種の信仰上のシンボルであって、その名も陰陽道にちなんで簠簋扇《ほきせん》と言っていたのは、もちろん蒲葵扇の音によったものであります。国史大辞典の修験道の条にはその蒲葵扇の絵が出ています。シナで仙人や隠者が手に持つ団扇とは、まるで形のかわった、頭が小さくかつ三角なものであります。その昔内膳の司において用いられた蒲葵の葉も、はたしてこれと同じ形であったかどうかは知らず、とにかく扇に編んで使ったことだけは疑いがありませぬ。

『延喜式』のできた時よりもずっと前、光仁天皇の御代しろしめす宝亀八年の五月に、渤《ぼっ》海《かい》国の使節史都蒙ら蕃に帰るに臨みて、かの国王に書を賜わり、海石榴《つばき》油《の》一缶《ほとぎ》、檳榔の扇十枚などを、請に任せて贈り賜わったとあるのが、多分は記録にこの物の名の顕れた初度であります。御承知かと思いますが渤海は高句麗の遺種で、長白山の北麓から、今の浦潮《ウラジオ》斯徳《ストク》豆満江《とまんこう》の辺までを版図として、独立していた一国でありますが、当時強大なる契丹《きったん》に仲をさえぎられ、南出してシナの文明に接触することができず、艱難の船路を越えてはるばるとわが朝に誼《よしみ》を求め、前後百七十年の間も、参り通うていたのであります。そうして雪深き彼らの本国において、海のこなたの緑の島をゆかしがったことは、一つにはまた珍しい南方の産物が、望みのままに給与せられたためかとも思われます。すなわち渤海王朝の人々にとっては、わが一群のやまとの島々が、やはりいわゆる「阿遅摩佐《あじまさ》の島も見ゆ」であったらしいのであります。

三

私はなお進んで、この蒲葵という植物が、現在どの辺まで分布しているかを知ろうとしました。薩摩の西海岸のビロウ島のことは前に申しましたが、それから北に進んで肥後の八代郡にも、檳榔島という島がありました。「八代城から西三里余にあり、渡海の船の風濤を避くるもの、多く来たり泊するをもつて一に着島《つきしま》ともいふ。蒲葵の木多く、神ましましてこれを採ることを惜みたまふ。また虻多し。宝暦のころより薩摩の土人、往々にして来たり盗む」と、『肥後国志』には書いてあります。かの隣国人が聞いたならば、必ず抗議すべき記事でありまして、私もそんな必要はなかったように思います。不知火《しらぬい》湾の沿海には、その後だんだんの埋立新田ができて、この島も今は内陸につづいてしまったようでありまして、とにかくにこの木の繁茂している島は、しばらくあの辺を旅行してみましたが、ついに心づかずにしまいました。それから有明海島原半島の沖などには、あるかも知れませぬがまだ聞いておりませぬ。しかし肥前には古風土記の松浦郡値嘉《ちかの》郷、小近《おぢか》大近島の条に産物として檳榔を挙げております。すなわち昔からすでに知られていたのでありま す。五島の中にはまた一つの枇榔島のあることが、『日本実測録』にはみえています。今は美良島と書いて、福江島の南の端に近くあります。平戸附近の島にも、近年できた『平戸しるべ』という本に、アコウ・ビロウ・ヘゴ・チカラシバなどの亜熱帯植物が健全に成育するとありまして、上下阿値《あちか》の小島などにもたくさんあるそうです。貝原氏の『大和本草』にも、『肝前平戸に蒲葵多し、対馬にてゴハと言ふ」とあります。朝鮮全羅の多島海にも檳榔嶼あるいは蒲葵嶼と名づくる小島が二つまで地図の上に見えますから、それより緯度の低い対馬にあるのも不思議ではありませぬ。それよりも珍しいのはゴハという名称が飛んでこの辺の島にあることとです。ゴハはことによるとコバの聞き誤りかも知れませぬ。沖縄県の諸島では、いたるところ蒲葵をクバと称し、ビロウという語を知らぬのでありまして、大隅日向の南端にも、なおコバという名詞が残っています。今の沖縄語ではオ列はことごとくウ列に発音し、現に書いた物には多くコバとなっていますから、もちろん一つの語であります。あるいはがばがばという葉の音から出た名称かも知れませぬ。しかも京都の文人たちも、全然コバという語を知らなかったわけでもないのに、どうしてまた誤ったるビロウの方に移ってしまいましたか。[53]今の若い人が英語を口にすると同様な、軽々しい風流心にでも帰するの他はありませぬ。赤染衛門の歌の集に、人のもとにコハのあるを一つ乞うに惜しみければ、出したるままに取りて帰りて云々とあって「盗むともこは憎からぬことと知れ」という歌があります。伊勢貞丈は右の『大和本草』の記事を引いて、コハすなわち蒲葵である。車の飾などの用途のために、京都に取り寄せて貯えていたものを、一枚だけ所望したのであろうと言っております。さすれば沖縄の島言葉が、後に内地の方へ移ったものとは、いよいよ推定しにくくなるのでありまして、注意していたならば地名か何かになって、なお内地にも痕を留めていることが、見出され得るかも知れませぬ。

本土の海岸でこの植物の成長するのは、現在の私の知識においては、紀州が北の限であります。『紀伊国続風土記』の物産の部に、「蒲葵ビロウ、在田郡所々に産す。北地には絶えてなし」とあります。小野蘭山の享和二年春の日記にも、湯浅の町に近い広村の八幡宮の社地に、巨大なる蒲葵の一本を見た記事があって、これは確かであります。和泉にはどこかにこの樹があるということが、白石手簡の中には言ってあるが、この方は噂ばかりで、まだ実跡を得ませぬ。しかし必ずしも空な話でないことは、大昔、仁徳天皇の淡路島行幸のおりに、御眺望に入った阿遅摩佐の島が、これより遠からぬ海上にあったという一事からでも認められるのです。近世に右の御製の注釈をした橘守部[54]はこういうことを書いております。大阪の商人で淡路島の産という蒲葵の葉を売っている者があったので、その店について問い合わせてみたところが、実は淡路の近傍に一島蒲葵のみを生ずる小島がある。その島から持ってくるのだが、世間の人があまねく知らぬ島だから、かりに淡路からと言って売ると答えた。多分はその島が大昔のアジマサの島であろうと言ってあります。そのありどころがはっきりとせぬ限り、何ともいうことはできませぬが、とにかくに近いころまで、瀬戸内海の東部にこのような島があったものかと思います。現在はもう跡形がなくても、それでこの話を疑うわけにはゆきませぬ。保安林の制度が定められた前、一時盛んに島の木は伐られました。名ばかりビロウ島と称してその木の絶えた島が、すでに幾つかあるのです。土佐の西南幡多郡柏島から一海里（約一・八五二キロ）ほど沖に、地図にもビロウ島とある岩山があります。『土州淵岳志』にはこれを蒲扇島と記し、地方《じかた》の人民が舟で渡って蒲葵の葉を採り来たり、笠に縫うて売買する。地は狭くして漁民も住み得ず全島ほとんど他の植物がないと言っていますが、それはことごとく昔の事実で、前年私の友人関口健一郎君が、行政裁判所から臨検に行ってきての話には、ビロウは今はもう三本しかない。全島いたるところ岩菅の大きな株が繁茂し、俗にカツオ島と称する大水凪鳥が、無数にその蔭に子を育てているのを見たということでありました。同じ書物の中にはこの植物、土佐にはこの島よりほかになしとありますが、それもまた信じられませぬ。現に土佐国の内陸に属する地名にも、蒲葵というところがありました。こうして考えてゆくと、ビロウすなわちコバはわれわれの祖先の生活と、はるかに今よりも親しかったこと、それがしだいに都近くから消えたのは、むしろあまりにこれを賞用したためであって、天然は必ずしもその成長分布を妨げていたのでなく、ただ幾分か繁殖の条件が南の方よりは悪かった結果、このごとく需要に追いつかなくなったまでだということが、ようやく明らかになるように思われます。いわゆる檳榔毛の輿《こし》や車は、蒲葵の葉が手に入らぬ場合には、菅の葉をもってこれに代えたそうであります。菅はもとより京畿以北の日本に、盛んに茂っていた水草ですから、蓑や笠にはこれを用いてよかったのですが、それにしても笠を作ることを縫うと言ったのは、菅という草から始まった語とは思われません。伊勢の神宮の御田植の神事か何かに、必ず蒲葵の笠を着ていた例があるということを、白井教授から承ったことがありますが、後にはどう変化しているものか、たずねてみたいと思ってまだそのままになっています。伊勢には限らず国々の社の神態には、昔は笠が大へん重要な装束の一つでありました。その笠がもと何物で縫われてあったかは、われわれの信仰の由来を究めるために、いたって大切なる問題であります。次には中世の流行であるにしても、車を蒲葵の葉で葺《ふ》きまたは飾るという風習は、つきもなく卒然として始まるべきものではありません。これにも何か今一つ前の代から、その根ざしになった古い生活の法則があったのではありますまいか。『古事記』の垂仁《すいにん》天皇御宇《ぎょう》の条に本牟智和気御子《ほむちわけのみこ》出雲国にいたり、檳榔之長穂宮に坐すとある記事はおよそ三つの場合を想像させます。すなわち当時はあの国の海にも蒲葵島があったか。そうでなければ大分の遠方から、この葉をたてまつらしめて、とにかくに御仮宮にアジマサをもって葺きかつ囲われてあったか。あるいはまたその宮をかく称えるだけの別の理由、たとえば菅などをもって白々と美しく清らに屋根を蔽うて、人をして長くこの植物の名を記憶せしめたのか。いずれにしてもこの葦原の中つ国に、久しく住み着いて後までも、コバはなおわが民族に属した樹木であったのであります。

四

大正十二年[55]の春、「郷土研究」という雑誌に、私はこの蒲葵島の話をざっと書いて、いかにして蒲葵が古くから日本の土地に分布していたかを考えてみようとしました。それにはこの木の形がいかにも南洋くさく、わが国のような高い緯度には似つかぬように思われたことと、その従兄弟の棕櫚なるものが、中世以後の帰化種であるらしいことから、やや一種の予断を作っていたかも知れませぬが、とにかくに豊後水道の両側の島々、あるいは朝鮮半島の一端から五島平戸甑島《こしきじま》の内側にかけての一列と、いずれもほぼ南北線の上に連なっているのをみて、これは春秋の渡り鳥が種子を運搬するのではないかと推測しました。海沿いの地の温度湿度が特に繁殖の条件であるならば、島と相対した内陸にもあるべきはずなのに、ひとり人住まぬ静かな島だけにこの物を見るのは、無心無感覚の運搬者ではないだろうと考えたのであります。ことにこの推測を強めてくれたのは、天野《あまの》信景《さだかげ》の随筆『塩尻』の記事でありました。同書（帝国書院本）巻五十三にはこんなことが書いてあります。日向の海にビロウ島がある。毎年朝鮮の方から鵯《ひよどり》千万となく渡り来たってビロウの実を食う。その後鷹曇りと称して、何日か続いて薄雲の空を蔽うことがある。土地の人たち鷹くるべしというに、必ず鷹多く韓地より飛び渡る云々。日向の人から聞いたらしい話で作りごととは考えられずまた東部日本においても、椋鳥鶫《むくどりつぐみ》などの来る道と期日とは一定しておりまして、したがって食料などの約束も不変ですから、今まで蒲葵のなかった遠方の島にも、いつかはこの種を運んで繁茂せしめることがあったろうと、考えてみたのであります。

ところが久しからずして、この説の弱点は露れ始めました。まず第一着には本多林学博士が、蒲葵の実は大きくて、とても鵯には食えないと申されました。実は最近まで、私はビロウの実は見たことがなかったので、この専門家の横槍にはすこぶる閉口いたし、かつはつくづくと書斎の学問の、しようもないものであることを感じました。そこで今回の南日本の旅には、最初から団子《だんご》婿《むこ》のおどけ話のように、ビロウの実コバの実と口癖に唱えながら、島々を経廻ったのであります。そうすると第二にゆき当たったことは、蒲葵の分布がかねての想像よりも、ずっと広かったということであります。すなわち紀州の湯浅辺にもちゃんと古木の蒲葵がありました。また人の住む島にもやはり立派に成長していました。豊後の姫島にもあるということを教えてくれた船乗りがありましたが、それは自分で見たのではありませぬ。同じ国の中浦半島、すなわち鶴見崎の鼻を南へかわすと、眼の先に沖の黒島が現れ、そこにはもうこの木がありました。それから下入津《しもにゅうづ》の村を横断して蒲江の港に出れば、海上四里ばかりに深島という島があり、日向へ行く船はその近くを走ります。ここには住民も二十何戸、蒲葵林のそばに小学校の分教場まであるのです。日向でも青島から南には所々にこの木を見かけます。油津を船で乗り出すと、少し行って簗島という島は、やはり小さな部落があり、土蔵の白壁に蒲葵の緑の影が揺らいで、ちょっと珍しい風情をみせておりました。この対岸は南那珂郡市木村の山地ですが、わずかながら所々に蒲葵が生えているそうです。青島のごとく保護せられておらぬためにしだいになくなると申します。現に近ごろの共進会にも根つきのまま出品するように、郡長が勧誘を受けたけれども、入費が高くつくので中止したとも聞きました。都井《とい》の岬の御崎神社は野生の蘇鉄を天然記念物として保存していますが、蒲葵はもとなかったようです。それを新たに簗島から移植しようと試みて、思うとおりに根をおろさなかった、半枯れの木を幾つか見ました。しかし今しばらくすれば、ここも一つの蒲葵の名所となるかも知れませぬ。大隅半島に入ってみると、島でなくても蒲葵は多く、ことに神社の境内には、必ずと言ってもよいくらいにあります。佐多の岬の御崎神社は、島津家で尊崇せられ航海の保護神でありますが、社頭には蘇鉄よりも蒲葵が多く、その見事なる老木をもって霊境を取り囲み、私が参詣した十二月晦日には、よく熟した実はあまた落ちこぼれ、また去年の実から若芽を抽き出していました。この社の信仰においては、みだりにこれを採ることを禁じているようであります。その代わりには岬の前面に小さな一つのビロウ島があって、土地は灯台に属していますが、村の者の葉を採ることを大目にみています。年にざっと三百円ほどのもので、下駄の鼻緒や笠などを造って売るという話でありました。

私はこの九州の南の端まで行って、ようやく気づいたことが三つありました。一つにはいくら土地の人の言うことでも、一から十までそのままは信じられぬこと、ことに彼らが知らぬというのを、ただちにないとは解すべからざることです。たとえば私が試みにこの木の名を問うと、ビロウと答えてコバとは言わないと明言した者が、少し間を置いてまた試みにこの葉は何に使うと聞いたら、コバ笠を作るのだと言いました。こんな経験は沖縄の方でも何度かあった。多くの人は忘れたということを忘れているものであります。第二にはこの植物の用途が、南日本の田舎においても思いのほか広くして、しばしば繁殖が間に合わぬらしいことであります。したがって今は少しもない地方にも昔から蒲葵が成長しなかったと思うことは、誤りの断定を導くおそれがあります。第三に蒲葵がわが国に固有であったことは確かとしても、どれが野生でどれが養殖であるかの差別は、そう容易には立てられぬことであります。違った言いあらわしをするならば、コバの樹の分布については、鵯などよりもはるかに貴くかつ霊ある者が、その運搬および保護に参与していたらしいことであります。この点は南の島々を巡って、いよいよこれを確かめましたが、南九州の各地においても、今日蒲葵の存在する場所は、若干の人家邸内を除きましては、他はほとんどみな神の社の地であります。佐多でも御崎神社の他に、大字郡の神社などはことに大木の林をなしています。路傍の小さき社にも一本二本が眼につきます。他の地方で申せば、前に挙げた肥後八代の着島をはじめ、薩州秋目の蒲葵島も戸柱大明神と称して祇園を祀り、六月十五日が祭日であります。日向の青島にも権現の社あり、彦火々出見尊と仰がれています。ことに著しいのは大隅の志布志の沖ノ島です。港の石垣に凭って眺めると、手に取るばかり鮮やかに見えますが、島には蚋《ぶよ》や蚊が多いと言って、稼ぎに行く者の他は常に渡ってみませぬ。島の頂上に檳榔御前、あるいは飛滝権現とも書いてある姫神の社があって、正月申の日には行って祀りました。天智天皇の御女乙姫宮、御母は玉依姫と伝えていますが、元禄の初年には瀬多尾権現の別当小野寺の相模坊、島津殿の代参としてこの島に祈を籠め、三略書という一巻を天狗から直伝したという話もあって、恐ろしい神様であります。おそらくは笠団扇の原料を採りに行く人々も、深い信心と約束とをもって、ようやくのことでこれを許されていたのでありましょう。社は建ててなくともその他の島々でも、蒲葵はただいたずらに繁茂していたのではないようです。

五

それから立ち戻って、はたして鵯が蒲葵の実を食うかの問題でありますが、なるほどこれはすこしむつかしいことになります。私は所々でこの実を採集し、つぶさに考察してみましたが、色も形もほぼ食卓のオリーブくらいのもので、大きさから言えば、樫《かし》の実ほどですが、あれは容易に二つに割れるに反して、こちらは棗《なつめ》などのごとく、中に大きく堅い核がある。かけ離れた島まで携えるのには鳥は一旦これを嚥下《えんげ》せねばならぬわけですが、それは鵯には望みにくいと思いました。しかしそれでもなお懲りずに、逢う人ごとにいろいろの形でこのことをたずねました。たとえば磯山の中腹にあるいは灌木の林にまじって、ぽつんと一本の蒲葵がある。あれは誰かが栽えたのか。いいや生えたのじゃ。しかし近くに親木もないのに、どうして種が落ちるかね。大かた鳥じゃろう。こういう問答をしたこともあります。またある人は鴉が蘇鉄の実をくわえて飛んで行くのを見たと教えてくれました。奄美大島は本年は蘇鉄の実の収穫の年で、どこへ行っても累々として蘇鉄の林が美しく、ことにこの話を何度も聞きました。鴉は黒いもの、蘇鉄の実は丹色《にいろ》ですからいたって目につくのです。これと鵯のビロウの実と、何も関係がないようですが、蘇鉄の実はほぼ二銭銅貨大で、厚みがあの四倍ほどあり、蒲葵の実対鶫とおおよそ同じ比例である上に、中の核の硬く大きいことも一様です。ゆえにもし『塩尻』の記事が、日向の人のうそでなかったら、食べる以上はほかの地へも持ってゆくだろうと思われますが、ただ私がはるばると大海を越えて、熱帯の島からでも来るように想像したのは根拠のないことでありました。そうすると結論はこうなります。蒲葵は南九州ほどの温度には本来相応せぬもののようにみえるが、実際は始めから日本国の木であった。ただし人の入用が多いために、しばしば根絶するおそれがあったのを、幸いに神の森に保存せられており、またある力がそれを意外の地にも運び、意外な繁殖をみることもあったらしい。そうして敬虔なる昔の人が、われわれとは別様な態度をもって、その事実を観察していたかと思うことは、これからなお少しく考えてみようとするのであります。

鹿児島湾を船で横ぎりますと、大隅半島の西岸では大根占《おおねじめ》村の民家に、はじめてよく成長した蒲葵の木が、高くそびえているのを見かけます。南するにしたがってしだいに多く、いずれもよく耕された畠の畔か、そうでなければ人の垣根の中であって、その他はみな神地のみであります。そうしてただの家でもこの木のないところでは、みなその葉をほしがっております。佐多から戻ってくる時に、私の荷物を背負ってくれた女なども、そのついでに伊座敷《いざしき》の親類を訪ねると言って、手土産とも言われないビロウの葉を十枚ばかり、鞄の上へがばがばと結わえつけました。野生とは申してもちょうど今日の京都附近で、松蕈《まつたけ》を保護する程度の人為が加わっています。法律がこれを顧みぬ代わりに神様が世話をしてくだされます。不思議なことには沖縄本島に渡っても、事情はまさにこれと同じようでありました。ビロウの団扇は琉球からきたと言い、もしくは少なくともその製法を彼に学んだと思う者が多いくらいだから、南だけにこの木もたくさんあることと思っていますと、やはり旧家らしい人の庭に、庭木として大切に育てているもののほかは、ほとんどみな御嶽の茂みの中にあるばかりでむしろこの木を遠く望んですなわち御嶽なることを知るというありさまでありました。奄美大島と佳計呂麻の島では、それが一層少なくなっております。村の屋敷にも神社にも、探してやっと見つけるというほどしかありませぬ。これはこの島の信仰にやや近世の変化があったことと、同時に生活の促迫が一段と切であったことに帰しても、誤りがなかろうと思いました。大島と薩摩との間に棊布《きふ》しているいわゆる道の島々においても、やはり蒲葵は今まさに種を絶たんとしているようであります。孤島の飢饉というものは、われわれが想像にもおよばぬ怖ろしいもので、ことにこの方面には近年野鼠の害が多く、この獣が繁殖した年は、ある限りの青い物を食い尽くさねばやまぬこと、大陸の蝗《いなご》の害と似ております。そんな場合には人もまた争うて野生の草木を採って食うのです。わずかに神の杜の森厳をもって、盗伐を制止し得たというのはむしろ哀れであります。『三国名勝図会』巻二十八に、「黒島の黒尾大明神、御神体は大小の石十三。社の山には蒲葵多し。土人は神木としてその落葉をも取らず。同じ島管尾大明神、あるひは黒島大明神ともいふ。海岸に接し蒲葵多し。土人神木として伐り取ることを禁ず。昔はこの木山中諸所に多かりしが、皆伐り尽くして神山のほか残すところなし」とあります。これに隣する竹島、俊寛を祀っている硫黄島、その他の沖ノ小島においても、事情は似たもののように思われます。この『三国名勝図会』ができてから、今はまた百年になんなんとしていいます。かりにその後の変遷によって、はや一本も影を止めず、渡り鳥はいたずらに往来するようになってしまっているとしても、私はすこしもこれを怪しまぬのでありますが、事実はおそらくはまだこの記事のとおりでありましょう。

六

コバの木の分布と保存に、神が参与してお出でることを知るためには、どうしても沖縄の島々を見てあるかなければなりませぬ。もとは異国のごとく考えられたこの島の神道は、実はシナからの影響はいたって少なく、仏法はなおもってこれに対して無勢力でありました。われわれが大切に思う大和島根の今日の信仰から、中代の政治や文学の与えた感化と変動とを除き去ってみたならば、こうもあったろうかと思う節々が、いろいろあの島には保存せられてあります。必要なる片端だけを列挙しますならば、まず第一には女性ばかりが、御祭に仕えていたことであります。家の神が一族の神となり、しだいに里の神・地方の大神と、成長なされたらしきことであります。巫女を通じての神託によって、神の御本意と時々の御心持ちとを理解し、これに基づいて信心をしたことであります。神の御名は神御自らが託宣をもってこれを顕したまい、したがって割拠の時世においては御嶽ごとにおのおの異なる神が出現なされ、諏訪八幡のごとき勧請分霊の沙汰のなかったことでありまする。八百万《やおよろず》と申していながら、『古事記』『日本書紀』の神代巻によって、神を訂正しようとするがごとき、くわだてのなかったことであります。神は御祭のおりのみに降りの御名たまうものと信じていたことであります。神を社殿の中にお住ませ申さず、大和の三輪の山と同じように、天然の霊域を御嶽《おたけ》として尊敬していたことであります。

その上になお、神人と人神との差別が明白にありました。すぐれた人は死して祀られて、神と同じ尊さに上りますが、その他になお最初から神であった神が、人に憑いて年ごとにこの世に出現なされました。そうしてその出現の場所を、神みずからが選定なされたもの、それがすなわち御嶽であるのです。現今の沖縄人は、ウタキ（御嶽）とウガン（拝所）は同じ物だと、誰に訊ねても答えますが、私はなお疑いをもっております。ことによると山の神また海の神が、お降りなされるという考え方が世を経てようやくうとくなり、内地と同じように、しだいに二種の神霊を差別せぬようになった結果人を葬った一個の塚、人の建てた一基の石塔をも、御嶽と呼んでもよいことになったのではなかろうか。すなわち前代においては、拝所と言えばすべての霊場で、その内の空より降り沖より寄りたまう神の祭場、すなわち『琉球神道記』にいわゆる拝林だけを、取り分けて御嶽と称えたのではないかと思っています。沖縄で一番大きくかつ大切な斎場《さいば》御嶽なども、域内は一町歩以上もあって、その中には五つも六つも拝所が分かれてあります。その一々の石または岩窟を、さらにウタキとは呼び得ないもののようであります。

御嶽はかならずしもわれわれがこの文字によって想像するごとき高山の頂ではありませぬ。むしろ多くの場合には里に接したわずかの丘、または平地の林でありますが、隙間もなく草木が茂り、その内景は神秘であります。普通は前面の空地に石の香炉を置き、そこを拝所または祭場にしており、林の中へは入り込む道もないかのごとくみえますが、祭の日にはノロ（祝女）カミンチュ（神人）などの婦人のみが、式法に遵《したご》うてここに出入りし、神をお迎え申してきたと言いますから、なお林の奥にも一定の結構があったものと思われます。祭に仕える者の詞をオタカベと言い、これに答えたまう神の御詞をミセセリと申します。その中にしばしば繰り返されたオウタモト、シキタモトという語は、すなわち中央の祭壇と外側の祭壇とを意味しているのかと考えます。宮古・八重山の二主島、または大島の二、三の村においては、御嶽の構造が少しく沖縄の本島と異なり、外の入口に鳥居に似た門があり、普通の拝所がその内にありますために、われわれはやや立ち入って中の様子をうかがい知ることができました。霊場の中央はさらにまた珊瑚礁の石をもって、一区を劃してあって、これをオブと言っております。わずかの地積ながら樹木深く、極めて屈曲して細道がついています。八重山の宮良《みやら》村で、所々の御嶽を案内してくれましたのは、前盛某という最も順良な青年でありましたが、オブの中へ入らぬはもちろん、その正面に立つことをさえも避けました。理由をたずねると、ただどうしてもそうする気になれぬと、しおらしくも答えました。宮古の方ではこの内陣の門は、干瀬の石を斫《き》って造った高さ二尺ほどのもので、匍《は》わなければ入られぬように最初からできています。しかししいて見ようとすれば、中のようすは石垣越しに樹の間からでも見られるのです。学問のため憚《はばか》るところなく申すならば、その細い道の行きどまりに、何か樹木があってそれがしばしばコバでありました。樹下には形の尋常でない海石を、置いてあることがあります。正面わずかばかりの地には、清浄の砂が布《し》いてありまして、その上にマガリという素朴な土器を置き、あるいは二尺もある硨磲《しゃこ》の貝が、仰向けにしてあることがあり、そうしてまた香炉がありますす。香炉の一点を除けば、他はことごとくコドリングトンの、『メラネシヤ誌』などにある写真などと同じ光景でありました。

七

沖縄本島の神の林の奥においても、蒲葵はまた往々にして、先島同様の重要な地位を、占めていたのではなかったか。これが私の今抱いている想像であります。その想像を強めしめる材料は、第一には御嶽の名であります。単にコバ森コバの嶽と呼ぶものは、あたかも蒲葵あって蒲葵島というに同じく、在来の地名によったものとも思われますが、それにも久高島のコバウの森のように神がコバの種を蒔《ま》かしめたまいし口碑のあるものがあります。真壁のコバ森の神にコバウの御イベ、西原間切翁長《おなが》のコバの嶽にコバツサカリノ御イベを祀るの類は、決して偶然の名とはみられませぬ。また兼城《かねぐすく》の安波根にはコバモトの嶽、宜野湾《ぎのわん》の安仁屋《あにや》にはコバツクリヨリアゲ森があります。淘り揚げという御嶽は多く渚に臨んだ霊地で、海がもたらしたる奇瑞の石を、斎くものかと思われます。常に前兆と啓示とに基づいて、祭典を経営した民族にあっては、やや普通でない樹と石との行動は、すべてみな神の言語として受け容れられたのです。数あるコバウ嶽の中でも、山北今帰仁《なきじん》のコバウの嶽は、ことに神山でありました。昔君真物《きみまもの》の出現せんとする時には謝名《じやな》のアフリノハナ（天降岬）に赤日傘が立てば、この御嶽には黄なる日傘が、かなたに黄色なるものが立てば、この御嶽には赤いのが立ったと伝えております。その日傘というものも、紙のない時代には、必ずまたコバの葉であったろうと思われます。

次に見のがすことのできぬのは、嶽々の神の御名であります。康熙五十二年すなわち日本の正徳三年に、王命を奉じて編纂した『琉球国由来記』には、伝うる限りの御嶽の神名を録してありましてその十八年後になった『琉球国記附録』は、これを不精確に漢字に書き改めたものです。もと御嶽の神は村々の巫女が顕しまつりしもので、次の託言をもって改められるまで、敬虔に最初の御名を守り伝えたはずですから、地方的に変化をしていてもよいのですが、事実は里を隔てて相似たる御名の神が多く、ほぼこれを六、七種に分類することができます。中について最も多いのは蒲葵にちなむ神名であって、六百たらずの御嶽にあって、八十ばかりがそれであります。ことにコバツカサノ御イベとあるのが、またその大部分を占めております。イベは琉球の神道において、最も概念を得にくい古語であります。あるいはわれわれの諱《いみな》というものと語原を同じくし、すなわちみだりに口にすべからざることを意味するかとも思いますが、八重山諸島では御嶽ごとに、必ず神の名と威部《いべ》の名と、二つずつあるのが不思議です。ツカサはほぼわれわれの用い方と同じで、高い位置をいうらしく、今も巫女のことをそう呼ぶ地方があります。

コバノツカサと対立して、次に多い神の御名は、イシラコおよびマシラコの御威部であります。これは石によりたもう御神かと思われます。浪と嵐の次の朝などに、ゆくりなく海の岸に見出した石体によって、神々の御出現を知ったという例は、大倭の旧記にも幾つかありますが、沖縄ではそれがまだ現在の信仰の一部をなしています。多くの霊石は今なお神の御座であります。神の御名これに基づくものとしますれば、コバツカサの方の由来も推し測ることができるのです。神が二柱ある場合には、他の一座をマネツカサの御威部と称え、具志川《ぐしかわ》間切宇堅村のコバウの嶽同じく宮里村のコバノカタ嶽、勝連間切浜比嘉村の久場島の御嶽のごときは、ともに一つある神をマネツカサノオイベと唱えています。マネは真根であって、コバの同事異称かとも思いますが伊波君などは明白に、それはコバによく似たクロッグという植物だと申されます。

御嶽成立に関する古い伝承の中からも、蒲葵の繁茂が神意によると解せられた痕跡を、見出すことが困難でありません。たとえば南風原間切宮平村の善縄《よくつな》御嶽のごときは、もと善縄大屋子という人の屋敷でありました。この人ある日我謝の海辺に出でて魚捕る柵《かき》を見廻る時、一つの亀を見つけた、そこに一人の女性現れ来たって、亀を大屋子の背に負わせ、家に持ち帰らしめたところ亀途中において大屋子の首にかみつき、その傷によって大屋子は死んだ。葬送の後三日にしてその墓所に行ってみると、大屋子の亡骸がない。これを不思議と驚いていますと、すなわち空中に声あって大屋子は死んだのではない、ギライカナイに参ったのだと呼ばわります。神託ならんと思っているうちに、たちまちにして彼の屋敷に薄マネコバ生い立つによりて、御嶽として祀ったと申します。ギライカナイはまたニライカナイとも言いまして、海のあなた天の外の、神々の御住国であります。沖縄人のValhallaであります。この薄マネコバを琉球国旧記の文には、薄草および野葡萄《のぶどう》と漢訳しておりますが、どうしても信ずることはできませぬ。

それよりも今一層適切な例は、久高島における穀物起源の伝説であります。むかしこの島の根人《ねびと》アナゴの子なる者、伊敷の泊に出でて海原を眺めていると、白い壺が一つ浜近く浮かび寄る。取り揚げんとすれども取られず、そこで家に帰って妻のアナゴの姥にことのよしを語れば、女房は行水して身を清め、白いきものを着て浜に出で、袖をひろげて迎えると、壺はたやすく流れ寄って、その袖にすくわれました。家に帰ってこれを開いてみれば、中には麦粟黍遍豆の種の外に、なおコバとアサカシキョとの種子が入っていました。これらの種を所々に播いて、生い立ったのをみると食べ物でありました。コバとアサカシキョとは二、三年してから生えました。人に踏ませぬように大切にしているうち、コバは高く秀でアサカシキョは茂り、そのころ君真物出現してたびたびこの山に託遊なされた。まことに神遊のところとみえたり、念願を祈りければ験あり、それより御嶽と崇め始むとあります。神秘の壺もこれを土中に埋め、石を積み廻らして後々までありました。これを掘り出そうとして病を得、死んだ者もあったと申します。『由来記』にはこれを久高島の二つの御嶽、中森とコバウの森との由来として載録しているのでありますが、どちらが白い壺の中の種から始まった森であるか、はなはだ精確でありませぬ。ただコバウの森の条下に、「この森阿麻美久作りたまうとなり」とあるだけであります。アサカシキョは草の名でありますが、和語の何に当たるか、説明してくれる人がありませんでした。ただいわゆる森の下草として、隙間もなく茂っているということを言った人があります。

阿麻美久はこの島最初の御神としてあります。久高の霊地と相対する知念の斎場御嶽、玉城百名村《ひゃくな》の藪薩《やぶさつ》の嶽、それから北では今帰仁の城内上の嶽のごとき、いずれも阿麻美久の作りたまうという口碑がありますが、これは単に起源が極端に古いということを意味するの他はなかったかも知れませぬ。しかし八重山の島などでは、今日なお神が蒲葵の実を播きたまうことを、信じている者があるらしいのです。この島々の多くの御嶽は、四百年前の征服の時すでに儼然《げんぜん》としてあったのですが、征服者側の記録のみ伝わって、その由来がはっきりと致しません。石垣の里に近いクバントオーン（コバ本御嶽）のごときは『由来記』にもその名がみえず、また近年まであったコバの木も枯れてしまいました。登野城《とのぐすく》の宮鳥御嶽は、由緒最も尊き豊見タトライの大神でありますが、今は後ろの山が小学校になって、嶽の茂りの中に生徒の近道が生じています。この嶽のオブでは、蒲葵を神木としてありました。後にこの神に仕えるツカサの老女に逢って、いろいろとしてこの木の理由をたずねましたが、わずかに知り得たことはコバは樹が高いから、神様はこれによって登り降りをなされるということと、神はお降りになる場合に、みずからコバの木をお立てなされるということだけでありました。この「宮鳥」が何鳥であったかは、知りもすまいし語ることもできまいと思って私はもうそれ以上を問いませんでした。

八

まことに閑人の所業のようにみえますが、かくのごとく長たらしく、コバとわが民族との親しみを説きますのも、畢竟はこの唯一つの点をもって、もとわれわれが南から来たということを、立証することができはしまいかと思うからであります。もちろん断定は致しませぬ。私の攻究方法に欠点があるならば、御注意によってまずこれを改良し、次にはまたこの問題に必要なる知識を追加することに、御助勢を請いたいのであります。地球の表面において、日本およびその諸島が占めている緯度経度、山の高さとありどころ、島々の形と大きさ、島と島とのたがいの遠さ、よく吹く風とよく降る雨との季節、その他万般の天然事実は、それこそ無二また無三のものでありまして、しかもそれがわれわれの歴史を決し、運命を動かしていたのであります。いかなる国の学者に追随しても、この点に関して模倣し得べき研究はまだなかったわけであります。みずから新たに考えてみなければならぬことが多いのです。そうして蒲葵もまた一つの着眼点であります。

回帰線北の太平洋では、波濤は無始の昔から高かった。小舟の航路は常に艱苦をもってみたされてあった。したがって第二の移住者の来たり侵すことは間遠であり、初めの文化、初めの生活様式は保存せられましたが、その代わりには島から出て行く者も、頻々として海上に死し、人は別れることを死と同じく怖れて、ついにいたずらに小島の中にいるあまり、その末は自ら拯《すく》うために闘いまたは殺戮するの必要をみました。復讎《ふくしゅう》は一種の経済組織とさえなっていました。島が小さければ小さいほど、この苦悩はさらにはなはだしかったようでありまして、先島二郡に属する大小の島では、神代史として伝わっている物語は、その大部分が兇暴と武勇との交錯でありました。しこうして彼らの神々は、まさにその間へお降りになったのであります。同胞の中の最も弱くかつやさしい者、すなわち勇士たちの若い妹が、つねにオナリと称して神に召され、神の御心を群衆に伝える習いでありましておのずから信仰の助けによって、権力がやや久しく一つの家門に止まっているようになりました。家の優越はやがてまた家の神の優越であり、一郷一島の祭祀は、かくのごとくにしてしだいに統一せられてきたのでありますが、御嶽の神話が年代の霞を隔てて眺められるころになりますと、家は衰え滅びても神のみは長く光り耀き、土地を守り万人の祈願をお容《い》れなされて、ついには内外の境もなくなること、あたかもわれわれの国魂・郡魂の神々が、天朝の幣帛《へいはく》に参与し得たのと、同じ傾向をそなえていたのであります。ただ漫々たる海洋は、長く特殊の制限でありましたために、地方の神を奉じて遠く徙《うつ》って行くことが、この方面の人々にはできなかったのみであります。人が住む以上はいかなる小さい島でも、おのおのその島限りの歴史をもっているのは、この理由からでありまして、島限りの神代がこの歴史に導かれて、現世に入り込んできた時代にも、まことに著しい遅速があったのですが、しかもそのいわゆる黎明《れいめい》期の横雲の下にそよいでいたものは、常にコバの広葉でありました。

ただしわれわれのなお訝しく思うことは、三十六島の大昔においても、あるいは大隅の島津の沖、または日向の青島などのごとく、全山この木をもって蔽われたコバ島があったのか。ただしはまた何ぞの理由をもって、最初から今のように、コバは乏しい樹であったのかという点であります。これについてまず考えてみるべきは、この木を食料とする風習であります。与那国の人の話によれば、あの島では今も雌コバの若芽は食べるそうであります。またコバの実も鳥ばかりでなく、人がこれをゆでて食べると申します。イリキヤアマリの大神の手から、八重山人などが賜わった糧の中には、すでにこの物があったので、久高の開闢《かいびゃく》の玉の壺に、穀類とともにコバの種を入れおかれたのも、同じ御趣意からではなかったか。いったん食用にしていた植物を、後に他の品に見かえた事情は想像に難くありませぬ。ココ椰子《やし》の若芽なども、この上なく結構であることは、熱帯の島人がよく記憶しておりますが、もうこれを食物に利用することはあえてしませぬ。若芽を盛んに食えばコバは早く尽きますゆえに、むしろしだいに年々の作物に、向かっていったものと考えられます。コバの実にいたってはどう考えても、さほどうまかろうとは思われませんが、若芽の方は久しく与那国の人にたずねてみた上でないと、はたしてある学者の推測するごとく、アジマアという古語の起原が、その味わいから出たものであるかどうかを、決することができぬのであります。

九

沖縄本島では国頭の多くの村において、大折目《おおおりめ》という祭の日に、百姓はコバ餅を造ってこれ[illegible]シアゲの神に供えます。その数を七十本百本と数えるのは、多分われわれの茅巻笹巻と同じく、この葉をもって餅を包んだものと思われ、これもまた一つのコバの用途であります。島尻地方においても、旧十二月八日の鬼餅は、サンニンの葉でも包みますが、また蒲葵をも用いる習いでありまして、その前日には村々において、多くのコバの葉をかついであるく者を見かけました。鬼餅は鬼を退治た古い嘉例《かれい》に遵うと言いますが、この日なお蒲葵をもって鬼の形を造り、これを門戸にかけて邪魔を攘《はら》うと、『琉球国記』の附巻にあるのは、これがやはりコバの葉の一つの用途であったことと思われます。

蒲葵が棕櫚とちがって葉の間の連なっていることは、また水を汲む者の大いなる助けでありました。先島では今もこの葉を曲げ綴じて、葉柄に縄をつけ、釣瓶の代用にしております。その形は南洋の鸚鵡貝のごとく、やや平めなる円い袋です。島では井戸をカワと言い、オリカワとツリカワとの二種があります。ツリカワは堀井戸のことでもちろんこの器の用があり、オリカワは横井戸で坂道を地下におりて汲むのですが、しばしば水が深くてこの釣瓶を使う必要があります。竹も少なく桶の材料もない島では、コバより他には水を汲む方法がありません。このごろブリキ板をもって釣瓶を作るようになりましたが、長年の習いから、その形が今なおコバで造るものと同じです。注意して使うと七日十日は、一つの葉で製したものが用いられるので、多くの家では金属の釣瓶は買いませぬ。

第四の用途としては船の帆がありました。今では用いる人が少ないので編み方を知りませぬが、布のいたって貴かった時代が、島々には長く続き、しかも小舟を走らしむる必要は常にあったのです。昔多くのコバの葉を積んで、シナに貢物としたという伝えは信じがたくとも、これを帆にして福州あたりの港までも、通わんとしたものは多かったのです。船出にさきだつ祭と祈禱とは、何よりも厳粛であって、しかも風の心はしばしば測りがたかったのです。神のお許しを得て神山のコバの枝を採り、ここに一半の平安の望みを托したことも、なかったとは言われませぬ。

同じく神風のかしこさを仰いだものに、またコバの葉の扇がありました。大和山城のおおやけにおいても、久しい年代を経て扇の料に、この葉を求められたのでありまして、単に後世の形式の変化のみによって、これを南島の慣習を学んだ風流の好みとみることはできぬのであります。コバの葉はまず天然の形が、そのままに扇でありました。これを手草に採って打ち揮《ふる》うときは、すなわち涼しい風を感ずることを得たのですから、製作の要はなかったはずであります。そうして巫祝《ふしゅく》の輩はよくこれを手に持ちました。たとえば尚真大王の差し遣わした兵船が、遠く石垣の島に赤蜂本瓦を討伐したときにも、数十の巫女がおのおの枝葉を手にして浜に下り、天に叫び地に呼ばわったと伝えられます。これはたぶん今も平民のツカサによって拝祀せられる宮鳥の御嶽、もしくはクバントオーンすなわち蒲葵樹下の霊地から、攀《よ》じ折り来たったる神の枝であったろうと思います。しかしこの葉を扇に製したのも新しいことではなく、それがまた信仰に基づいた儀式でありました。

『由来記』の佐敷間切の条に「稲穂祭三日崇《たかべ》の次の日、間切中の巫々《のろのろ》、その掌《つかさど》るところの嶽々へ五水《ごすい》一対づつこれを供へ、タカベ仕り、扇コバ取り申すなり」とあるのをみますと、その扇が、尋常の家の道具に用いられたのでないことが察せられます。最近に群島南端の波照間島に渡って、七月十日の穂利《ほうり》祭を見てきた者の話では、各村の御嶽の前で二人の神女が新藁の鉢巻をし純白の神衣をはおって、蒲葵の葉で作った団扇をもって、神を招き下す作法を行なったと申します。大倭の中古の修験者が、いわゆる簠簋扇で護摩の火を扇いだのも、さてはまた最も尊き大君の日々の御食物を、この葉をもって扇ぎさましたと申すのも、すべてそうなければならぬ理由のあることが分かりまして、したがって大隅の佐多や志布志の扇造りの業も、由来するところ極めて古いこと、さらに窮北渤海国の国王に、いわゆる十枚の檳榔扇を下し賜わった御趣旨も、単簡《たんかん》ではなかったことがうかがわれるのであります。

　コバ蓑とコバの笠も、やはりまたこの葉でなければならぬ仔細が、あったように考えられます。八重山郡の島々で、あるいはニイル人と称して、一年に一度の節日に、ニライカナイの常世《とこよ》から、人の世界を見舞いたまう神があります。われわれの眼からみれば、それは正しく村内の二人の青年でありますが、彼らがこの蒲葵の葉をもって身を取り装うてくるときは、村の者はすなわちこれを神として迎えました。ある部落ではニイル人の代わりにマヤの神と称する二柱の神が、家々を巡ってあるかれます。マヤの神も深いコバの葉の笠を被り、蓑を着てあるくのが定まりであります。北は奄美の諸島においても、昔は鈴のような形の笠に顔を隠し、助けの手ばかりを窓からさし入れて、百姓を憐れみたまいし神があったと語り伝えておりますのが、多分同じ慣習の記憶でありなおやまとの島々の正月十五日の夜に、ホトホトまたはカセトリなどと名づけて、顔を包んで餅を貰いに来る遊戯ももとは一つであったろうかと思います。いずれにしても祭に携わる者の蓑笠は、決して南の島ばかりの奇風俗ではなかったので、おそらくは「月笠着る、八幡種播く、いでわれらは」と高く唱えて神を送ってきた時代よりも以前から、近くはわれわれの田舎の盆の月夜にいたるまで、神に代わって踊りまたは舞う者の、必ず隠れ笠によって現世と遮断し、まずわが心霊を浄くかつ高くせんとした、素朴な信仰のはじめの形であるように思われます。内地の御社の諸神体の中にも、往々にして笠を召した馬上のお姿を拝しますのは、すなわち御一物《おひとつもの》などと称えて祭の日の行列に、依坐《よりまし》の童児に面ざしの隠れるまで、まぶかく笠を被らしめる習わしによって、説明することができますが、久高伊平屋《いへや》の島々においても、ニライ神ガナシあるいはアマミヤ神ガナシと言って、遠い常世の国から船を漕ぎつつ、祭を享けに現れたまう大神がありまして、その御姿がまたいろいろの点において、これとよく似ておりました。もとよりノロと称する人間の女性が、かりに神を装うて出るのではありますが、信仰厚き者の笠の内の心持ちは、扮するというよりもむしろ成るという方が当たっていたようでありまして、かくのごとき精神作用にはまたコバの葉の力が多いのであります。

それから今一歩を進めて考えてみますと、昔、国頭三座の霊山の頂上に、君真物新たに出現したまわんとする年の八、九月に、赤または黄色の大きな涼傘《ひがさ》が、必ず立ったという言い伝えは、これまたコバの葉の被り笠と、関係があったらしゅうございます。涼傘は尚巴志王の治世に始まると、『琉球国旧記』にはありますが、それはシナからの輸入であって、これを島内に製したのは康熙五年、すなわち日本の寛文六年をもって始めとし、紙を漉《す》く技術はさらに二十年おくれて、薩摩の方から学んだとあります。すなわちいわゆるキミテスリの信仰が、むしろやや衰えてから後に、今みるような大傘は行なわれたので、以前久しく島の人が仰ぎ望んでいたものは、必ずこの物ではないのであります。袋中和尚の『神道記』は、慶長初年の記録ですが、ここにはただ国頭の深山にアオリというもの現る、その山をアオリ嶽という。五色鮮潔にして種々荘厳せり、大きさ一山を覆い尽くすとありまして、赤黄の傘とはないのです。アオリは疑いもなくわれわれのアモリであって、神の天降る予想なるがゆえに、後は嶽の名ともなったものでしょう。その出現はただの一日だけで、これを見た村では飛脚を馳せて首里の王廷に報告します。その十月には神すなわち現れ来たり、宮殿の前なる庭において、託女群臣とともに鼓を撃ち歌い舞うとあります。そのおりには三十本あまりの涼傘を列ね立てました。最も大なるものは高七、八丈、輪の径十尋あまりとありますが、これもまた蒲葵の葉をもって張ったのではないかと思います。

あるいはそれには紙を用いるように早くなったとしても、少なくとも山北の三つの御嶽においては古い世からのコバの葉であったろうと思うのは、単にコバウ御嶽の名によって、推測するのみではありませぬ。君真物は六年に一度、もしくは十年を隔てて降りたまう神もありました。神が託女の手をかりて、かねて人知れず影向《ようごう》の地を選定することは自然であるに反して、かかる辺土に新式の大傘を用意することは、紙を輸入したような時代には想像することが難きゆえに、これもまた山中に生長する霊木の葉を材料として神すなわち神の人が、あらかじめ結構したものでないかと思うのであります。

十

沖縄では世の始まりのことを、クバヌフアユー（蒲葵の葉世）と申すそうであります。その世には衣服というものがなく、男も女もコバで作った蓑ようのものを腰に纏《まと》うていたと伝えられます。近世まで用いられていた、ナナフイジャカカン（七襞袴）は、襞《ひだ》の極めて多い麻の裳《も》でありますが、佐喜真君などはこれをクバの腰巻の遺制だと認めています。今でも生まれ児に名をつける時だけは、老女がこの袴を頭に載せて出る習いであるそうです。コバの葉の世代には衣類ばかりでなく住居にもコバが多く用いられたかと思います。今でも久高の島などでは、イザイ法と称して、女性に最も大切な神祭の式に先だち、前四日の物忌みをするために、家族の者と厳重な隔離をしますが、その時に彼らの入って住む小屋は必ず蒲葵をもって葺くと申します。この例はまだほかにもあろうと思っています。

とにかくに南海の島においては、蒲葵を清くかつめでたいものとした考えが、かえってややその繁殖を制限したということは、ほぼ断定してもよいようであります。私が見てあるいた限りにおいて、コバの林をなした地がどこにもなかったことは、いかにしても島最初の天然のままとは考えられませぬ。那覇の港の色町などにおいて、今もてはやされている鳩間節《はとまぶし》は、特にコバの林の美しさを歌っているために、長くわれわれの耳に残りますが、その鳩間は遠い八重山の小島であって、最も世離れた寂しい村でありました。

鳩間中むり（中岡）ぱり（走り）ぬぶり（登り）
くばぬ（蒲葵の）下にぱりぬぶり
かいしゃ（美しや）むい（生い）たるむりぬくば
ちゆらさ（清らさ）ちり（列り）たるちぢぬ（頂の）くば
まんがぱいぱた（南端）見わたせば
浜ぬ見るすやくらぬ（小浦の）浜

こういう章句をもってその歌は始まっております。これらの島の同胞とわれわれが袂を別つ以前、コバの清らかさと美しさは、すでに共通に感じられていたものとみてよいのは、コバなき国に移り住んで何世紀を経た後世まで、あらゆる便宜によって遠くその葉を求め、これを愛用した貴人の多かったことが一つの証拠であります。さらに他の方面から説くならば、ここに一夕私が諸君と相会して、こうしてコバの歴史を語ることを許されたのも、やがてまたわが民族が、長くこの植物と親しかった結果だとみることができるのであります。

私がこの前、日向の青島を訪いましたのは、明治四十一年の七月中ごろのことでありました。当時の東宮様は船で、この島へも御立寄りになりましたので、青島神社の背後、大海に面した東の岸に七、八本の蒲葵の木を伐って平地を作り、蒲葵を柱とし屋根とした、御休息の四阿屋《あずまや》が建てられてありました。島の永遠の眉目として、この樹は惜しむに足らぬのみならず、なお考えてみれば大昔、出雲国のある海辺に、旅の皇子のために結構せられた檳榔[56]の長穂宮というのも、はるかな年代を隔てて、相似たる国人の心づくしを語るもののごとく思われ、かつは民風の久しく伝わること、かくばかりであるかと驚いたのであります。都の風流の一つに数えられたいわゆる檳榔毛の車なども後には赤色の簾に錦の縁、下簾《したすだれ》は蘇芳《すおう》の末濃《すそご》にして帖《たたみ》は繧繝縁《うんげんべり》、榻《しじ》に金銅の金物というような花やかなる装飾をもって、淡白なるコバの葉の光りが潤色せられたと言いますが、古くその起原を想像すれば、これも野山の春秋の遊びなどに、しばしば仮宿りの素朴なる情趣を、味わおうとした人の好みに出でたこと、あたかも尾花苅り葺く御射山《みさやま》の故事が、絵にも歌にも長く伝わったのと、同じような心理からではないかと思います。はたしてそうだとすればこれもまた、神に学んだと言ってもよいくらいの、年久しい生活様式の一つであります。

いわゆる天然記念物の保存事業には、記念の趣旨のはっきりせぬものもおりおりあります。日向の青島では土地の人は彦火々出見尊の沖津鳥鴨着島はここだと言っております。あるいはまた島はことごとくヘゴの根を組んだ浮島であって、すなわち塩土翁の目無籠と言ったのは、このことであるとも申します。それはいずれにしても、少しく島の樹の年代を、新しく推定しすぎたかの感があります。ただし天然は黙してついに語らず、人はこれに対してあまりにものを考える日が短いゆえに、忘れ忘れて後には記念の道までを誤るのであります。ことにわれわれの旅行は渡り鳥のごとく規則正しく、これを繰り返すことができませぬ。私などもようやく十二年あまりの月日を経て、なお一度だけはこの島の、冬の緑に面することを得たのですが、それはただ大海の神秘が、いよいよ漂渺として測り知るべからざることを、今さらのごとく感ぜしめたばかりでありました。

あぢまさの蔭うつくしき青島を波たちかえりまた見つるかも

付記

一、書物のこと　南方研究に関する文献は相応に豊富であるが、手に入りがたい古写本などを参考書として並べるのも無用である。近年の刊行書も数多い中に、興味ある読物としても、また研究の出発点としても、第一に挙げねばならぬのは、伊波普猷君の『古琉球』である。近年その三版が東京で出た。同君の著にはまた『古琉球の政治』『沖縄女性史』『おもろ選釈』などがある。真境名安興君との共著『琉球の五偉人』も近代の島生活を語っている。真境名氏と島谷竜治氏との共同事業たる『沖縄一千年史』は、親切周到なる編述で、少なくとも最近までの学問の成績をまとめている。部分的の新研究としては、島出身の篤学者佐喜真興英君の『南島説話』と、『シマの話』とを推薦する。後者は古来の村共産制の実例を詳述したもので、新発見に富んでいる。宮良当壮君の『沖縄の人形芝居』は中世移住民の痕跡を髣髴《ほうふつ》せしめる。

地誌的の労作には、すでに『島尻郡誌』ありと聞くが見たことがない。島袋源一郎氏の『国頭郡誌』は、精細なる編輯《へんしゅう》であるが、惜しいかな初版は頒ち尽くし、二版がまだ出ない。大島には坂口徳太郎氏の『奄美大島史』がある。これも多くの文献を渉猟した苦心の編纂である。そうして珍しくいろいろの題目を提出する。先島方面には比嘉徳君の『先島の研究』はあるが、いたって不完全なものである。これに比すれば八重山の存住者岩崎卓爾翁の『ひるぎの一葉』は、はるかに大いなる功労がある。これも残念なことには久しく絶版になっているが、必ず増補再刊せらるべきものである。八重山ではまた島の学徒、喜舎場永珣君の『八重山民謡誌』が最近出た。言語と社会制度とを研究する者にも、興味多き参考書である。宮古に関しては二、三の有意義なる著述が計画せられているのみで、現在はなおはなはだしく寂寞である。内地人の巡遊記の類には、まだ自分の知らぬものが多そうだ。菊池幽芳・横山健堂二君の著は、すでに非常に有名であって紹介の必要もないが、それよりも以前のもので、大いなる影響をわれわれに与えたものには、弘前の人で後に大島の島司になった笹森儀助氏の『南島探険』がある。明治二十六、七年の交には、じっさい島の旅行は探険であり、したがって旅人の感想記にはいろいろの興味がある。しかもこの本はもう求めることが容易でない。近年になっても宮島・田辺・八田・伊東などの各方面の学者が、研究旅行をしているのだが、その見聞記はまだ本の形をもって発表せられておらぬ。これらもしだいに保存の方法を講じたいと思う。なお最近の事業としては、本山桂川君の『南島情趣』と『与那国島図誌』とが今まさに出ようとしている。

二、**旅行のこと**　「海南小記」の二十九章は、地図の順序であって、自分の旅行の順序ではなかった。ゆえに参考のためにごく簡略に、旅の経過を録しておきたいと思う。自分は大正九年十二月十九日の朝、大分から臼杵に来て、汽車と別れて以来、半分は汽船や小舟を利用して、しだいに九州の東岸を、都井岬の突端まで下った。それから十二年前の旧路を自動車で走って大隅を横断し、いったんは湾を渡って鹿児島に出てみたが、暮の町の混雑を避けて、沖縄行きの船を待つ間、再び引き返して大隅の南端を究めたのである。一月四日には南航の船が出た。翌日は大島名瀬に寄るのだが、この時は町を見物しただけで長く留まらなかった。那覇では人と逢い書物を見る日などが多くて、沢山の旅行はできなかったが、それでも二週間ほどの滞在中に、鳥袋源一郎君に援助せられて国頭の山に入ってみた。今帰仁の諸喜田と、大宜味間切の塩屋浦と、久志の瀬嵩とに各一泊して、草鞋もはきクリ舟も試みた。その他はただ首里附近の村の一日の逍遥だけで、東西の離れには渡ってみることができなかった。一月二十日には先島行きの船が出た。これもあわただしい旅で、宮古には往返を合わせ一昼夜しかいなかったゆえに、川満与那覇の方面の二、三の村を、馬で通ってみたのみであった。多羅間は船の都合で干瀬の外まで行ってみた。水納の島も沖から眺めたのみであった。八重山の石垣島にはそれでも五日いた。同じ汽船の基隆から引き返すものに乗ろうとしたために、他の小島へは行く時間がなく、今に残念に思うがそれでも南海岸の村々と御嶽のみは訪れた。二月の二日かに宮古を経て那覇には帰って来た。それからの一週間は主として日返りの田舎を一人であるき、ある日は斎場御嶽に詣でて久高を望み、知念小学校の新垣孫一君からその島の話を聞いた。九日にはいよいよ沖縄を辞して、名瀬まで来て上陸した。ここでも見物したのは瀬戸の南北の二島だけであったが、山を行き海を越え、大小さまざまの船にのって、苦しいかつ変化ある数日を過ごして、次の船で鹿児島に帰着し、また鉄道の厄介になったのである。新聞に出した観察記を少しなりとも紀行ふうにしようとしたために、かえって印象も知識も前後し錯綜して、一度あの辺を旅した人でないと、はっきりとどの辺の話をしているのかがわからぬことになったのは、不本意なことである。そのうちに簡単な案内記を誰かに書いて貰いたいと思っている。

注釈

1 青木昆陽　一六九八―一七六九年。江戸中期の儒者・蘭学者。『蕃薯考』を著し、救荒食物として甘藷の栽培を奨励したことでよく知られている。

2 『舞の本』の……　舞の本は幸若舞の詞章を集めたもの。百合若大臣は一種の英雄譚。

3 坪内先生の……　坪内逍遥のことで、この説については「百合若伝説の本源」（「早稲田文学」明治39年の1）参照。

4 『出雲風土記』などでは……　『出雲風土記』意宇郡参照。

5 『琉球神道記』　慶長十年（一六〇五）、僧袋中の著。当時の沖縄における民俗や、仏教・神道の流伝の実情などが書いてある。

6 『南島雑話』　幕末における奄美大島の年中行事・冠婚葬祭・産業等を記したもので、南島研究上貴重なもの。薩摩藩士名越左源太時敏の著と言われる。

7 オモロ　沖縄の古代歌謡。沖縄の民俗・言語研究上重要なもので、『おもろさうし』に集大成されている。

8 『今昔物語』の……　『今昔物語集』巻十六「長谷に参りし男、観音の助けによりて富を得たる語　第廿八」参照。

9 八郎為朝は……　菊池幽芳著『琉球と為朝』（文祥堂書店刊　明41）。

10 福州　中国福建省の省都。

11 チェンバレン氏の…… Basil Hall Chamberlain 一八五〇—一九三五年。英国の日本学者。業績は多方面にわたっているが、言語学が主で、日本人に与えた影響は大きい。明治二十七年に沖縄を訪れて沖縄研究に手を染め、『琉球語文典並に辞書に関する試論』の著がある。

12 香具山と耳梨山の…… 大和平野の香具山と耳梨山が畝火山を争ったという三山相闘の伝説は、『播磨風土記』揖保郡の条に述べられているし、『万葉集』巻一13・14によまれている。

13 「豆腐屋へ二里」の狂歌 「ほととぎす自由自在にきく里は酒屋へ三里豆腐屋へ二里」（『頭光の作』）。

14 在五中将 『伊勢物語』の主人公、在原業平のこと。

15 『遺老説伝』 沖縄の民話や鳥獣草木・異変等を記したもの。十八世紀初期の成立。

16 李白の詩に…… 盛唐の詩人李白には黄鶴楼を詠んだものとして「黄鶴楼送㆔孟浩然之㆓廣陵㆒」などがよく知られている。

17 『国姓爺』 『国姓爺合戦』（近松門左衛門作）。中国人の父と日本人の母をもつ和藤内（国姓爺）が、明国の勢力回復に努力する話。

18 世尊寺様 藤原行成（平安中期の人）を始祖とする和様書道の流派。

19 安居院の『神道集』 仏教の立場から説いた神社の縁起由来を主たる内容とする書物。十巻五十章から成り、南北朝時代のものと言われている。

20 伊波君 伊波普猷（沖縄生まれ。明治九年—昭和二十二年）。『おもろさうし』を中心として、沖縄の言語・民俗に関する研究に一生を捧げた。彼の業績は『伊波普猷選集』上・中・下に収められている。

21 宝貝 子安貝ともいう。著者はこの貝が日本民族の移動を考える上の手がかりになるとして注目しつづけ、晩年に『海上の道』（昭36）でその考えを纏めた。
22 妹背山の…… 近松半二らの『妹背山婦女庭訓』の三輪山説話をもとにした話参照。
23 小泉八雲さんの…… 小泉八雲（ラフカディオ・ハーン）は一八五〇―一九〇四年。日本の伝説等に取材した作品を書いて有名。
24 以前炭焼長者の研究に…… 大正十年朝日新聞に連載した「炭焼長者譚」を指すか。のち本書所載の「炭焼小五郎が事」に発展。
25 島袋君 島袋源一郎（沖縄県国頭郡生まれ。明治十八年―昭和十七年）。多数の著があるが、『沖縄県国頭郡誌』（大８）はその初期のもの。
26 石敢当説…… 『広文庫』にいろいろな説が載っている。
27 喜舎場永珣 沖縄県八重山石垣市の生まれ。明治十八年（一八八五）―昭和四十七年（一九七二）。このころのものとして『八重山島民謡誌』（大13）があり、のち『八重山古謡』上・下（昭45）に纏められた。
28 山蔭の中納言 平安朝初期の人越前守藤原朝臣高房の子だという。子供の時、水中に落ちたが父の助けた亀に助けられたことなどの話が伝わっている。
29 徐福 中国秦代の人。始皇帝の命を受け、不死の薬を求めて、多くの少年少女をひきいて東方の海に出航したという。
30 俊寛僧都 平安末期の僧。平家討伐の謀議に参加して捕えられ、鬼界ヶ島へ配流。悲惨な死に方をした。
31 『今昔物語』の…… 『今昔物語集』巻二十六の「土佐の国の妹兄、知らぬ嶋に行き住める語第十」参照。

32　**台湾の生蕃**　台湾原住の高砂族のなかで、原始的な生活をしている者。

33　**ノアの箱舟**　『聖書』創世記のなかで、大洪水の時、ノアが箱舟に乗って難を免れたという話。

34　**組踊り**　沖縄のせりふ入り舞踊劇で、十八世紀初めに作られたという。伝説に材をとったものが多い。

35　**『古琉球』**　伊波普猷著。明治四十四年に沖縄で刊。この話は同書中の「可憐な八重山乙女」に載っている。

36　**『琉球国旧記』**　『琉球国由来記』の漢訳本。一七三一年、鄭秉哲によって作られた。

37　**高木敏雄**　民俗学の専門誌「郷土研究」を、大正二年に著者との協力によって出した人。『日本神話伝説の研究』（大14）等の著でこの伝説に言及している。

38　**『琉球国由来記』**　沖縄の歴史・風俗・祭祀等を記したもの。全二十一巻。一七一三年に成立。

39　**『大島筆記』**　土佐の学者戸部良凞が、土佐に漂流して来た沖縄の船に乗っていた潮平親雲上から、沖縄の風俗・産物等を聞いて記したもの。一七六二年のこと。

40　**『球陽』**　中山王府の歴史書。一七四五年、鄭秉哲らによって編纂され、のち増補された。

41　**『宮古島旧史』**　宮古島の歴史を物語風に記したもの。一七四九年の成立。

42　**もう本文にも……**　三八ページ「七　佐多へ行く路」参照。

43　**やや長い一篇の文を……**　大正十年一月に、朝日新聞に七回にわたって連載した「炭焼長者譚」を指すか。

44　**最明寺時頼**　鎌倉幕府第五代執権の北条時頼（一二二七―一二六三）のこと。彼には、出家後ひそかに諸国を巡歴したという伝説がある。

45 大和の大三輪の古伝　『古事記』崇神天皇の条にあるような、活玉依毘売が毎夜通う男の衣に糸を通してそれをたどり、男が三輪の神の子であることを知る話。

46 金屋村の文書　タタラ師・鋳物師・鍛冶屋などの文書。交通の自由の保証や諸役免除などの特権を主張するものが多い。

47 奥州のテンバ　山窩に近い一種の特殊民で、箕直しなどをしたという。

48 『遠野物語』の中には……　『遠野物語』は著者の明治四十三年の書。岩手県遠野《とおの》地方の伝承を記録したもの。この話はその中の三十三番目に載っている。

49 大穴牟遅神の……　『古事記』上巻などの、大穴牟遅神が兄弟の八十神に迫害される話の一つ。

50 佐喜真興英　明治二十六年（一八九三）―大正十四年（一九二五）。沖縄生まれ。司法官としての生活を送る一方、民俗学・民族学に興味をもち、生地の沖縄新城を中心としての説話を採集収載した『南島説話』（大11）等を著した。

51 佐々木喜善君が……　佐々木喜善は明治十九年（一八八六）―昭和八年（一九三三）。岩手県生まれ。文学に志すとともに、柳田国男の影響で昔話の採集をすすめた。この文が書かれたのちにまとめたものとして、『紫波郡昔話』（大15）、『老媼夜譚』（昭2）、『聴耳草紙』（昭6）等がある。

52 その贈答の歌　謡曲の「蘆刈」にある歌は「君なくて蘆刈りけりと思ふにもいとど難波の浦は住み憂き」「悪しからじ善からんとてぞ別れにしなにか難波の浦は住み憂き」（日本古典文学大系本による）。『拾遺和歌集』『大和物語』『今昔物語集』のは若干語句に異同がある。

53 赤染衛門の歌の集に……　「盗む共こは憎からぬ事としれこふにはしらすいかにかはせん」

の歌。

54　橘守部は……　『古事記』仁徳天皇の条の「おしてるや　難波の埼よ　出で立ちて　わが国見れば　淡島　淤能碁呂島　檳榔の　島も見ゆ　佐気都島見ゆ」の歌および橘守部の『稜威言別』巻五参照。

55　大正十二年の春……　「郷土研究」一巻二号に載せた「蒲葵の島」を指すか。これならば大正二年四月のことである。

56　檳榔の長穂宮　『古事記』垂仁天皇の条参照。

（田中宣一）

※本注釈は改版（昭和47年）当時のものです。（編集部）

解説

『海南小記』の旅

「海南小記」の四「ひじりの家」の冒頭にこう書かれている。

日向路の五日はいつもよい月夜であった。最初の晩は土々呂の海浜の松の蔭を、白い細かな砂をきしりつつ、延岡へと車を走らせた。次の朝早天に出てみたら、薄雪ほどな霜が降っていた。車の犬が叢を踏むと、それが煙のように散るのである。

この「車」というのは、自動車だろうか、それとも人力車だろうか、とこんど読み返しているうちに、ふと気になった。「車の犬」とあるのが、犬に人力車の先曳きをさせていたのではないかと思ったからである。もっとも、著者みずから書いている「付記」によると「大分から臼杵に来て、汽車と別れて以来、半分は汽船や小舟を利用して、しだいに九州の東岸を、都井岬の突端まで下った。それから十二年前の旧路を自動車で走って大隅を横断し……」とあるから、大隅半島では間違いなく自動車だったのだが、豊後から日向にかけての汽船や小舟のあとの半分が自動車だったのか人力車だったのかがわからない。自動車とすると「車の犬」というのはなんだろうか。

「先生、どうなんでしょうか」と問うすべのなくなってからでも、もう十年に近い。

『海南小記』の初版が発行されたのは大正十四年四月二十日、当時の東京市外大岡山高工前にあった大岡山書店からであった。定価三円二十銭と奥付にある。しかし、先生がその旅をしたのは大正九年の暮から翌年の春にかけてのことで、四十七歳の壮年であった。

貴族院書記官長を最後に官界を辞した先生は、大正九年八月から東京朝日新聞社客員となった。最初の三年間は国の内外を旅行させてほしいという、今日からみると、まことにうらやましい条件を出して、それがいれられての入社であった。記録によると、月手当三百円、旅費は社則により別に支給、とある。

最初の旅はさっそく八月からはじまって東北地方の紀行をもとにした『雪国の春』が生まれ、ついで十月には中部地方に旅して『秋風帖』が書かれた。三つめがこの『海南小記』の旅である。昭和十五年になって、この三冊が「創元選書」として復刻されたとき、中谷宇吉郎氏が東京朝日新聞に「百年と言わず、もう三十年もしたら、現在出ている沢山の思想や哲学の大名著が皆消えて、この汚い紙に刷ってある三冊の安い本が残るのではないかという気がする」と書いている。

『海南小記』の旅に先生が東京を発ったのは大正九年も暮にちかい十二月十三日。翌日は大阪で講演して、十五日、神戸から春日丸に乗船、別府に上陸した。大分から臼杵までは汽車、そこからはさきにもいったように「半分は汽船や小舟」を利用して九州東海岸を都井岬の突端まで下っている。

「付記」のなかで「海南小記の二十九章は、地図の順序であって、自分の旅行の順序ではなかった」として「旅行のこと」を書いている。参考のためにこれを引用しながら、柳翁の旅のあとをたどってみよう。

都井岬から大隅半島を横断し、高須からいったん鹿児島に出るが「暮の町の混雑を避けて」もう一度大隅半島に引き返し、佐多岬まで行っている。そこで大正十年を迎えた。沖縄行きの宮古丸にのったのは、『定本柳田国男集』の年譜では一月三日となっているが『海南小記』の「付記」では「一月四日には南航の船が出た」とある。「翌日は大島名瀬に寄るのだが、この時は町を見物しただけで長く留まらなかった」という。

五日、那覇に上陸している。「那覇では人と逢い書物を見る日などが多くて、沢山の旅行はできなかったが、それでも二週間ほどの滞在中に、島袋源一郎君に援助せられて国頭の山に入ってみた。今帰仁《なきじん》の諸喜田と、大宜味《おおぎみ》間切の塩屋浦と、久志の瀬嵩とに各一泊して、草鞋もはきクリ舟も試みた。その他はただ首里付近の村の一日の逍遥だけで、東西の離れには渡ってみることができなかった」と書いている。

宮古島へは一昼夜で往復しただけだったが、石垣島には五日間滞在して、御嶽《おたけ》を訪れている。二月二日、宮古経由で那覇に帰ってからの一週間は「主として日返りの田舎を一人であるき、ある日は斉場《せいふあ》御嶽に詣でて久高を望み、知念小学校の新垣孫一君からその島の話を聞いた」のである。九日、名瀬まで帰ってきて「見物したのは瀬戸の南北の二島だけであったが、山を行き海を越え、大小さまざまの船にのって、苦しいかつ変化ある数日を過ごし」、次の船で十五日、鹿児島に帰ってきている。

「新聞に出した観察記を少しなりとも紀行ふうにしようとしたために、かえって印象も知識も前後し錯綜して、一度あの辺を旅した人でないと、はっきりとどの辺の話をしているのかがわからぬことになったのは、不本意なことである。そのうちに簡単な案内記を誰かに書いて貰いたいと思っている」と付記を結んでいる。その案内記はできないで今にいたった。東京へ帰ってきたのは三月一日である。

新聞と初版本のこと　東京朝日新聞に「海南小記」の連載されたのは三月二十九日から四月三十日までの間に二十五回、五月三日から二十日までに残り七回の合計三十二回であった。紙面の扱いは今日からみると、はなはだお粗末で見出しも一段だった。しかも第二十四の「はかり石」の章などは、「まずこれだけのことは確かに鹿児島の史談会で述べた」というところまでが四月三十日付に出て、残りの「また石敢当何人ぞやということは」以下の最後の段は五月三日付に第二十五の「赤蜂鬼虎」の章とあわせて掲載されるというような乱暴な扱い方をしている。もちろん地図も写真もつけていない。

単行本にまとめたとき、行程は赤色にした二色刷の地図が九葉挿入されたが、これは装幀をした画家で民俗学者の早川孝太郎氏が描いたものである。

令弟松岡映丘画伯の筆になる多色刷の口絵「遠き海より都へ」が初版本の巻頭を飾って

いる。これは「阿遅摩佐の島」に「山城の京の数百年の間、白く晒したビロウの葉をもって、美しい車を造り、これを牛にひかせてあまたの貴人たちが、都大路や郊外の野山を」のどやかに通っていた、と書いているのに拠ったもので、おそらくは先生の注文した図柄であろう。

初版本には絵葉書から復写した風景写真も入っているが、本山桂川、松田賀直、岩崎卓爾、伊波普猷、魚住淳吉、三山永人氏らの撮影したものにまじって「折口信夫君」と示された「国頭のビジュル石」「久高島の外間ノロ」の二葉の写真が見られるのもなつかしい。

単行本にするにあたって、先生は辞句にかなり手を入れている。たとえば「海南小記」の最後の一節は、東京朝日新聞に出たものではこう書かれている。

本宮良が自在に海上を去来して、妻を持つて居たと云ふ島々は名を知らぬが、彼が携へ還つた葉の紫な南蛮万年青だけは、今もなほ此島内に栄へて居る。

新聞の切り抜きに、楽しみながら丹念に朱をいれておられた先生の顔が眼に浮かぶようである。

「与那国の女たち」は大正十年四月、雑誌「太陽」二十七巻四号に「与那国嘶」として発表されたもので、「南の島の清水」は同五月「国粋」二巻五号に掲載された。「炭焼小五郎が事」は大正十年一月一日から十五日まで、東西の朝日新聞に七回にわたって連載された「炭焼長者譚」につづくものである。「阿遅摩佐の島」が久留米市明善校中学における講演の手控えであることは、本文にも書かれている。

『海南小記』の周辺

『海南小記』の旅の帰途、長崎に立ち寄った先生のもとへ渡辺勝三郎知事が訪ねてくる。政府からの電報で、国際連盟委任統治委員会の会議に出てほしいという交渉のためだった。農政学の先輩で、親交のあった新渡戸稲造氏がちょうど国際連盟の事務総長をしていたので、その推挙があったものらしい。先生は朝日新聞の村山龍平社長と父が承知するならという条件でこれに応じる。そして五月にはアメリカ経由、ジュネーブへ旅立って行く。委員会に委員として出席、いったん帰国するが、翌年五月ふたたび渡欧、各地を旅行しながら、ジュネーブで冬をすごした。

序文に「ジュネーヴの冬は寂しかった」とあるのは、そのときのことである。同じジュネーブにありながらも、そこではついに逢うことができないでしまった旧知の言語学者で『琉球語文典並に辞典に関する試論』などをのこしたチェンバレン教授のことを回想しながら「この書をもって日本の久しい友、ペシル・ホール・チェンバレン先生の生御魂に供養したてまつる」と書いて、序文を結んでいる。

チェンバレン教授は、沖縄と本土との文化の同根であることを言語学の上から説いた先覚であったが、柳翁もこの『海南小記』で、沖縄と本土との文化の同根であること、沖縄の人々と本土に住む人々とが「同じ血をわけた」同胞であることを、民俗学の立場からくり返して説いている。それから約四十年後、最後の著書となった『海上の道』において、日本人の祖先は黒潮にのって南から移住してきたのであろうという、日本人の起原論ともいうべき説をおどろくべき情熱をかたむけて立証しようとする。しかし、その考え方はすでにこの『海南小記』にあらわれている。

「われわれはかつて大昔に小船に乗って、このアジアの東端の海島に入りこんだ者なることを知るのみで、北から次第に南の方へ下ったか、はたまた反対に南から北へ帰る燕の路をおうてきたものか、今なお民族の持ち伝えた生活様式から、も一つ以前の居住地を推測する学問が進まぬためにいかなる臆断でもなりたちうるようであるが、少なくともこれらの沖の小島の生活を見ると、それはむしろ物の始めの形に近く、世の終わりの姿とはどうしても思われぬ」と「与那国の女たち」の中で国の果ての小さな島でさみしい人生を送っている女の境涯に同情を寄せて書きながら、さりげなく学問上の大きな問題を提起している。

「阿遅摩佐の島」でも「かくのごとく長たらしく、コバとわが民族との親しみを説きますのも、畢竟はこの唯一つの点をもって、もとわれわれが南から来たということを、立証することができはしまいかと思うからであります」と話している。コバという一つの植物を通じて沖縄と本土との古い信仰の共通していることを論じたのである。

「もとは異国のごとく考えられたこの島の神道は、実はシナからの影響はいたって少なく、仏法はなおもってこれに対して無勢力でありました。われわれが大切に思う大和島根の今日の信仰から、中代の政治や文学の与えた感化と変動とを除き去ってみたならば、こうもあったろうかと思う節々が、いろいろあの島には保存せられてあります」ともいっている。

つまり、こうして南の島々の信仰をさぐることによって、この大和島根ではすでに見られなくなっている神道の古い姿を明らかにすることができるという、日本民俗学における沖縄の重要性、日本文化論における南島研究の意義を、はじめて明らかにしたのである。『海南小記』が日本民俗学史の上で占めている位置の高いのは、そのためである。


南島研究への情熱　もちろん先生は、沖縄を訪れるまでに、さきのチェンバレン教授とか、伊波普猷氏をはじめとする島の人々の書物によって、沖縄のことはかなり詳しく知っていたと思われる。

序文でも「海南小記のごときは、いたって小さな咏嘆の記録にすぎない。もしその中に少しの学問があるとすれば、それは幸いにして世を同じうする島々の篤学者の、暗示と感化とに出でたものばかりである。南島研究の新しい機運が、一箇旅人の筆を役して表現したものというまでである」と、謙遜して書いている。

たしかに「南島研究の新しい機運」のもり上がりつつある時代であった。先生も「付記」の中で「書物のこと」として十余人の名とその著を挙げて、南島研究のしののめをひらいた人々に敬意を表している。

もちろん、先生のことだから、それらの書物はことごとく読んでいたはずである。南の島々とそこに住む人々の生活をまのあたりにみることの楽しみもさることながら、そうした本の著者たちと逢って意見をかわしたいという期待で、宮古丸船上の柳翁は胸をふくらませていたことであろう。

那覇に着くと、さっそく県立図書館の館長だった伊波さんを訪ねた。沖縄の話はもとより、伊波さんが奄美群島をまわってきた直後だっただけに、奄美の話も出て、ふたりは毎日のように逢っている。その伊波さんが県立図書館長の職を捨てて上京、学問に専念するようになるのも、先生が上田万年博士などに頼んで学士院から『校訂おもろさうし』の出版費を出させたりしたこともあって、伊波さんに決意をかためさせたといわれている。先生は大正十二年関東大震災の報をうけてアメリカ経由、十一月に帰国して国際連盟委任統治委員会委員も間もなく辞任するが、翌年早々東京日日新聞社で南島談話会をひらいている。この会合はその後もたびたび開かれるが、のちに雑誌『嶋』の共同編集者となった比嘉春潮氏もその仲間のひとりである。「大正十三年から昭和五年までのふるい日記を出してみると、いちばん度々出て来る名前は、琉球出身の比嘉春潮君であった」という言葉が『故郷七十年』に出ている。

『海南小記』から約四十年、昭和三十六年に出た最後の著書『海上の道』にいたるまで、先生の南島研究は長く続く。研究だけではない。南の島々と、そこに生を営む人々への限りない愛情は、終生つきることがなかった。ことに沖縄が大きな被害をうけた戦争中や、アメリカの占領下にあった戦後、先生がどんなに深い同情をもって南の島々をしのんでいたか、われわれの胸にいまも鮮やかに思い出すことができる。

先生は戦後、みずから愛蔵した二万冊にのぼる蔵書をもって財団法人民俗学研究所を設立するが、わずか十年でこれを解散、その蔵書を成城大学に寄贈する。ところが、蔵書いっさいを遺贈する条件として「同大学においてはこの図書を活用して沖縄の研究に万全を期すること」という一項が遺書にのこされていた。日本に一冊しかないという『宮古島史料』もそのなかにある。「この沖縄の旅の折、島にはお爺さんなどで、字を書くより他にすることのないという人が多勢いたので、私はその人たちに頼んで、貴重な文書をたくさん筆写して貰って持ち帰った。この中には今では唯一の琉球文献となったものが少なくない」と『故郷七十年』で回顧している、その貴重な文書の一つである。

折口信夫への影響

『海南小記』から最も大きな影響を受けたのが、折口信夫博士であることはよく知られている。

『定本柳田国男集』別巻の年譜によると、大正十一年の項に、

三月六日、折口信夫宅の小集会で沖縄の話をする。

と出ている。『海南小記』の旅から東京に帰ってきてわずかに五日後のことである。まだ感激のさめやらぬ柳田先生の口から語られる沖縄の島々の話、ことにノロのこと、オタケのこと、ニライカナイのこと、ニイルビトのことなど沖縄の宗教、信仰の問題は三十五歳

の若き折口信夫に胸のときめくような感激を与えたことであろう。『海南小記』の旅に触発されるようにして、七月にはもう沖縄の旅に出ている。『折口信夫全集』第十六巻におさめられた「沖縄採訪手帖」はその採訪旅行の記録である。論文にも、ほとんど資料の出処などあきらかにしていないことの多い折口先生にして、この詳細な採訪記録の残っていることは、いかにみのり豊かな旅であったかを物語るものであろう。翌十一年四月、南島談話会で「琉球視察談」を語っている。

翌年五月、折口先生は『世界聖典全集』外纂に「琉球の宗教」を執筆するが、これが「日本文学の発生のまとまる導きになったのだという」と年譜にも書かれているように、いわゆる折口学の根底には、沖縄の宗教、信仰が下敷きになっている。同じ異郷、他界の問題を扱ったものでも大正九年に発表された「妣《はは》が国へ・常世へ」と、沖縄の旅のあとで書かれたこの「琉球の宗教」や大正十四年四月に発表された「古代生活の研究―常世の国」とでは、その厚味がまったくちがっていることをわれわれでも見ることができる。柳田先生に対してきわめて礼儀正しかった折口先生は「琉球の宗教」のあとでも「此短い論文は、柳田国男先生の観察点を、発足地としてゐるものである事を、申し添へて置きます」と断り書きを書いている。

折口先生はひきつづき翌大正十二年の夏休みにも三上永人氏をともなって沖縄から先島へかけての採訪の旅に出て、台湾まで行っている。この時も「沖縄採訪記」という詳細なノートを残した。

『海南小記』にはじまる柳田先生の南島研究が、最後に『海上の道』として結晶したように、折口先生は「民族史観における他界観念」を最後の論文として残された。日本民俗学のふたりの先達が学問上の遺書ともおもわれるかたちで、われわれの先祖が海のかなたにあると信じた他界——根の国とよばれ、常世といわれ、文学的には妣の国とも表現された魂のふるさとのことを書き残されたのは不思議なことである。その他界のことはもちろん『海南小記』に出てくる。ニライカナイとよばれる他界、そこからやってくる神——実は青年が神に扮しているニイルビトの話などがそれである。そういう意味で『海南小記』は日本民俗学の古典の一つといえよう。

沖縄研究の原点　読み直してみて、その文章の新鮮さにあらためて驚いたのも事実である。紀行文としても、論文のスタイルとしても、新聞の文章としても、当時としてはなかなかユニークなものであった。「都会は一般に現代を小売する場所だ」というような気のきいた表現、「城の石垣の上に立つと、干瀬の美しい東西の海が一度に見える。島の歴史の八百年が見える」などという歯ぎれのよい書き方、時には「首里は清水の永久に美しい町である。しかも聞得大君は辞し王は去って、百浦添の南の芝生には、盛んに大葉《おおば》酸漿《かたばみ》の花のみが咲いている」というような美文もみられる。まことに「真実にわれわれの心を相手に与えるためには、先ず文章を変える道を執らねばならない」と『国語史論』でいっているように、終生日本の文章の革新に心をかたむけていた柳翁らしいと思ったことである。

いま一つ、あらためて驚いたことがある。『海上の道』では「宝貝のこと」という一章をもうけて「金銀の未だ冶鋳せられず、山が照り耀く石を未だ掘り出さしめなかった期間、自然に掌上に取上げられるものとしては、宝貝より目ざましく、あでやかなる物は他に無かった」として「莫大なる輸出をして居たのが、この洋上の小王国であった」と書いている。南方シナから、この宝貝をもとめて黒潮の道を島づたいに渡ってきた人たちが、稲を携え、米づくりの技術をもたらしたもので、それがわれわれ日本人の祖先だろうというのが『海上の道』の構想である。その雄大な構想のなかの一本の柱が宝貝である。

しかし『海南小記』では、

宝貝はこのあたりの海に、珠や綿よりもなお美麗な、さまざまの種類を産する。それを貨幣の用にたてることは、沖縄では知らなかった。またどこからも求めにはこなかったらしい。

と、あっさり一言ですませている。それを四十年近くたってみずから訂正、『海上の道』を説く重要な役割につけるのである。たしかに、柳翁はふだんから「これは仮説だが……」とか「私は一生かかっても、とうとうその結論を出すことができなかったけれども」(『海上の道』まえがき)などといって、結論めいたことをいうのを避けていた。学問のこわさというものを真にわきまえている人の言葉であろう。

大正十年二月一日発行の「八重山新報」という旬報紙には「柳田氏来島」の記事があって、それとは別のページにわくでかこんで、

石垣島にて　東京朝日新聞記者　柳田国男

あらたまの　まさごにまじる　たから貝　むなしき名さへ　なほうもれつつ

の歌が出ているのを、後年八重山を訪れた嘉治隆一氏らが見てきている。歌に詠むほどの関心を抱きながら、いったんは「どこからも求めにはこなかったらしい」で片づけるが、それから半世紀に近い晩年まで問題として心にとめておいて、やがて『海上の道』究明の布石の一つにするのである。

学問とはこういうものか、と思いしらされたことである。

沖縄も今年は祖国へ還ってくる。柳田先生も折口先生もあの世から「とこよびと」として、これをにこやかに見まもっておられることであろう。そういう感傷は抜きにしても、沖縄の問題を考えるとき、辺境ということを考えるとき、また日本人というものを考えるとき、『海南小記』の一冊は、近ごろの言葉でいう原点の一つではなかろうか。

牧　田　茂

新版解説

山折哲雄

『海南小記』は、のちの『海上の道』にいたる最重要の発火点だった。だがそのことに、当時の柳田国男は気がついてはいなかったであろう。深くは自覚していなかったはずだ。『海南小記』は、大正十年（一九二一）に東京朝日新聞で断続的に発表された文章を中心にまとめて、大正十四年になって大岡山書店から刊行された。柳田五十歳のときだ。この作品は昭和六年になってから改造社の『現代日本文学全集』に収録されたが、そのとき巻末に「年譜」が増補された。

これが、ともかく面白い。そんなことを柳田は後にも先にもやっていないのではないか。六年前の自分の仕事をふり返るような気分で書いている。問題は執筆の動機、である。

このときかれには、すでに予感があったのかもしれない。後年になってから『海上の道』を書くことになるのも、その予感があってのことではないか、とさえ思う。分量は、わずか見開き二頁のみだ。

兵庫のふるさとを離れてはじめて上京したのが十三歳のとき。長兄や次兄の家を転々と移動し、明治二十六年に第一高等中学校に入る。だが本当は、商船学校に入って船長になりたかったのだと告白している。これは兄の反対にあって断念。明治二十九年、両親を失って計画を変更し、山林の技師になって山に住もうと企てるが、やがて農政の仕事に転じた。

ただ早くから旅行が好きで、明治三十年には伊勢海に遊んでいる。学校を出て農務局に入り、それからは九州や四国を歩くようになった。その見聞が『後狩詞記《こうしゅしき》』や『遠野物語』となった。しかし大正八年、二十年間つづいた官界生活が「いやになって」打ち切り、思うさま旅行しようと思った。『海南小記』『雪国の春』はその「漫遊時代の日記」であるといって、この短い「年譜」をしめくくっている。

中世夢幻能の主人公（ワキ）が、みずからを「諸国一見の僧だ」と名乗っている姿を彷彿《ほうふつ》させる。日本人民を上から俯瞰《ふかん》する官界を立ち去り、同朋の諸国人民がこの日本列島にどのように住みついているか、その現状を探りあてようとする意欲がすでに芽生えている。『海南小記』は本人がいうように、大正九年十二月から翌年二月までの、わずか二か月ほどの旅日記だ。九州の東岸を大分から臼杵に汽車で移動し、汽船や小舟をつかって岬の突端まで下っている。そこから車で大隅半島を横断して鹿児島に出る。正月早々、沖縄行きの船で那覇へ。草鞋《わらじ》をはき、クリ舟にのって見聞を広め、宮古、石垣などの先島を訪れてから鹿児島に帰着している。

旅日記の記述は、歴史と現実のあいだを行きつ戻りつしながら、しだいに哀調を帯びていく。首里王朝のころから、役人がやってきて離島の人びと、そして女たちと交わり、やがて別れのときを迎える。本土や島津藩と南島のあいだにくりひろげられていた支配と差別の歴史がそれに重なっていた。その陰影に富む伝承や悲話が語られていく。沖縄の歌や踊り、民話や民謡が点綴《てんてい》され、浮沈と離散をくり返す苦しい日常生活の断片が、淡々と語られていく。反乱と征服の物語ものがさない。本土から流れついた伝承が島の内にひろがっていく。逆に島の語りが、島伝いに本土へと伝わっていく。歴史の年輪をうかがわせる漂流譚があり、ミステリー仕立ての霊験譚があり、衣食住にまつわる民俗や奇習の紹介にもことかかない。柳田の筆は、関心のおもむくまま自在に動いてとどまることがないが、その「小さな詠歎の記録」は、しかししだいに暗い、憂愁の影を深めていく。そしてそのはてに、はっとするような発見の言葉をつむぎだすのである。

最南端の与那国島に渡ったときのことだ。目と鼻のさきに台湾をみることのできる激浪洗う孤島である。離島苦のなかで呻吟しつづける島の人びとの生活にふれて、柳田の筆は思わず熱を帯びていく。この苦悶のくびきから脱出するためには、島伝いに北上の旅をつづけ、ついに大和のような大きな島にたどりつくほかはなかったのではないか、と。

すなわち大小数百の日本島の住民が、最初は一家一部落であったとする場合に、与那国人の今日の風習が、小島に窄《すぼ》んだからこうなったと見るよりも、やまとのわれわれが大きな島に渡った結果、今日の状態にまで発展したと見る方が、はるかに理由を説明しやすいように思われる。北であふれて押し出されたとするには、平家の落人でもない限りは、こんな海の果てまでは来そうにもないが、南の島にまず上陸したとすれば、長くはいられぬからどうかして出て来たであろう。そうして取り残された前の島の人を、必ずしもしばしば想い出すことはなかったかも知れぬ。かりにこの推測があたっていたとすれば、われわれはまことに偶然の機会によって、遠い昔の世の人の苦悶を、わずかながらもこのあたりの島から、見出しえたことになるのである。

（本書一三八頁。「与那国の女たち」から）

いかにも苦し気な柳田国男の筆遣いではないか。人々の移動の流れは、北の方面から南に押し出されたのではない。むしろ南島人の方が島伝いに北上したのである。そしてそうであればこそ、われわれ大和人の文化や歴史の源流はこれら海南の島々にこそ残されているのだ、とかれは考えたのである。

後年の『海上の道』の構想が、すでにここに語られていたことに気づく。その切実な思いが、『海南小記』の「序」にもやや昂揚した筆致で書きつけられている。すなわち沖縄諸島の運命を語るのに、わずかな世紀の間に作りあげた「歴史的差別」を標準にしてはならない。むしろ「南日本の大小遠近の島々に、普遍している生活の理法」を見つけだし、それを通して「人種平等の光明世界」を明らかにしなければならない、といっている。(本書六〜七頁)。

『海南小記』のなかで洩《も》らされた柳田の詠歎や苦悶が、三十五年余の歳月のなかで発酵し実を結んだのが『海上の道』だったのだが、それが発表された翌年の昭和三十七年、柳田は心臓衰弱によってこの世を去った。その後、この遺書のようにのこされた柳田の『海上の道』は、どのような形で受けつがれていったのだろうか。柳田学が誕生して以後、『海上の道』の運命やいかに、ということになるが、それが今日のアカデミズムにおいてもジャーナリズムにおいても、明確な像を結んではいないように私の目には映る。それはいったい何に起因するのか。

もっとも例外がないわけではなかった。一人だけ、柳田の『海上の道』の構想に魅せられ、そこから新しい問題を発芽させようとした作家がいたからである。司馬遼太郎である。かれは知られているように、日本の近代を彩る独自の人間を描きつづけたが、そのなかに薩摩の西郷隆盛、土佐の坂本竜馬、そして淡路島の高田屋嘉兵衛などがいる。加えて、かれらの出自がいずれも黒潮に洗われる海辺に位置し、その生活、行動様式が「黒潮の道」を介して南海地域の習俗と深い関係にあることをくり返し論じていたことが思い返される。

司馬遼太郎は柳田の死後十年以上も経ってから、例の『街道をゆく』の企画の一環として沖縄に旅しているが、那覇空港から石垣島に飛ぶときつぎのような感想をのべている。

「飛行機が那覇空港を飛び立って針路を南西の石垣島にとったとき、いかにも黒潮のふるさとへゆく思いがした。黒潮は本土にむかい、太古以来昼となく夜となく北上しつづけている。われわれはその流れにさからって南下している。
ただし窓に顔をくっつけて下を見ても、海は黒くは見えない。黒潮はこの飛行機の航路からいえば右の沖合を走っているらしい。時速三ないし五ノット、幅五、六〇キロといわれるこの巨大な流れは、われわれ日本列島の住民の歴史と生活を、もっとも基底において決定しつづけてきている」。

（『街道をゆく　6　沖縄先島への道』朝日文庫、六九頁）

「海上の道」にたいする「黒潮の道」である。それが「南方の古俗」を日本列島にもたらし、日本人の精神の基盤として根づいたのではないかと仮説を立てているのである。柳田の『海南小記』が育《はぐく》んだ、もう一つの構想力の果実だったといっていいのである。

（宗教学者）

編集付記

・新版にあたり、本文の文字表記については、次のように方針を定めた。

一、漢字表記のうち、代名詞、副詞、接続詞、助詞、助動詞などの多くは、読みやすさを考慮し平仮名に改めた(例／而も→しかも、其の→その)。

二、難読と思われる語には、引用文も含め、改めて現代仮名遣いによる振り仮名を付した。また、送り仮名が過不足の字句については適宜正した。

三、書名、雑誌名等には、すべて『』を付した。

四、尺、寸、貫目などの度量衡に関する表記は、(　)で現在の国際単位を補った。

・本文中には、今日の人権擁護の見地に照らして、不適切と思われる語句や表現があるが、作品発表当時の社会的背景を鑑み、底本のままとした。

海《かい》南《なん》小《しよう》記《き》

柳《やなぎ》田《た》国《くに》男《お》

昭和47年 4月3日　改版初版発行
令和7年 5月30日　新版10版発行

発行者●山下直久

発行●株式会社KADOKAWA
〒102-8177　東京都千代田区富士見2-13-3
電話　0570-002-301（ナビダイヤル）

角川文庫 18023

印刷所●株式会社KADOKAWA
製本所●株式会社KADOKAWA

表紙画●和田三造

Printed in Japan
ISBN978-4-04-408314-4　C0139

◆◆◇

角川文庫発刊に際して

角川源義

第二次世界大戦の敗北は、軍事力の敗北であった以上に、私たちの若い文化力の敗退であった。私たちの文化が戦争に対して如何に無力であり、単なるあだ花に過ぎなかったかを、私たちは身を以て体験し痛感した。西洋近代文化の摂取にとって、明治以後八十年の歳月は決して短かすぎたとは言えない。にもかかわらず、近代文化の伝統を確立し、自由な批判と柔軟な良識に富む文化層として自らを形成することに私たちは失敗して来た。そしてこれは、各層への文化の普及滲透を任務とする出版人の責任でもあった。

一九四五年以来、私たちは再び振出しに戻り、第一歩から踏み出すことを余儀なくされた。これは大きな不幸ではあるが、反面、これまでの混沌・未熟・歪曲の中にあった我が国の文化に秩序と確たる基礎を齎らすためには絶好の機会でもある。角川書店は、このような祖国の文化的危機にあたり、微力をも顧みず再建の礎石たるべき抱負と決意とをもって出発したが、ここに創立以来の念願を果すべく角川文庫を発刊する。これまで刊行されたあらゆる全集叢書文庫類の長所と短所とを検討し、古今東西の不朽の典籍を、良心的編集のもとに、廉価に、そして書架にふさわしい美本として、多くのひとびとに提供しようとする。しかし私たちは徒らに百科全書的な知識のジレッタントを作ることを目的とせず、あくまで祖国の文化に秩序と再建への道を示し、この文庫を角川書店の栄ある事業として、今後永久に継続発展せしめ、学芸と教養との殿堂として大成せんことを期したい。多くの読書子の愛情ある忠言と支持とによって、この希望と抱負とを完遂せしめられんことを願う。

一九四九年五月三日

角川ソフィア文庫ベストセラー

新版 遠野物語
付・遠野物語拾遺
柳田国男

雪女や河童の話、正月行事や狼たちの生態――。遠野郷（岩手県）には、怪異や伝説、古くからの習俗が、なぜかたくさん眠っていた。日本の原風景を描く日本民俗学の金字塔。年譜・索引・地図付き。

雪国の春
柳田国男が歩いた東北
柳田国男

名作『遠野物語』を刊行した一〇年後、柳田は二ヶ月をかけて東北を訪ね歩いた。その旅行記「豆手帖から」をはじめ、「雪国の春」「東北文学の研究」など、日本民俗学の視点から東北を深く考察した文化論。

新訂 妖怪談義
柳田国男
校注／小松和彦

柳田国男が、日本の各地を渡り歩き見聞した怪異伝承を集め、編纂した妖怪入門書。現代の妖怪研究の第一人者が最新の研究成果を活かし、引用文の原典に当たり、詳細な注と解説を入れた決定版。

一目小僧その他
柳田国男

日本全国に広く伝承されている「一目小僧」「橋姫」「物言ふ魚」「ダイダラ坊」などの伝説を蒐集・整理し、丹念に分析。それぞれの由来と歴史、人々の信仰を辿り、日本人の精神構造を読み解く論考集。

山の人生
柳田国男

山で暮らす人々に起こった悲劇や不条理、山の神の嫁入りや神隠しなどの怪奇談、「天狗」や「山男」にまつわる人々の宗教生活などを、実地をもって精細に例証し、透徹した視点で綴る柳田民俗学の代表作。

角川ソフィア文庫ベストセラー

日本の昔話　柳田国男

「藁しび長者」「狐の恩返し」など日本各地に伝わる昔話106篇を美しい日本語で綴った名著。「むかしむかしあるところに――」からはじまる誰もが聞きなれた昔話の世界に日本人の心の原風景が見えてくる。

日本の伝説　柳田国男

伝説はどのようにして日本に芽生え、育ってきたのか。「咳のおば様」「片目の魚」「山の背くらべ」「伝説と児童」ほか、柳田の貴重な伝説研究の成果をまとめた入門書。名著『日本の昔話』の姉妹編。

日本の祭　柳田国男

古来伝承されてきた神事である祭りの歴史を「祭から祭礼へ」「物忌みと精進」「参詣と参拝」等に分類し解説。近代日本が置き去りにしてきた日本の伝統的な信仰生活を、民俗学の立場から次代を担う若者に説く。

毎日の言葉　柳田国男

普段遣いの言葉の成り立ちや変遷を、豊富な知識と多くの方言を引き合いに出しながら語る。なんにでも「お」を付けたり、二言目にはスミマセンという風潮などへの考察は今でも興味深く役立つ。

海上の道　柳田国男

日本民族の祖先たちは、どのような経路を辿ってこの列島に移り住んだのか。表題作のほか、海や琉球にまつわる論考8篇を収載。大胆ともいえる仮説を展開する、柳田国男最晩年の名著。